'IS DIT JÝ?'

'IS DIT JÝ?'

AVONTURE VOOR EN AGTER DIE SKERMS

VERTAAL DEUR DANIEL HUGO

Jonathan Ball Uitgewers
Johannesburg & Kaapstad

LW Hiemstra Trust

Die publikasie van hierdie boek is moontlik gemaak deur 'n ruim subsidie van die L.W. Hiemstra Trust – opgerig deur Rikie Hiemstra ter herinnering aan Ludwig Wybren (Louis) Hiemstra.

Alle regte voorbehou.
Geen gedeelte van hierdie publikasie mag gereproduseer of in enige vorm of op enige wyse oorgedra word, sonder skriftelike toestemming van die uitgewer of kopiereghouers nie.

© Teks: Ian Roberts (2024)
© Omslagfoto's: Alet Pretorius (hooffoto's) en Barry Lucas (foto's op die stel van *Arende*)
© Interne foto's: Barry Lucas, Jane Curtis, Barrie Hesse, Ian Roberts, Gallo Images
© Gepubliseerde uitgawe: Jonathan Ball Uitgewers (2024)

Uitgegee in 2024 deur
JONATHAN BALL UITGEWERS
'n Afdeling van Media24 (Edms.) Bpk.
Posbus 33977
Jeppestown
2043

ISBN 978-1-77619-356-1
e-ISBN 978-1-77619-357-8

Alle redelike pogings is aangewend om kopiereghouers op te spoor en toestemming te verkry vir die gebruik van kopieregmateriaal. Die uitgewer vra om verskoning vir enige foute of weglatings en verneem graag van kopiereghouers met die oog op regstellings of byvoegings in toekomstige uitgawes van hierdie boek.

jonathanball.co.za
x.com/JonathanBallPub
facebook.com/JonathanBallPublishers

Vertaling deur Daniel Hugo
Omslag deur Sean Robertson
Ontwerp en geset deur Johan Koortzen
Geset in 11.5 pt op 15 pt Adobe Garamond Pro

Hierdie boek word opgedra aan die Roberts-familie van Baddaford Citrus Estates:

My oupa, Daniel, en my ouma, Gangie Isobel (McDonald); my pa, Llewellyn sr.; my oom, Dan sr.; my ma, Lynn, en my tannie Theo; my broer, Llewellyn jr.; my susters, Barrie en Jane, my neefs, Jan jr. en Jonathan, en my niggies, Barbara en Sallyanne.

En dan, natuurlik, die Jagter-Versamelaars: Pieter Trompetter, Djonni Kieghlaar, en Pese en Kununu Piet.

Ook aan die personeel van die Big House: Florence Duze, Mieta Piet, sis' Tyeniwe Vusani, sis' Nonkululeko Mselana, asook Thembekile Qeqe.

Laastens, aan Christopher, wat ons te vroeg verlaat het.

Inhoud

1. Die Jagter-Versamelaars — 1
2. Die wonderwêreld waarvan grootmense nie weet nie — 18
3. Vuurdanse — 32
4. 'n Rondvaller — 43
5. Eerste treë op my akteurspad — 57
6. Die jong akteur — 72
7. Movie-maak is magies — 88
8. Wat Manie van Rensburg my geleer het — 103
9. Die movie kom eerste — 116
10. 'n Rebel met 'n rede — 126
11. Op die stel van *Arende* — 138
12. Wanneer 'n Afrikaanse meisie jou haar kêrel noem — 153
13. Camel Man — 162
14. Om vanuit jou binnegoed toneel te speel — 170
15. 'n Ere-Afrikaner — 184
16. "A can of the best" — 196
17. Die Radio Kalahari Orkes — 210
18. 'n Ongewone jeug — 221

Epiloog — 225

1
Die Jagter-Versamelaars

DAAR WAS TALLE VREESAANJAENDE DINGE op die drumpel van ons huis by Baddaford Citrus Estates aan die voetheuwels van die Katberg tydens my grootwordjare. Sommige kinders moet veel erger dinge verduur, soos oorlog en die skrikwekkende geweld wat daarmee saamgaan. As 'n boer se seun het ek my bevind in 'n wêreld van lemoenboorde en leivore, wat veronderstel was om idillies te wees.

Maar selfs as 'n jong kind het ek geweet dat die skimme van geweld om ons sweef. Ek kon hulle nie sien nie, maar ek het hulle aangevoel. In 1879, slegs 80 jaar voor my geboorte, het die Oos-Kaapse grensoorloë tot 'n einde gekom en die Keirivier is as die grens vasgestel. Ek sou mettertyd uitvind dat Xhosa-veeboerkrygers, Britse setlaars en die Boere destyds hewig baklei het oor die stuk grond wat vandag Baddaford Citrus Estates genoem word en tog so vreedsaam kan lyk met al sy lemoenboorde wat my oupagrootjie in die vroeë 1900's aangeplant het.

As kind het niemand my van dié konflikte vertel nie. Carl Jung, die Switserse psigiater en psigo-analis, het klaarblyklik vertel dat hy bloed in die lug kon ruik wanneer hy op die lughawe van 'n sekere land aankom – wat hom sy besoek sou laat kanselleer en laat terugvlieg het Switserland toe. Dit was asof dieselfde reuk in die Oos-Kaapse lug rondom my gehang het.

Een aand, toe ek omtrent vier jaar oud was, word ek donkernag wakker van 'n woeste gehamer aan ons kombuisdeur. Toe my pa, Llewellyn, oopmaak, sien hy 'n Xhosa-vrou daar staan. Haar man, rasend dronk, het haar met 'n mes aangerand. Terwyl my pa met haar op die grondpad hospitaal toe jaag, agt kilometer ver na Fort Beaufort, moes my ma die arme vrou se ingewande in haar buikholte terugdruk. Gelukkig het die vrou volkome herstel.

Ek onthou ook een Saterdagmiddag toe ek 'n bakleiery dopgehou het tussen 'n bruin man wat ons Lawiesh genoem het (sy naam was eintlik

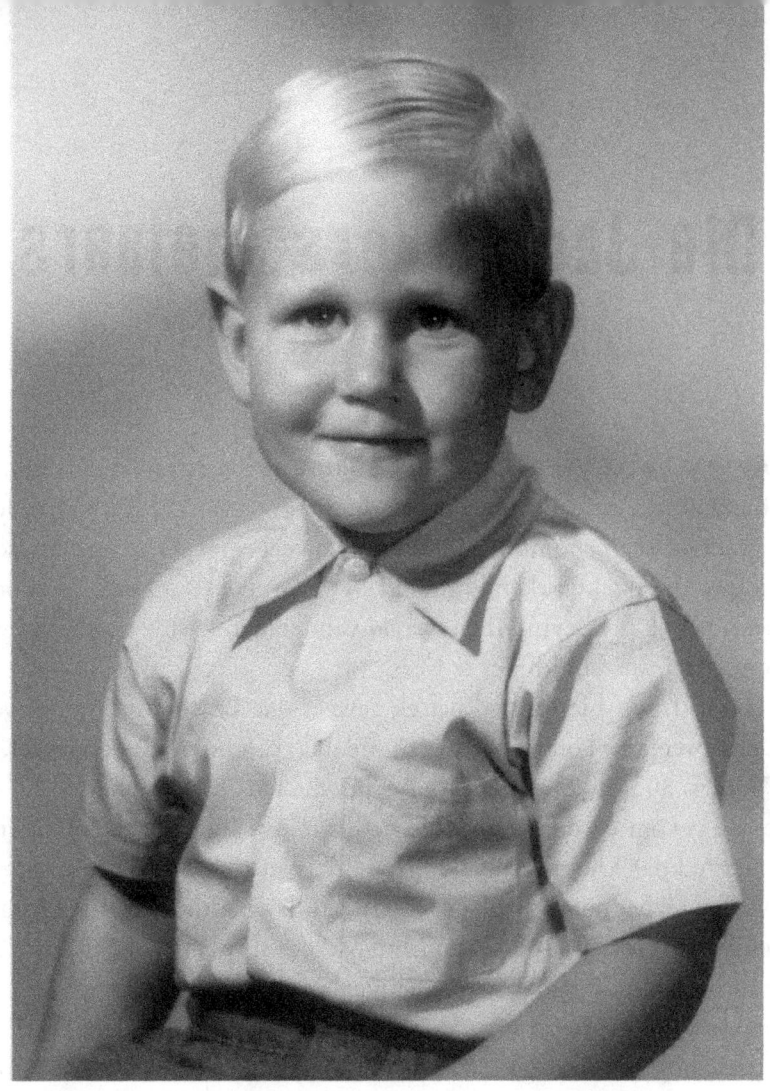

Hare gekam en netjies aangetrek vir 'n formele foto.

Louis) en 'n Xhosa-man genaamd Mzwandile. Dit was by die plaaswerkers se hutte. Lawiesh het 'n mes gehad en Mzwandile 'n kierie (*isigweba* in Xhosa). Almal het baie gedrink en hulle was bloeddorstig en lus vir geweld. Die vroue het gegil en gehuil terwyl rukwinde van 'n broeiende donderstorm die bosse woes rondpluk en stofwolke opjaag. Dit het alles bygedra tot wat vir my gelyk het na dolle waansin. Gelukkig vir my onskuldige kinderoë is Lawiesh deur sulke mokerhoue getref dat hy op die grond inmekaargesak het voordat hy 'n steekslag kon inkry en bloed gevloei het. So het die geveg geëindig. Tog was ek verlam deur dié vertoning van geweld. As ek die keuse gehad het, sou ek daar en dan graag soos Jung die plek vir goed verlaat het.

My ouers, Llewellyn en Lynn, buite die kerk by St Andrew's College op hul troudag.

In die 1830's het my oorgrootjie, Daniel Roberts, die vermetelheid en vertroue gehad om ooswaarts te trek uit die Albanie-distrik waar die meeste 1820-setlaars hulle gevestig het, hoofsaaklik as boere. Hy het 'n winkel naby die Peddierivier oopgemaak en was ook 'n lekeprediker vir die Wesleyaanse Kerk in die Grahamstad-distrik. Dit was in dié hoedanigheid wat Daniel betrokke was daarby om te reël, en te betaal, dat die Xhosa-hoof Ngqika se seun per skip na Skotland reis om daar 'n kosskool by te woon.

In 1837 het die Xhosas in opstand gekom en die Kaapkolonie uit die ooste binneval. (Ek dink die owerhede in Engeland moes eerliker met die 1820-setlaars gewees het: hulle is na 'n vreemde, gevaarlike land gestuur om inderwaarheid as 'n buffer te dien tussen die Xhosas en die Kaapkolonie.) Vroeg een oggend word my oorgrootjie se huis omring deur 'n horde jong krygers. Terwyl sy winkel geplunder en afgebrand word, beveel hulle hom om sy vrou en kinders weg te stuur. Anders as die Zoeloes onder Dingaan het die Xhosas nooit setlaars se vroue en kinders doodgemaak nie. Dieselfde kan nie gesê word van Mzilikazi se impi's nie, wat tydens hul vlugtog uit Zoeloeland almal aan die oostelike voetheuwels van die Drakensberg uitgewis het.

(Onlangs bel 'n joernalis my: "Meneer Roberts, as 'n akteur wat in 'n Engelse gesin grootgeword het, hoe voel jy daaroor dat jy in soveel TV-reekse in die taal van die onderdrukker gespeel het?"

"Maar ek het in net twee TV-reekse Zoeloe gepraat," antwoord ek.

Daar volg 'n stilte.

"Wat bedoel jy? Ek praat van Afrikaans."

"Ja, natuurlik. Ek weet. Maar Afrikaans is nie die enigste taal van onderdrukking nie. Zoeloe is ook.")

Maar die Xhosas was nie so nie. Met Daniel se jong vrou en kinders weggestuur na veiligheid, sê die krygers vir hom hulle gaan hom doodmaak en sy huis afbrand.

"Wie het beveel dat ek doodgemaak moet word?" vra Daniel uit pure desperaatheid.

Dit blyk toe 'n verwarrende vraag te wees; niemand is seker nie. Die plunderende bende is nie deur 'n koning gestuur nie – hulle was op hul eie vergeldingsending teen die setlaars.

"Wie is julle koning?" vra Daniel.

Hulle antwoord dat sy naam Ngqika is.

"Dan moet julle eers Nkosi Ngqika vra of Daniel Roberts doodgemaak moet word."

Ngqika was nie ver daarvandaan nie, en so word 'n boodskapper gestuur. Maar die jong krygers raak ongeduldig terwyl hulle op sy terugkoms wag. Hulle begin Daniel se vel met hul assegaaipunte prik. "Wanneer die boodskapper terugkom en vertel die nkosi het gesê dat ons jou kan doodmaak, gaan ek my lem hiér in jou bleekwit vel steek," het een van hulle gedreig.

Ná 'n ruk loop strepe bloed teen sy lyf af. Die boodskapper kom teruggehardloop en skree: "Yekani! Inkosi ithethile umthetho wayo!" (Die koning het gepraat!)

My inskrywing vir die jaarlike kunskompetisie by St Andrew's Preparatory School.

Ngqika se antwoord was dat as daar 'n vinger op Daniel Roberts gelê word, hy al die krygers sal laat doodmaak.

So word Daniel toegelaat om terug te gaan na die skadu van sy huis, terwyl van die krygers probeer om die brand te blus wat in sy winkel woed. Die volle waarheid is dat die leier van die opstand die koning se seun was – dieselfde een wat Daniel Roberts vroeër gehelp het om in Skotland te gaan studeer! Desondanks het hy oorlogsugtig teruggekeer.

As kinders is hierdie voorval aan ons voorgehou om te wys hoe onseker die oorlewingskanse vir die Roberts-clan destyds was. 'n Paar jaar gelede, tydens 'n besoek aan die Albanie Museum in Grahamstad (deesdae Makhanda), het ek met die hulp van die bibliotekaris 'n artikel in die *Grahamstown Journal* van 1837 opgespoor wat bevestig dat die storie wat my ouers my vertel het, waar en korrek is.

Ná die voorval het Daniel besluit om die grensgebied te verlaat en weswaarts te trek. Hy het betrokke geraak by die Wesleyaanse Kerk se boerderyprojek naby die nedersetting Salem. Sukkelende swart mense is daar 'n plek gegee om te vestig en te boer op grond wat deur die Wesleyane gekoop is, en dit is daar dat Daniel 'n kerk gebou het wat vandag nog staan.

Ek was gelukkig dat die Roberts-familie die geweld van die grensoorloë oorleef het. Die lewe was effens makliker vir my grootjie, Llewellyn John Roberts, wat 'n uitvinder-boer was. Hy was die eerste een wat 'n hek kon maak deur staalpype te buig sonder om dit te verswak of te vervorm.

IS DIT JÝ?

Nadat hy dié tegniek gepatenteer het, het hy 'n tyd lank goed verdien met sy hekmakery, wat hy uit 'n fabriek naby 'n spoorweghalte met die naam Kroomie tussen Fort Beaufort en Adelaide bedryf het.

In 1903 het hy die plaas gekoop en besluit om 'n huis te bou wat hy self ontwerp het – op die plek waar die blou granietrotse ophou rol het nadat hy 'n krans hoog teen die berg met dinamiet uitmekaargeskiet het. Britse klipmesselaars wat deur die Kaapse regering gekontrakteer is om 'n brug oor die Katrivier by Fort Beaufort te bou (wat talle bruisende vloede weerstaan het) het die rotse in boublokke opgekap.

Llewellyn se huis het voorsiening gemaak vir die steil helling en uit drie verdiepings sonder gange bestaan. Al die leefareas het van 'n sentrale vertrek – "The Court" – uitgewaaier (dit staan steeds vandag so bekend). Dié binnehof is geskep deur die middel van die sinkdak te lig, met twee rye vensters om sonlig in te laat. Llewellyn het 'n deftige trap gebou met 'n geboë houtbalustrade wat vanaf die boonste verdieping na die binnehof lei. Die kamermure is met uitsonderlike houtpanele bedek.

Ongelukkig het die huis in die 1930's afgebrand en die twee jong mans wat daar gebly het, kon slegs twee goed red: 'n manjifieke Steinway-kleinvleuelklavier en 'n driekwartgrootte biljarttafel. Die brand het ontstaan toe die tuinier 'n brandende paraffienlamp in die kelder gelos het. Maar die blou granietmure het grimmig dog trots bly staan toe die rook wegtrek. Die huis is herbou – minder deftig afgewerk as voorheen – maar steeds indrukwekkend. Ons het dit "The Big House" genoem en dít is waar ek grootgeword het.

My grootjie Llewellyn het jonk gesterf – op 54 – weens brandwonde wat hy tydens 'n fratsongeluk opgedoen het toe hy 'n pomp naby Douglas, 'n afgeleë dorp langs die Vaalrivier, moes installeer. Dié pomp, 'n Engelse ontwerp deur HA Humphrey, moes in 'n put geplaas word wat tot onder die rivier se watervlak gegrawe is. Die water in die vertikale pyp, wat as silinder dien, is as suier gebruik om die mengsel van petrol en lug saam te pers. Dit is dan met 'n vonk ontsteek, wat die water tot by grondvlak laat opstoot het en so is die landerye dan besproei.

Iewers langs die pad het die petrol vlam gevat en die put onmiddellik in 'n afgryslike hitte verswelg. Llewellyn kon teen die leer opklim om te ontsnap, maar is dadelik weer terug in die inferno om sy werker boontoe te help. In dié proses is hy ernstig verbrand en hy moes Kimberley toe ry – met sy jong

Die sogenaamde Big House op Baddaford Citrus Estates waar ek grootgeword het.

dogter, Helen, wat die ratte moes verwissel. Hulle het Kimberley gehaal, maar Llewellyn het 'n paar dae later in die hospitaal beswyk. Die werker het oorleef.

Baie jare later, hier rondom 1993, is ek in Douglas tydens die verfilming van die derde *Arende*-reeks van die SAUK. Op 'n afdag gaan besoek ek die plaas van veraf familie, die Jacksons, op die noordoewer van die Vaalrivier. Ek en Bruce Jackson begin oor 'n koppie tee gesels en ek vra of hulle weet waar my grootjie sy dodelike brandwonde opgedoen het. Hulle beduie my hoe om daar te kom en ek ry langs die rivier af na 'n buurplaas.

Op die barre, rooi grond onder 'n paar yl withaakbome kry ek 'n kring klippe, ongeveer ses meter in omtrek, wat die plek aandui. Oor die jare het die put omtrent toegeslik. Ek het daarna staan en kyk, verlore in my voorstelling van die ramp wat om en by tagtig jaar tevore hier plaasgevind het. Langs die kring klippe glinster die ysblou water van die Vaalrivier.

Llewellyn se seun Daniel, my oupa, moes die bestuur van die plaas op die ouderdom van 17 oorneem. As kind het polio een van sy bene so erg laat uitteer dat hy 'n metaalbeenstut moes dra. Hy het moeilik geloop, opvallend mank en altyd met 'n kierie.

My oupa was 'n stil man. In sy sestigs het dit gelyk of die polio hom onderkry en hy het ook 'n verswakte hart gehad. Op 'n dag raak hy knorrig met my omdat ek onder sy voete is. Ek het baie haastig uit die groot huis padgegee. 'n Rukkie later het my ouma my opgespoor en sussend gesê: "My kind, moenie dink jou oupa is kwaad vir jou nie. Hy voel net nie lekker nie. Vergewe hom, asseblief."

Maar seergemaak sou ek nooit voel nie. My oupa was soos 'n god vir my. Sy studeerkamer was 'n heiligdom waarin ek dit nooit ooit sou waag nie – donker en vol magiese dinge: delikate visstokke van bamboes en geveerde kunsvlieë om forelle mee te vang; 'n tafel vol glaspipette en -flesse om die suur- en suikervlakke van die lemoene te toets om vas te stel of hulle gereed is vir uitvoer.

Op 'n dag word ek, my broer Llewellyn en my neef Dan opgekommandeer om teen tienuur op 'n Maandagoggend voor ons oupa se studeerkamer te wag. (Hoewel my neef Dan gedoop is, was hy altyd Ronald, sy tweede naam, omdat daar soveel ander mans met die naam Dan op die plaas was.) Ek en Dan is minder as 'n maand uitmekaar gebore en albei ons gesinne het

My pa (links) en sy tweelingbroer, Dan, was bekend vir hul breë glimlagte.

op Baddaford Citrus Estates gewoon. Ons pa's was 'n identiese tweeling en albei het vir my oupa gewerk.

Daardie oggend het ons ma's ons skoongeskrop en ons in ons beste klere aangetrek. Selfs ons hare is gekam. Ons het gedink Oupa het uitgevind van kattekwaad wat ons aangevang het en dat ons in die moeilikheid is, maar kon nie uitpluis wat ons gedoen het nie.

Uiteindelik kom hy teen die trappe afgesukkel. Dit voel of die tyd stilstaan terwyl hy na ons staar. Hy leun op sy kierie met die krom handvatsel en die rubberbedekte punt word ongemaklik geplaas tussen my haastig gepoleerde skoene. Ons probeer nog 'n laaste keer dink wat ons verkeerd kon gedoen het, toe god uiteindelik praat.

"Goeiemôre, seuns."

"Goeiemôre, Oupa," eggo ons.

"Dankie dat julle gekom het, jong manne. Kom asseblief na my kantoor." Ons volg hom die heiligdom in.

Drie stoele is vir ons reggesit. Ons gaan sit en loer na mekaar.

"Vandag gaan ek julle leer hoe om knope vir 'n forelvislyn te maak."

Baie verlig en gretig kyk ons terwyl hy die knope demonstreer. Ek gebruik

Die Roberts-manne het altyd lekker visgevang by ons vakansiehuis op Schoenmakerskop. Hier staan ek tussen my pa en broer, Llewellyn.

Ek was nog altyd mal vir die see. Ek en my ouer broer, Llewellyn, en suster Barrie by "Schoenies".

nog steeds een van die tegnieke wat ek daai dag geleer het wanneer ek van die rotse af by die see visvang.

"Altyd tussen die hutte" sou my tweede naam kon wees, want dis waar jy my heel waarskynlik as 'n jong seun sou teëkom. Die hutte was waar die plaasarbeiders en hul gesinne gewoon het en was teen die steil, beboste heuwel agter die groot huis. Dit was waar my vriende gewoon het – dié dat ek so erg oor die hutte was.

Een van my eerste vriende was George Piet, die oudste seun van ons kok, Mieta Piet. George was 'n hoogs emosionele mens en 'n bietjie ouer as ek. Een mooi wintersdag hoor ek 'n rumoer buite die kombuis. My broer Llewellyn en George is aan 't baklei oor iets. Skielik begin George my broer met 'n kierie oor sy rug en bene slaan.

Dit was die eerste keer dat ek agtergekom het daar's 'n mal rooikop-Ier, wat niks en niemand vrees nie, in my (moontlik danksy my ma se Ierse afkoms). Ek hardloop na die boonste verdieping waar my broer se .22-geweer gebêre word en gaan weer buitentoe. George sien my aankom, duik deur die heining en hardloop na die digte bos teen die rant. Ek vuur 'n skoot agter sy verdwynende gestalte aan en volg hom die bosse in, verby die hutte, terwyl ek Xhosa-vloekwoorde uittryg wat sy afkoms ernstig beledig. Gelukkig kom hy weg.

Ons vriendskap was ook daarmee heen.

Daarna was my maats Xhosa-sprekende bruin seuns van my eie ouderdom. Hulle was die nakomelinge van Khoi-soldate wat deur die Britte met grond vergoed is vir hul hulp teen die Xhosas tydens die grensoorloë. Dié mans is meestal op sendingstasies in die Kaap gewerf – op plekke soos Genadendal en Elim. Hulle grond – Laer Blinkwater, Balfour en Hertzog – was 'n bietjie hoër op in die Katriviervallei.

Een van my maats was Pieter Trompetter (sou sy oupa 'n trompetspeler in die Kaapse Korps gewees het?). Pieter was maer soos ek, maar hy het 'n geswolle buik gehad. Daar is vir my vertel dat hy kwasjiorkor gehad het, 'n siekte wat deur wanvoeding veroorsaak word. Ek het nie geweet wie Pieter se ouers was nie, en hy ook nie. Tog het dit nie gelyk of dit hom veel geskeel het nie, of dalk was dit maar net omdat hy die merkwaardige vermoë gehad het om die snaakse in elke situasie te sien. Wanneer mense hom "No-Roesu" genoem het (afgelei van "roes") omdat van sy tande verkleur was, sou hy, in 'n mengsel van Xhosa en Afrikaans, sê: "Andikhathaleli! Solanki ndiyaphefumla!" (Ek gee nie om nie. Solank ek asemhaal!)

Nog 'n gereelde sêding van Pieter was: "Khawubophe, man!" (Kom, rol vir ons 'n sigaret, man!) En kon hy rook! Tabak was sy eerste liefde – en moontlik ook sy laaste. Die eerste prys vir hom was 'n sigaret wat van BB (Best Blend) gerol is, pyptwak wat 'n bietjie Virginiese tabak bevat het. Dit was heelwat sagter as Boxer en baie rookbaarder as die swart, gevaarlik sterk Katrivier-mengsel – 'n twyfelagtige pyptabak wat net deur oumense gerook is. Ons het verkies om ons sigarette van die bruinpapier wat destyds in winkels gebruik is, te rol. Koerantpapier het ook gewerk.

Hoewel ons tabak verkies het, het ons ook van jongs af *intsangu* (dagga) gerook. Ek onthou 'n keer toe ek ná 'n vakansie terug is by St Andrew's College en hoor hoe die sestienjarige stadsjapies uit Johannesburg en Kaapstad spog dat hulle die eerste keer dagga gerook het. Welkom in die klub, het ek gedink, ek rook daai goed al vandat ek tien is!

'n Ou vrou genaamd Francis het na Pieter omgesien. Sy was Mieta Piet se ma en die matriarg van die familie. Mieta het 'n ligte vel gehad en amper Sjinese oë, 'n ronde gesig en yl swart hare van die Khoi. Sy het altyd 'n gevoel van kalmte uitgestraal en het vir my 'n tweede ma geword. Maar die belangrikste: Mieta was 'n towenaar voor die kospotte. Sy kon enigiets lekker laat smaak – selfs die karp wat ons in die modderige Katrivier gevang het.

My ander twee maats was Pese en Kununu Piet, Mieta en haar lewensmaat Charlie Manie se kinders. Pese was die oudste van die twee seuns. Sy bynaam was "uFoh-Foh", hoofsaaklik omdat hy lank en skraal was. Die wind kon hom rondwaai op 'n "foh-foh"-manier (afgelei van die geluid wat ons gedink het die wind maak as dit deur sy loshangende klere dwarrel). Kununu is "Kaai" genoem, maar ek het geen idee hoekom nie. Ek is nooit Ian genoem nie en het deur die jare verskillende byname gehad. Een van die vroegstes was "uMobza" omdat ek altyd op soek was na petrol vir my motorfietse en go-kart. Destyds was die Mobil-petroltenkwaens, met die vlieënde wit perd op hul helderblou bakwerk, baie bekend. Toe ek ouer word, was my bynaam "uBhukrwala", wat beteken: "jong seun wat besny is en binnekort in die geselskap van mans toegelaat sal word".

Nog 'n vriend was Djonni Kieghlaar, seun van James en Katie, twee bejaarde bruin mense. Ek onthou steeds die nag toe hulle 'n groot pot turksvye op die vuur gekook het. Hulle maak turksvywyn wat hulle dan tot sterk turksvyblits gaan stook, is vir my vertel. Hulle het soos alchemiste gelyk terwyl hulle die taai vloeistof in die reusepotte roer, met stralekranse van geurige stoom en rook wat om hul koppe dwarrel.

Eenkeer terwyl ons besig was om die draadkarre reg te maak wat ons op die plaas se grondpaaie rondgestoot het, bied ek aan dat Djonni 'n tang kan gebruik wat my pa vir my geleen het met die streng opdrag om dit vir hom terug te gee: "Onthou, dis 'n *geveerde* tang, seun!"

Djonni antwoord met 'n hooghartige glimlag: "Hayi, suka wena. Andifuni tanga mna." (Voetsek, man, ek het nie 'n tang nodig nie.)

Hy hou sy hande, wat baie sterker as myne is, trots in die lug: "Nazi tanga ezami!" (Hier is my tang!)

Om dit te bewys, buig hy moeiteloos 'n taai stuk bloudraad met sy vingers. Ek het gou uitgevind daardie sterk vingers kan ook kwaai kitaar speel.

Omdat ons vrylik op die plaas kon rondloop en ook saam in die veld gaan kamp het, dink ek, as ek nou terugkyk, aan ons groepie as die Jagter-Versamelaars – 'n begrip wat ek teëgekom het toe ek Sosiale Antropologie as een van my vakke op universiteit gehad het. Snags sou ons soms van die Big House, waar my grootouers destyds gewoon het, na die Cottage loop, die tuiste van my ouers en hul vier kinders – my oudste suster, Barrie, my ouer broer, Llewellyn, ek, en my jonger suster, Jane. Dit is omtrent 'n kilometer ver met 'n paadjie deur die bos.

Die probleem met die bosse in daardie deel van die Oos-Kaap is dat hulle geweldig dig is. Verskillende soorte geharde (en dikwels doringagtige) struike vorm ruigtes asof hulle mekaar geselskap wil hou. Dit skep 'n ondeurdringbaar vervlegte massa stekelrige bosse. Snags kry hulle 'n dreigende dimensie wanneer die digte swart skaduwees onder hulle vreesaanjaend lyk.

Wanneer ons in die donkerte weggetrek het, was ons die toonbeeld van dapperheid. Maar gou sou een van ons die stories oor *oohili* begin onthou – duister wesens van die onderwêreld. Dan sou die skrikwekkende beskrywings van *izithunzela* volg, lang duiwels wat baie vinnig kon hardloop. Dit maak nie saak hoe vinnig jy is nie, hulle sou jou vang en wegdra na die donker skaduwees waar jy vir altyd sal verdwyn. Ons was werklik bang vir daardie geheimsinnige wesens uit die Xhosa-folklore.

Omtrent 150 meter vanaf die verligte veiligheid van die groot huis, het die paadjie afgesak tot in 'n donga waar daar altyd water geloop het

Die Roberts-sibbe van links na regs: Jane, ek, Llewellyn en Barrie circa 1960.

ná reën. Dit was altyd êrens in daardie donga dat die skaduwees onder die bosse swarter geword het as die swartste ink. Een van ons sou dan amper onopsigtelik vinniger begin loop, maar selfs in die pikdonker sou die ander dit agterkom tot elkeen probeer om die ander in te haal. Ons het maar te goed geweet dat die een wat agterraak, die eerste slagoffer van die *izithunzela* sou wees, wat altyd van agter af toeslaan. So halfpad tussen die Big House en die Cottage was die digste bosse, met die swartste skadupoele onder hulle.

"Dis hoekom *oohili* so kort is," fluister Pese eenkeer. "Hulle kan maklik onder daardie doringbosse regop staan en ons dophou!"

DIE JAGTER-VERSAMELAARS

Hy was besig om onder ons uit te beweeg en ons het gesukkel om by te hou sonder om te hardloop en sodoende ons vrees te verraai. Ons het 'n naam vir daardie spoke gehad – *ooGcumm-gcumm* – omdat ons geglo het hul harige voete sou 'n *gcumm-gcumm-gcumm*-geluid maak wanneer hulle aangehardloop kom om jou in hul kragtige kloue te gryp en by hul lêplek in te sleep.

Ons loop vinniger en vinniger, maar dit was net 'n kwessie van tyd voor Pese sou omdraai en iets "sien" wat naderkom. "Ooo, Thixo! Nasi isithunzela sivele ngaphantsi kwalela hlathi! Nasi emva kwam! I yooooh!" het hy gefluister. (O, Here, daar's *isithunzela* onder daai bos! Dis hier reg langs my!)

"I-yooooh, ek skrik my amper dood!" het Djonni Kieghlaar gegil, en toe's dit meer as wat ons kan verduur. Die damwal van ons dapperheid breek en ons hardloop skreeuend van doodsangs na die enkele lig wat 'n paar honderd meter verder by die Cottage brand.

Ook ander spookagtige dinge het ons vrese versterk. Op 'n stadium het 'n bobbejaan glo gereeld in die middel van die nag op die dakke van die werkers se huise geklim en 'n ketting oor die sinkplaat gesleep. Natuurlik het ons, die Jagter-Versamelaars, geweet die bobbejaan is gestuur as *utokoloshe* – 'n wese wat die towerspreuke van 'n bose sangoma kom aflewer.

My oom Dan besluit toe om een nag in die digte bosse met 'n .303-geweer weg te kruip, sodat hy die bobbejaan kan doodskiet as hy hom sien. Ek lê en wag vir die skoot om deur die nag te eggo. Ek hoor niks en raak uiteindelik aan die slaap. Daardie oggend vertel my gapende oom dat hy die hutte dwarsdeur die nag dopgehou het, maar geen teken gesien het van enigiets wat oor die dakke klouter nie, wat nog te sê van 'n bobbejaan.

'n Mfengu-man genaamd Nani het op 'n afgeleë stuk oop veld gewoon op die heuwelagtige plaas Argyle, wat ook aan my oupa behoort het. Nani was 'n goeie skrynwerker en ek het dikwels gefassineerd gekyk hoe hy in 'n pot op 'n Primus-stofie sy eie lym kook. As ek in die pad was, het hy op my geskel en my weggejaag, maar ek het altyd teruggegaan om sy bewegings dop te hou terwyl hy met sy outydse els en sae werk. Ek het ook opgemerk dat hy geen skroewe of spykers gebruik nie, slegs houtpenne. Om Nani sy toorkuns te sien beoefen, was waar my liefde om met my hande te werk begin het.

Toe Nani dood is, het sy famile hom in 'n netjiese graf begrawe met 'n gegraveerde granietsteen. Later het almal weggetrek en sy huis het ingestort. Jare later het ek dit gaan soek. Dit het my minstens 'n uur geneem om deur digte turksvybosse en vervlegte takke van tamboekiedoringstruike te worstel. Daar het ek toe, omring deur die geluide van die natuur, my eer aan Nani betoon.

Dit is hoofsaaklik aan my vriendskap met die ander Jagter-Versamelaars te danke dat ek reeds van jongs af Xhosa geleer het. Teen ses jaar oud, kon ek die taal vlot praat. Maar soms het ek tog soos 'n vreemdeling gevoel wat onwelkom is in die arbeidershuise. Eenkeer het Jane Gqirhana, die vrou wat die plaas se padstal bestuur het, vir my gesê: "Asiyi thandi ukuthi wena uman' ukujikeleze apha ngaphakathi kwethu – asikwazi ukuhleba." (Ons hou nie daarvan as jy hier tussen ons is nie, want dan kan ons nie oor mense skinder nie.)

Die *ukuhleba*-verskynsel het my altyd ontstel. Dit beteken "skinder", maar vir ons seuns het dit 'n dreigender betekenis gehad. Dit het meestal beteken dat daar agter mense se rûe sleg gepraat word of selfs teen hulle saamgesweer word. Die enigste mense op die plaas wat nie Xhosa verstaan het nie, was my ouers.

Wanneer daar groot onthale in die Big House was (byvoorbeeld met familietroues), het ek baie tyd in die kombuis deurgebring. Ek het verkies om eerder vir Mieta en die ander huiswerkers te help met kombuistake as om die sosiale druk te ervaar van iemand se neef of kleinseun wees.

Hoe dit ook al sy, ek was nie swart genoeg om deel te wees van die Xhosas se *ukuhleba* nie. Die kloof was te groot, die rassisme te diep ingebed. Miskien is dit waarom ek so maklik aanklank kon vind by die bruin kinders, wat ook gemarginaliseer is deur *ukuhleba*. Die Xhosa-werkers het hulle die *amaLawu* genoem, soos die wit boere *abeLungu* genoem is. Die enkelvoud van hierdie word – *umLungu* – verwys na die vuilwit skuim wat deur 'n storm op see veroorsaak word. Ek het altyd gewonder watter geheime dinge oor wit en bruin mense bespreek is wat ons nie mag hoor nie.

Op 'n dag is die Jagter-Versamelaars besig om die groentetuintjies te versorg wat ons op spesiale plekke op die plaas aangelê het, toe my pa in sy bakkie by ons stop.

"Goeiemôre, seuns. En wat doen julle outjies?" vra hy glimlaggend.

In sulke situasies was ek altyd die segsman. "We are just lungisa-ing onse garden, Dad." (Ons is net besig om na ons tuin om te sien, Pa.)

"O, 'n tuin, nè? Dis mooi. En wat het julle hier geplant?"

"I-boontjies, ama-ertjies, ama-pumpkins also." (Boontjies, ertjies en ook pampoen.)

"O, julle het nie enige blomme geplant nie? Dit sou jou ma bly gemaak het."

"Nee, no flowers. Pese uthi ons kannie ama-flowers eat nie, Dad." (Nee, niks blomme nie. Pese sê ons kan nie blomme eet nie, Pa.)

Ek onthou dat Pa gelag en sy kop goedig geskud het terwyl hy wegry. Ek dink hy was heimlik beïndruk deur die nuwe taal – 'n vreemde mengsel van Xhosa, Engels en Afrikaans – wat die Jagter-Versamelaars geskep het. My pa het van sulke goed gehou. Hy was die een wat dinge op die plaas bymekaargehou het, maar dit het nie beteken dat hy beswaar gemaak het wanneer die reëls 'n bietjie gebuig word nie. Min mense het dit geweet, maar Llewellyn MacDonald Roberts het ook 'n mal rooikop-Ier in hom gehad wat daarvan gehou het om soms te bulder: "Hwa-ar, hwa-ar! Avast, ye landlubbers!"

2
Die wonderwêreld waarvan grootmense nie weet nie

MY EERSTE SKOOL WAS DIE Holy Rosary Convent in Fort Beaufort, waar nonne ons onderrig het. Suster De Ricci, 'n lang, aantreklike vrou, was my eerste onderwyseres. My vreemde Engels was vir haar onaanvaarbaar en ek moes ekstra klasse by die nonne kry. Dit was nie lank voor my Engels goed genoeg was vir hulle nie. Hulle was in elk geval Italiaans, so hul standaarde kon nie alte hoog gewees het nie.

Ek onthou 'n paar dinge van dié skool. Daar was 'n seun wat so opgewerk geraak het oor suster De Ricci dat hy gemasturbeer het terwyl sy probeer het om ons Wiskunde te leer. Dit het sy lessenaar laat skud en piep. Ek het gedink dis idioties en walglik van hom. Hy was heelwat ouer as die res van ons en is klaarblyklik teruggehou omdat hy te dom of te obsessief was oor sy seksualiteit om deur te kom.

Op 'n stadium is ek daarvan beskuldig dat ek die reëls van die kloosterskool oortree het en is ek beveel om by Moederowerste aan te meld. Haar kantoor was aan die bopunt van 'n trap. Ek het geweier om te gaan, want ek het gereken ek is onskuldig. Die prefekte en 'n paar helpers kom gryp my toe en dwing my in die rigting van die trap. Een van dié seuns is die draadtrekker. Ek is só gewalg dat hy met sy vieslike hande aan my vat dat ek soos 'n mal mens begin baklei.

Ek was tingerig, maar die groter seuns het woes gesukkel om my vas te hou. Terwyl hulle my na die gevreesde trap sleep, kry ek dit reg om 'n lamppaal vas te gryp – een van daai van dik staal met gietysterversierings. Daar was geen manier dat die seuns my kon wegtrek toe ek eers my arms om die paal het nie. En ek skree soos 'n maer vark uit vrees. Uiteindelik gee die prefekte op en laat my gaan. Die hoofseun moet toe met singende ore die trap uitklim om Moederowerste te gaan vertel dat as sy "daardie seun" Roberts wil sien, sy self die trap sal moet afdaal. Sy besluit om dit nie te doen nie. Terwyl ek my trane afvee, weet ek my verontwaardiging was geregverdig.

Ná 'n jaar of wat by die kloosterskool is ek in 1960 in my pa se Ford Consul weggekarwei om 'n koshuisbrak te word by St Andrew's Preparatory School in Grahamstad. Ek was toe sewe jaar oud. Om by die skool te kom moes ons 80 kilometer op 'n slegte, bulterige grondpad ry, wat enige voertuig se vering tot die uiterste beproef het.

Dat ek nie gedurende die volgende paar jaar sertifiseerbaar skisofrenies geword het nie, is 'n wonder. Ek het – vanweë my eiesinnige nuuskierigheid – so geborge gevoel in die Afrika-wêreld van die plaas dat die nuwe omgewing van die Anglikaanse kerkskool met sy streng reëls vir my 'n geweldig koue en vervreemdende plek was om drie maande lank (die duur van elke kwartaal) te oorleef.

Ons het in sale geslaap met 'n ry ysterkatels teen elke muur en 'n kaal vloer tussenin (ou Oregon-denneplanke wat deur die jare heen blink geloop is deur kaal voete of grys sokkies). Ek moes elke dag 'n skoon hemp dra. Wat!? Dit beteken sewe verskillende hemde in 'n week. Op die plaas het ons, die Jagter-Versamelaars, doelbewus dieselfde hemp vir so lank as moontlik gedra, want dan kon ons mekaar op 'n afstand uitken.

'n Prefek het naby die deur geslaap om 'n oog oor ons te hou. Ontbyt, middagete en aandete was in 'n eetsaal waar ons by lang tafels gesit het. As ons die reëls oortree het, het ons pak gekry met 'n rottang genaamd Benjy. G'n wonder dat ek selde laat kom, selfs vandag nog.

By St Andrew's het die dae normaalweg soos volg verloop: Staan op, stort en trek aan (jy is gelukkig as jy 'n onbesette toilet kry). Ná ontbyt in die eetsaal saam met dertig ander aan jou tafel, gaan jy klaskamer toe om Latyn, Wiskunde en Geskiedenis te leer. Dan is dit pouse, gevolg deur Aardrykskunde en Fisika. Ná middagete gaan jy na die sportveld. Dan terug na die koshuis om te stort. Ná aandete is dit tyd vir huiswerk. Uiteindelik is dit slaaptyd en word die ligte afgesit. Al die seuns moet slaap, maar hoe gemaak as jy 'n naguil is wat daarvan hou om rond te sluip? Jy kon gaan pie, maar dis al wat toegelaat was.

Ek het dikwels wakker gelê en geluister hoe die ander seuns snork – meeste het gou aan die slaap geraak. Soms, gelukkig, kon ek die stoomtrein hoor raas en blaas in die koue naglug terwyl dit opsukkel teen die steil

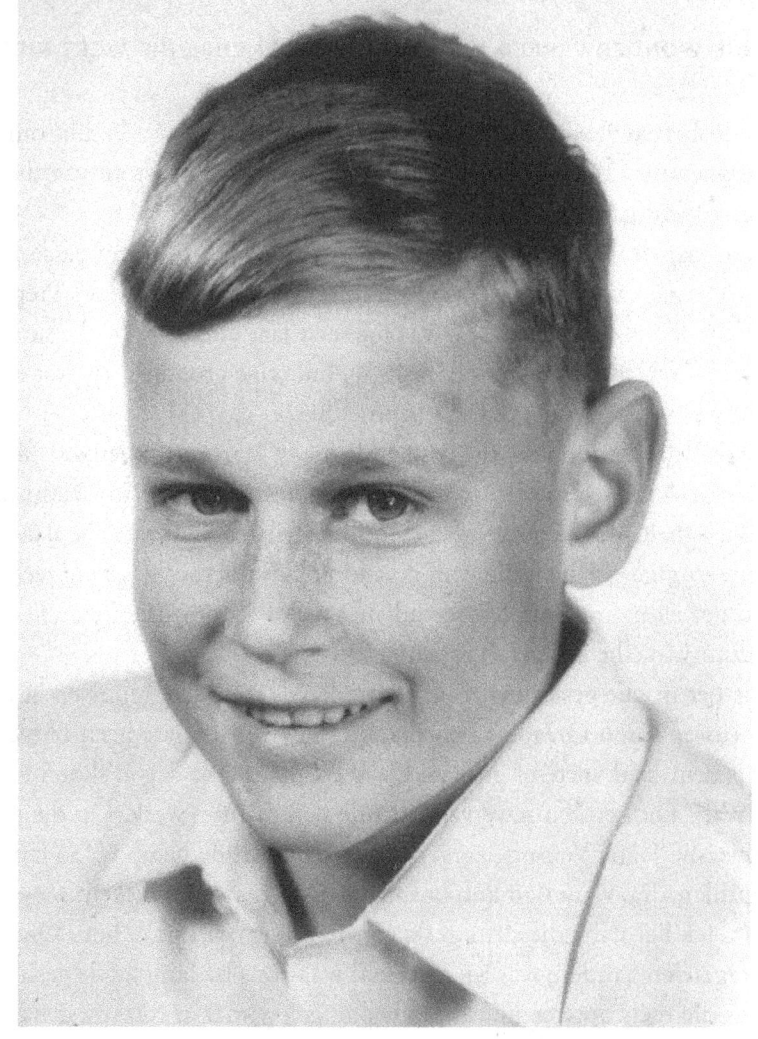

Anders as op die plaas, was ek darem meestal netjies en skoon vir die skool.

spoorlyn naby die skool, op pad uit Grahamstad die donkerte van die wye wêreld in. Ek was jaloers op daardie trein. Al het hy op 'n spoor geloop, was hy vry.

Op die plaas het die dae 'n totaal ander ritme gehad: Staan op, moenie eens daaraan dink om jou gesig te was nie, trek presies dieselfde klere aan as gister en eergister en eer-eergister, loop teen die trap op verby die eetkamertafel na die kombuis, gryp spekrandjies of 'n halwe sny roosterbrood wat jou pa oorgelos het en verorber 'n eier wat Mieta jou gee.

Gaan dan buitentoe, spoor Pieter Trompetter en Kununu en Pese Piet op – maklik herkenbaar aan hul klere – waar hulle heel moontlik by 'n vuurtjie sit om warm te word en soet tee in 'n leë konfytblik kook. Vat 'n sluk van die tee terwyl jy na die gekskeerdery luister wat soos die rook van die vuurtjie om die groepie warrel. Meermale sal een opstaan om 'n storie te vertel of om iemand op die plaas grappig na te boots. My liefde vir toneelspel is in daardie vroeë jare van my lewe gewek.

By St Andrew's het ek vir die eerste keer gehoor dat daar iets soos professionele akteurs is en dat toneelspel 'n beroep kan wees. Tot dan, en vanweë my Jagter-Versamelaar-vriende, het ek aangeneem dat almal maar akteurs is. Dit is eers nadat ek aan verskeie dramaprojekte deelgeneem het, met die aanmoediging en leiding van die skool se enigmatiese hoof, Griff Mullins, dat ek besef het dat meeste seuns nie naby die verhoog wil kom nie. Hierdie buitengewone man, met sy groot liefde vir die dramakuns, het bepaal dat die skoolsaal elke Saterdagmiddag oopgestel word sodat leerlinge enige opvoering wat hulle kon saamflans op die planke kon bring, vir enigeen geïnteresseerd genoeg om te kom kyk, terwyl die res krieket of rugby speel. Daar kon nie in die vroeë 1960's veel ander laerskole in die wêreld wees waar so 'n uitsonderlike projek toegelaat is nie.

Die gevolg was dat ek teen tien jaar oud, saam met my neef Dan, my eerste toneelstuk geskryf en opgevoer het – 'n speurverhaal. Die hoofrol is gespeel deur 'n ander skoolseun genaamd PG "Piggy" Southey, 'n bebrilde en – vir ons – geskikte Sherlock Holmes-karakter. Ek het saam met 'n paar ander seuns in die stuk gespeel en Dan was die regisseur.

Ek weet nie dat ander seuns in ons skool 'n toneelstuk geskryf het nie of waarom ek en Dan dit gedoen het nie. Ek kan dit net toeskryf aan een van daardie oomblikke van inspirasie wat ek dwarsdeur my lewe ervaar het. Vir my was toneelspel en skryf 'n natuurlike vervolg op die impromptu komiese opvoerinkies in die flikkerende lig van 'n kampvuur op die plaas. As alle drama storievertelling is, dan was die kampvuur die plek waar ek dit geleer het. Maar my vermoë om 'n storie te dramatiseer is te danke aan die klaskamers van St Andrew's Preparatory School.

Ek onthou 'n vreemde insident uit my kindertyd. Een skoolvakansie, terwyl ek tuis was uit die kosskool, het ek 'n soort visie gehad: Ek het myself op 'n verhoog êrens sien staan en voor my was daar baie mense wat hande klap en juig. My ma het die vreemde uitdrukking op my gesig gesien en vra toe waaraan ek dink. Ek het probeer verduidelik wat ek gesien het.

"Waarvan op dees aarde praat jy, seun?" het sy gefassineer gevra. "Dis regtig baie vreemd."

IS DIT JY?

My ma, gebore Lynn McWilliams, was van Ierse afkoms. Die Iere word nie maklik deur metafisiese dinge ontstel nie, en my ouers het my dus nie na die naaste kopdokter in Port Elizabeth geneem nie. Dalk het hulle gedink my visie was maar net 'n teken van grootheidswaan. Min kon ek weet dat daardie visie jare later sou waar word toe ek in 1987 die Artes-toekenning vir beste akteur sou ontvang.

Ek was so vier jaar oud toe ek die eerste keer saam gaan kamp het op die plaas. Een middag het ons familie tussen die hutte deur agter die Big House teen die steil, rotsagtige bergpaadjie uitgestap, my pa voor. Ons het deur die digte struike geworstel tot bo-op die plato, verby die donker, dreigende kranse waar my oupagrootjie die klippe met dinamiet losgeskiet het om die huis te bou.

Wat ek die beste onthou van daardie staptog, is dat dit onmoontlik was om my koordferweel-dungarees uit te trek en ek moes dringend 'n nommer twee in die bosse maak. Uiteindelik het ek iemand (my ma?) gevra om my te help. Teen daardie tyd het almal geweet ek is desperaat vir 'n toilet. Elke keer daarna as ek dungarees moes dra, het ek gevange gevoel. Ek het hulle gehaat en hulle met opset teen die naaste rots aan flarde geskuur so gou ek kon. Kort voor lank was ek vir altyd van hulle ontslae.

Bo-op die bosagtige plato slaan my pa toe 'n tent op en leer ons hoe om 'n vuur met net een vuurhoutjie aan die gang te kry. Hy het versigtig fyn takkies en droë gras in 'n klein piramide gepak en ons vertel hy het dié kuns geleer terwyl hy tydens die Tweede Wêreldoorlog in Noord-Afrika teen die Woestynjakkals – die Duitse veldmaarskalk Erwin Rommel – geveg het. Ek het na die vuur gestaar soos dit opvlam, betower deur my pa se vernuf.

Ons het dié nag op die plato geslaap, maar nadat my suster Barrie per ongeluk paraffien gedrink het uit wat sy gedink het 'n waterbottel is, moes ons haastig terug teen die berg af. Sy is melk ingegee om die paraffien te neutraliseer, en die kampeeruitstappie was verby. Maar ek het my eerste smakie gekry van hoe dit daar in die bos is. Diep binne-in my het ek geweet ek wil meer daarvan ervaar.

Die volgende keer was ek gelukkig genoeg dat my broer Llewellyn my uitgenooi het om saam met hom en sy vriende in 'n groen seiltent van my pa te gaan kamp. Die donker nagte was vreesaanjaend en tot my ontsteltenis was ek heeltyd die een wat na die kant van die tent uitgedruk is deur die groter seuns. Een nag word ek verskrik wakker van 'n raspergeluid buite die tentseil, reg langs my kop. Die ander slaap vas. Ek lig die flap op en kyk vas in 'n koei wat, self verskrik, dadelik padgee.

Daarna het my broer en sy vriende hul belangstelling in uitkamp verloor, en die Jagter-Versamelaars het toe die tent oorgeneem. Elke keer wanneer ek terugkom van kosskool, vra ek my pa vir 'n trekker en sleepwa om ons die bos in te vat. Dan slaan ons die tent op en bly daar vir minstens drie weke totdat ek huis toe moet gaan om reg te maak vir skool en die beskawing. Ons het 'n sak aartappels, 'n sak mieliemeel, 'n voorraad koffie, tee, Klim-melkpoeier en suiker saamgeneem, asook 'n paar bottels kookolie, sout en peper. Ons is trotse jagter-versamelaars en eet wat ook al ons geskiet kry – meestal dassies, soms 'n bosduif of tarentaal of 'n langoorhasie (*imvundla* in Xhosa). Ons is nie goeie jagters nie. Ons maak net af en toe iets dood. Eintlik speel ons net veldspeletjies.

As ons 'n haas ontdek wat onder 'n bos wegkruip, roep Djonni Kieghlaar op 'n singerige, sussende toon: "Hou-looo! Hou-loooo! Hou-looo!" Ons vries dan almal waar ons staan en sing saam: "Hou-looo! Hô-loooore, hô-lore, WA!" Dit is veronderstel om die haas te hipnotiseer dat hy nie dadelik vlug nie. 'n Langoorhaas kan verbasend vinnig hardloop.

Die dreunsang gee ons tyd om ons knopkieries gereed te kry. Wanneer die haas besluit hy het genoeg gehad van ons dissonante geraas en uit sy skuilplek vlug, probeer ons hom met die kieries raakgooi. Maar ons slaag selde daarin om een dood te maak. Dit sou baie makliker gewees het om een te skiet, maar dit sou nie so 'n groot uitdaging gewees het nie – en baie minder pret. As die haas wegkom, het ons in die son rondgedans en vir mekaar se onakkurate kieriegooiery gelag. Wat ons die meeste geniet het, was die opwinding van die jag.

Op 'n keer toe ons op 'n sleepwa agter 'n Massey Ferguson-trekker die bos inry, stop ons by die hutte op Argyle, die buurplaas wat ook aan my familie behoort. Dit is die eerste keer dat ek so naby aan 'n bobbejaan gekom het dat ek die gediertes in die oë kon kyk. Een van die plaaswerkers het haar grootgemaak nadat haar ma doodgemaak is. Hy het haar Kees genoem. Kees het vanaf die eerste blik van my gehou. Toe ons wegry na die kampplek, het sy so styf aan my vasgeklou en so hard geskree toe haar eienaar haar wou terugvat, dat hy gewoon maar opgegee het en vir ons gewys het om maar te gaan. So is Kees toe saam met ons.

Die bobbejaan het verbasend maklik by ons kamplewe ingepas. Kees het alles geëet wat ons geëet het, selfs tee gedrink. Sy kon enige plek slaap – opgekrul in 'n hoek van die tent of bo-op 'n houtstellasie waar ons die kos gebêre het om dit teen insekte en wilde diere te beskerm.

Op ons jagtogte het sy stil deur die bos beweeg saam met ons, haar nuwe trop. Sy't alles dopgehou en veldvrugte geëet – of 'n skerpioen as sy een in die hande kon kry. Teen die middag wanneer ons moeg geloop was, het ons 'n boom met genoeg skaduwee gesoek en daaronder aan die slaap geraak. In die bos is mens maar altyd versigtig om onverhoeds oorval te word en jy's op jou kwesbaarste wanneer jy slaap, maar met Kees in die omtrek kon ons heeltemal ontspan.

Die bobbejaantjie sou tot in die top van die boom klim en waghou. Soms het sy 'n sagte waarskuwing gegrom en dan met haar snoet in 'n sekere rigting gewys. Ons het meestal 'n verkyker nodig gehad om te sien wat sy sien – 'n plaaswerker in die verte wat gate in 'n heining nagaan of 'n trop bokke.

Kees het niks van iemand nodig gehad nie, maar sy het van Wilson-toffies gehou. Wanneer ek op my Sachs 50-brompomie na Chummy Moss se winkel gery het en teruggekom het met 'n pak Wilson-toffies, sou ek dit onder my arm wegsteek en my baadjie toerits. Terug by die kamp, nog voor ek van die motorfiets kon afklim, sou Kees al op my skoot spring. Sy sou intens na my kyk met daardie ouwêreldse rooibruin oë van haar en 'n sagte gromgeluid maak. Sy het altyd geweet as ek iets wegsteek. Ek sou voorgee ek het niks by my nie – en dan begin sy my baadjie bevoel. Haar ongelooflike fyn gehoor bemerk enige kraakgeluid wat kan aandui dat 'n pak lekkers weggesteek is. Wanneer sy dit eindelik opspoor, knor sy vir my. Ek kon maar net lag oor haar vernuf, die pak uithaal en vir haar 'n toffie gee.

Kees het ons aanvaar as haar trop. Dis 'n ontasbare gevoel van behoort, maar vir dié wat dit in die natuur ervaar, is dit baie werklik. Dis soos rondom 'n kampvuur, daardie heiligste van heilige dinge, waar die gevoel van samehorigheid tot 'n diepe tevredenheid lei.

Toe dit uiteindelik begin reën ná die verskriklike droogte van die 1960's, gebeur 'n eienaardige ding. (Baie lemoenbome het in dié tyd só droog geraak dat hulle swart geword het van die hoë sulfaatinhoud van die boorgatwater waarmee my pa hulle, uit desperaatheid, besproei het.)

Op 'n dag begin lek die lang leivoor wat water van 'n keerwal bo in die vallei na die plaas gebring het, en kosbare water loop terug in die Katrivier.

Ek het saam met my pa en 'n span werkers gegaan om dit te herstel. Terwyl my pa onder die modderwater besig is om met sy hand te voel waar die gat is, steek 'n arbeider genaamd Ndenzile sy graaf in en kloof my pa se wysvinger in die lengte oop. Hy't sy hand uit die water gepluk – 'n bloederige gemors.

My pa sê niks nie, loop net terug na sy Austin-bakkie. Ek moes help om die ratte te verwissel soos ons teruggery het huis toe. Natuurlik was Ndenzile geweldig spyt, maar ek het die hele tyd gewonder waarom in hemelsnaam hy gewag het vir die oomblik dat my pa se hand in die modder was om sy graaf in te steek. My pa se vinger moes geamputeer word net voor die eerste lit.

Toe 'n klomp simpatiseerders wat kom tee drink het in die Court hom oor die ongeval uitvra, sê hy: "Dit was 'n ongeluk. Dit het gereën, daar was donderslae en weerlig. Ons was haastig om die lek in die leivoor te herstel en die water was modderig."

Maar ek was nie so seker nie. Ek het gekyk hoe die volwassenes tee drink, wetend dat hulle onkundig is oor soveel dinge wat op die plaas aangaan. Die Jagter-Versamelaars het geweet Ndenzile is nie wat hy voorgee om te wees nie; hy het geheime agendas gehad. Ons het hom uit die bosse op Argyle, wat buite perke was vir plaaswerkers, sien kom en het vermoed dat hy strikke stel vir wild. Ons het selfs gerugte gehoor dat hy 'n geweer besit. Maar ek het my mond gehou en eerder pekanneut-koekies geëet.

Kort daarna staan ek op die grasperk voor die Cottage en sien Ndenzile deur die hek by ons erf inkom. Ek besluit om hom te konfronteer. Ndenzile is 'n sterk jongman en hy sal my papslaan as hy my kan vang, maar ek weier dat hy naby ons huis kom. Ek hou nie van hom nie en vertrou hom nie. My ma se Corgi voel ook so en blaf wild terwyl ons twee hom keer om na die huis te loop.

Net toe kom my ma terug van die dorp. Ek is bly om haar te sien en dink sy sal my help om hierdie slegte vent weg te jaag.

In plaas daarvan roep sy na my: "Wat op aarde dink jy doen jy, Ian?"

Sy sê ek moet ophou met my nonsens en probeer haar hond wegjaag, maar ons weier albei. Op die ou end klap sy my. Ek loop die huis in en voel verneder, terwyl Ndenzile – sy naam beteken "Ek het dit gedoen" – ongestraf oor ons erf loop.

Van toe af was dié man 'n gevaarlike teenwoordigheid op die Jagter-Versamelaars se radar. Ek, Pese, Kununu, Pieter Trompetter en Djonni Kieghlaar het ons oë en ore oopgehou. Vroeër of later sou ons weet wat alles op die plaas gebeur.

Neem byvoorbeeld die vreemde geval van 'n man genaamd Enzwathi wat baie jare in die kwekery gewerk het wat die plaas (en talle ander in die distrik) van sitrusbome voorsien het. Die kwekery was oom Dan se afdeling. Die werkers was meestal vroue en dit was altyd vir my 'n rustige en aangename deel van die plaas.

My pa en oom het reeds 'n paar jaar lank probeer om arbeiders te bevorder tot toesighouerposisies om 'n deel van die plaas te bestuur. My oom het Enzwathi as bestuurder van die kwekery aangestel. Enzwathi was om en by vyftig jaar oud en is deur almal gerespekteer. Hy was in elk geval reeds die nie-amptelike baas van die kwekery. Sy salaris is dienooreenkomstig verhoog.

Maar ons, die Jagter-Versamelaars, het geweet dat moeilikheid gou sou uitbroei. Bhuti Enzwathi moes nou amptelik vir ander Xhosas vertel wat om te doen. Hy't so te sê 'n *umLungu* – 'n wit baas – geword. Ons het geweet dat dit vir die ander werkers sou kon lyk asof hy hom grênd hou – al het hy nie. Dit sou slegte dinge vir hom beteken!

'n Rukkie later begin ons sien dat Enzwathi, wat 'n ligter gelaat as die meeste Xhosas gehad het en nogal geset was, gewig begin verloor. Elke keer as die Jagter-Versamelaars by die kwekery verbyloop, sien ons hoe maer hy word. Boonop het hy permanent 'n bekommerde uitdrukking op sy gesig gehad, wat ook gelyk het of dit donkerder word. Ons het reeds snuf in die neus gehad oor die rede vir Enzwathi se aftakeling. "Waye thakhathwa" – hy word getoor. Of hy toor homself omdat hy die vermetelheid gehad het om te dink hy's beter as die res.

En sowaar, kort voor lank kom Enzwathi na my oom met 'n versoek: Hy wil 'n verlaging van status hê. Enzwathi dring daarop aan, ondanks my oom se beste pogings om hom anders te oortuig. Hy het vir sy lewe gevrees. Ons, die Jagter-Versamelaars, het geweet dis vir hom werklik 'n saak van lewe en dood. Uiteindelik gee my oom in, hoewel hy nie in "daardie soort goed" glo nie, en onthef hom van sy bestuursposisie. Trouens, hy skuif Enzwathi heeltemal uit die kwekery en verplaas hom na die padstal, waar hy ongesien in die skaduwee kan sit en avokado's volgens grootte rangskik en verpak.

Hoewel sy salaris helfte soveel as vroeër is, begin hy gewig optel en kry hy sy gelukkige gemoedstoestand terug. Deur terug te tree kon hy daarin slaag om enige towerspreuke te neutraliseer wat oor hom en sy gesin uitgespreek is omdat hy so voorbarig kon wees om 'n bestuurder te word.

My oom het weer die bestuur van die kwekery oorgeneem. Hy kon lewe uit lemoen-, nartjie- en pomelo-sade laat spruit, maar hy kon nie 'n Xhosa-werker oorreed om 'n bestuurder te word nie. Dit het hom geweldig gefrustreer; dit het vir hom na 'n mislukking gevoel.

My vrugbare verbeelding kon nie die saak laat rus nie. Waar laat dit my pa en my oom, die hoofbestuurders van die plaas? het ek gewonder. Is hulle nie daarom nog meer blootgestel aan hierdie toordery wat van die goeie Enzwathi so maklik 'n brabbelende halwe mens kon maak nie? En wat van hulle gesinne? Met ander woorde: wat van my?

Dié dinge het my jong gemoed met wilde gedagtes aan bedreigings en gevaar gevul.

Terwyl daar geen diskriminasie tussen die Jagter-Versamelaars was nie, was dit onmoontlik om aan die apartheidspolitiek van daardie tyd te ontsnap. Dit het nie saak gemaak hoeveel koerantfoto's van politici ons met ons gerolde BB-sigarette gerook het nie, die politici het ons wêreld bly binnedring. Dit het gevoel of dit op ons neerdaal soos die stof van die skynbaar eindelose droogte.

Toe daar besluit moes word of swart Suid-Afrikaners burgerregte gaan kry, het die Nasionale Party mense verteenwoordig wat vroeër vir politieke onafhanklikheid geveg het en daarom die gevaarlike binneland ingetrek het om weg te kom van Britse oorheersing. Ek dink hulle het 'n swart regering gevrees omdat hulle gesien het wat in die Kongo en ander dele van Afrika gedurende dekolonisasie gebeur het. Dit is nooit raadsaam om besluite te neem wanneer vrees en bekommernis jou dryf nie; dit is dikwels slegte besluite.

My suster Barrie het Suid-Afrika verlaat so gou sy kon. Jare later het sy my vertel sy kon eenvoudig nie die ongelykheid tussen die rykes en die armes verduur nie. Ek, daarenteen, het dit nooit oorweeg om die land te verlaat nie. Terwyl ek 'n bevoorregte opvoeding gehad het, was ek ook meer direk betrokke by die daaglikse bestaan van my minder bevoorregte vriende op die plaas. Ons, die Jagter-Versamelaars, het alles gedeel – selfs ons klere, die luise op ons kop en die sterk rookreuk van houtvuurtjies. Daarom het ek, anders as die meeste van my vriende by St Andrew's, nie net baie tyd saam met mense van ander rasse spandeer nie, maar ook baie omtrent tradisionele Afrika-gelowe en -gebruike geleer.

Eenkeer toe ek by die huis was gedurende 'n wintervakansie, het 'n kindjie vermis geraak uit 'n arbeidershuis by die Vlei, een van die woonareas vir personeel aan die verste punt van die drie damme wat my oupa gebou het. Ons het die omgewing en die damme gefynkam. Hand aan hand het ons 'n menseketting gevorm en deur die yskoue, troebel water gestrompel. Ons het met ons voete op die modderbodem na die klein lyfie gesoek, maar sonder sukses.

My pa het die polisie gebel, wat in hul groot F250-bakkie aangekom het. Hulle het met hul snuffelhonde gesoek, maar ook niks gekry nie. Hulle gevolgtrekking was dat die kind deur 'n wilde dier soos 'n jakkals of 'n rooikat gevang is, of dalk het sy in die leivoor geval en deur die modderige water weggespoel. Vir die polisie was die saak afgehandel. Vir my pa ook. Maar nie vir ons nie.

Lede van die Sionistiese Kerk – "AmaZion" – het een naweek opgedaag en ononderbroke op die maat van tromme gedans totdat een in 'n beswyming op die grond neergeval het en begin praat het oor dinge wat nie met die oog sigbaar is nie. En tog kon niemand "sien" waar die kind is nie. Toe het my pa, teen sy beterwete, op versoek die geld gegee om 'n afvaardiging na die magtige sangoma te stuur – *ugqhira* vir my en my vriende, maar die "toordokter" aan ons ontbyttafel – wat hoog in die berge van die Katriviervallei gewoon het.

Uiteindelik, vir die regte bedrag geld, het die geheimsinnige sangoma "gesien" wat gebeur het. Hy het sy visioen met 'n groep arbeiders gedeel – en die Jagter-Versamelaars wat aan die rand rondgehang het. Hy het beweer die kind is deur 'n verskrompelde ou vrou genaamd Thokiki en nog 'n *magogo*, NoSawuthi, ontvoer. Thokiki was een van ons vriende, Meni, se ma. Dié twee vroue het op 'n vlieënde tapyt aangevlieg gekom en die kind gegryp, het hy gesê. Hulle het die kind toe na 'n afgeleë plek geneem waar hulle haar doodgemaak en gekook het vir moeti.

Ons, die Jagter-Versamelaars, was bereid om die sangoma te glo, selfs al het die siener se visioen niks goeds beduie vir die welstand van Thokiki en NoSawuthi nie; hulle is as hekse gebrandmerk. Ek het my pa die hele sage vertel terwyl hy besig was om sy elfuur-tee te drink. Hy het net geglimlag en gesê: "Dis 'n goeie storie, ou seun, maar, jy weet, ek glo nie in daardie soort goed nie."

Ek was totaal ontnugter deur sy gebrek aan belangstelling in wat die sangoma agtergekom het. Hoe kon hy dit net ignoreer? Kort daarna het hy my teruggeneem kosskool toe. Daar het ek geleer van Jesus en die vergifnis van sondes en Lasarus wat uit die dood opgestaan het, maar ek kon dit eenvoudig nie glo nie. Dit het in 'n ou boek gestaan, terwyl ek volledig ingesleep was by die Afrika-gelowe en -gebruike wat ek eerstehands beleef het. Die Afrika-mitologie het die vure van my lewendige verbeelding veel meer gestook.

Ná ongeveer 'n maand terug by die skool het my pa my besoek en vertel dat die ontbinde oorskot van die arme kleuter gevind is. Sy is glad nie vir moeti gebruik nie. Die kleintjie het klaarblyklik verstrik geraak in die digte takke van 'n wag-'n-bietjie-bos 'n ent weg van haar huis en haar ouers het nie haar hulpkrete gehoor nie. Uiteindelik kon die saak gesluit word. Thokiki en NoSawuthi is deur die plaasmense om vergifnis gevra en kon hul dae in vrede slyt, nie as hekse nie, maar as gewone ou vroue.

Die jaar toe ek twaalf word, tref 'n geweldige slag die plaas. Kort tevore het die munisipaliteit van Fort Beaufort 'n stootskraper gestuur om sand langs die Katrivier op hope te stoot sodat vragmotors dit dorp toe kon neem vir 'n bouprojek. Een oggend gaan ek saam met 'n vriend en my neef Christopher Roberts om in die sand te speel. Toe, terwyl ons bo aan die rand van die hoop vir die stootskraper wag om die volgende klomp sand te bring, hardloop my neef om 'n onverklaarbare rede skielik af na die aankomende golf sand en begin voor dit uitkruip asof hy dit teen die helling na ons wil "opry".

Ek skree vir hom om terug te kom, maar my normaalweg luide stem word uitgedoof soos die stootskraper nader dreun. Ek en my vriend sien hoe die klam, swaar sand oor Christopher rol en hom skielik verswelg en begrawe. En die stootskraper kom onverbiddelik na ons toe aan.

Ek staan vasgenael en sprakeloos, totaal hulpeloos in die aangesig van hierdie verskrikking. Skielik hardloop ons ondertoe en skree op die drywer, wat die stootskraper tot stilstand bring. Ons begin almal desperaat grawe, maar daar is net te veel sand.

Daarom begin hardloop ek. Ek soek wanhopig om hulp – 'n ouer wat verbyry in 'n bakkie, 'n werkspan, mans met grawe wat daar naby werk – maar die wêreld is verlate. Ek hardloop, spoeg drup uit my mond, my oë blind van die trane. Ek gee nie om dat ek my kaal voete stamp dat die bloed in die gruis en stof van die pad loop nie, en ek sê oor en oor vir myself: "Dis 'n verskriklike dag, dis 'n verskriklike dag, dis 'n verskriklike dag, dis 'n verskriklike dag, dis 'n verskriklike dag."

Ek hardloop teen die steil bult uit na die Big House en kry die volwassenes daar. Binne minute grawe hulle Christopher uit die sand en jaag met hom na die hospitaal in die dorp. Maar liewe Christopher was vir altyd weg. Dit was 'n baie swaar slag wat ek vandag nog in my binneste voel. My hart klop selfs nou nog vinniger wanneer ek daaraan dink. So dikwels het ek in my bed in die slaapsaal van St Andrew's College wakker gelê en gedink dat dit beter sal wees om net daar dood te gaan en Christopher aan die anderkant te ontmoet. Maar elke keer het die son weer opgekom.

Ná Christopher se dood was dié plek langs die Katrivier taboe vir die Jagter-Versamelaars.

Jare later, nadat ek teruggetrek het na die Katrivier, besluit ek om die taboe uit te daag. Teen middernag ry ek met my Land Rover na die plek op die oewer van die rivier waar die tragedie hom afgespeel het. Ek slaan 'n tafeltjie op en steek vier wierookstokkies aan. Ek gaan sit op 'n opvoustoeltjie en probeer om my gemoed leeg te maak sodat ek ontvanklik kan wees vir enigiets wat uit die donker mag manifesteer. Dit is herfs en 'n ligte maar ysige briesie waai in die vallei af, sodat ek my in 'n kombers moet toedraai teen die koue.

Ek laat toe dat die herinneringe aan Christopher en daardie verskriklike dag terugkom van waarheen ek hulle verban het, met die hoop op 'n teken. Maar al wat na my terugkom, is 'n durende bewussyn van tydloosheid. Insekte hervat hul naggeluide en toe hoor ek, vir die eerste keer, 'n insek waarvan Pese Piet en Pieter Trompetter (albei toe reeds oorlede) my vertel het in ons Jagter-Versamelaardae. Hulle het dit *uFonyowli* genoem. In die flikkerende lig van die kampvuur het hulle dikwels vertel hoe *uFonyowli* se roep begin. In die middel van die nag maak dié diertjie 'n fô-fô-fô-geluid wat stadigaan harder en harder word – volgens Pese, Kununu en Pieter Trompetter die geluid van 'n gogga wat homself met meer en meer lug oppomp. Soveel, het hulle my vertel, dat hy uiteindelik ontplof met 'n harde "dwa!" en dan is die nag weer stil.

Terwyl ek daar sit, hoor ek *uFonyowli*. Die vreemde geluid kom van 'n donker skaduwee onder 'n bos reg voor my. Ek is betower deur die fô-fô-geluid wat laag en sag begin en dan opbou, nes hulle beskryf het. Maar hierdie *Fonyowli* ontplof glad nie. Die geluid groei tot 'n koorsagtige toonhoogte en stop dan. Ná 'n rukkie begin dit weer.

Ek sit en luister, omhul deur die geurige walm van die wierookstokkies, en doen my bes om *uFonyowli* te vertel ek is jammer dat ek nie soveel jare gelede vinnig genoeg beweeg het nie. Ek wens ek kon Christopher keer om af te hardloop na die rollende sand voor die stootskraper.

Maar geen skimme verskyn nie. Ook geen openbaring nie.

Ek word wel bewus van 'n toenemende gevoel van "Dis oukei" – 'n onverklaarbare gevoel van warmte, selfs al is die nag koud. Toe die wierookstokkies uitgebrand is en die insek stil raak, pak ek op en ry teen ongeveer 1:30 huis toe. Ek weet nie wat ek bereik het nie, indien enigiets, maar ek voel tog verlig. Soms kan iets wat na niks lyk nie 'n mens vreemd tevrede laat voel.

'n Paar jaar later, nadat my ma oorlede is, staan ek in die donker en kyk uit oor die Boesmansrivier by Kenton-on-Sea toe *uFonyowli* begin roep in die ruigte voor ons familie se klein vakansiehuisie. Ek is verstom, want dis die eerste keer in baie jare dat ek op daardie stuk grasperk staan wat oor die rivier uitkyk en een hoor. Dit sou ook die laaste keer wees. Terwyl ek so luister na daardie vreemde, argaïese, hobo-agtige klank, is dit asof *uFonyowli* namens die God van die heelal praat en sê dat alles in orde is. Ek sweer ek kon voel hoe die aarde draai terwyl dit deur die ruimte spoed.

3
Vuurdanse

EK WAS VIR DIE GROOTSTE deel van my kinderdae verskeur tussen twee wêrelde. Op die plaas het ek weggeraak in die magiese wêreld van die bos en die bekendheid van my vriende, terwyl ek by St Andrew's die realiteit van roetine en die koers wat my ouers vir my bepaal het, moes verduur. Ná laerskool was die normale volgende stap om in te skryf vir die hoërskool by St Andrew's College. Dit was in 1966. Ek het 'n koshuiskind van Upper House geword, een van ses koshuise en die een waar die meeste boere hul seuns geplaas wou hê.

Aan die einde van elke vakansie, nadat ek weke lank in die veld gekampeer het saam met die ander Jagter-Versamelaars, moes ek myself silwerskoon skrop en deur my ma ontluis word, voordat ek na St Andrew's teruggestuur kon word. Ons het geweet ons het luise in ons hare, maar ons het nooit omgegee nie. Ek het hulle eerlikwaar nie eens opgemerk nie! Dassies, hadedas en hase krap hulleself, so waarom nie ons ook nie? Hulle het ons nooit gepla nie. Maar om met luise by St Andrew's College op te daag sou absolute chaos veroorsaak het.

Gelukkig het my ma 'n onfeilbare tegniek gehad om my kop luisvry te kry: paraffien. Goggas soos luise en vlooie haal deur klein gaatjies in hul agterlyf asem. Paraffien het presies die regte digtheid om dié gaatjies te verstop en die bokkers te versmoor. Ek sou in die Court sit terwyl my ma paraffien deur my hare kam. My susters Barrie en Jane het gedink dis "gross" en "disgusting", maar ek het nie omgegee nie. As die boslewe saamgaan met luise, dan moet dit maar so wees. Dit was duidelik 'n beroepsrisiko.

My ma het altyd gevra: "My seun, wat wil jy vir jou laaste middagete tuis hê?"

"Boerewors en mash met ertjies, asseblief!"

Terug in Upper House by St Andrew's College het ek geluister hoe die ryker Joburg-seuns van hul ski-trips in die Alpe vertel of van hul kuiers in New York om Broadway-opvoerings te sien. Ek het hulle jammer gekry omdat hulle in daardie Boeings moes vlieg – so lank ingedruk in 'n aluminiumsigaar – en hoe hulle elke dag skoon moes wees en klere dra wat na waspoeier ruik. Jig. Vir my het dit na 'n kloustrofobiese lewe in 'n voorstedelike tronk geklink. Hoekom sou jy dít wou doen as jy kon vry wees in die Afrika-bos?

Ons, die Jagter-Versamelaars, het 'n baie beter lewe gehad en het net af en toe nuwe klere nodig gehad. Op 'n keer neem my liewe ma my na die OK Bazaars in Port Elizabeth om nuwe klere te koop – 'n besoek aan die groot stad is 'n spesiale okkasie vir elke plaasjapie. Sy is verstom toe ek aandring op 'n groen hemp, 'n ongewone kleur.

"Liewe aarde, seun, waarom wil jy 'n hemp met so 'n eienaardige kleur hê?"

"Vir camouflage, Ma," sê ek saggies, effens bekommerd dat die mooi blonde verkoopsmeisie sal dink ek is ietwat van 'n bleeksiel.

Toe ek veertien of vyftien was, besluit Simon Upfill-Brown, 'n koshuisvriend van St Andrew's, om tydens die vakansie saam met ons te gaan kampeer in plaas daarvan om terug te gaan Johannesburg toe. Hy is gou bekendgestel aan sommige van ons bos-avonture. Byvoorbeeld, as ons 'n wilde koei met 'n kalf teëkom, sou ons ons bes probeer om haar te vang en te melk. Natuurlik het ons die tegniek geken om die kalf nader te bring sodat sy sal *hlisa*, oftewel haar melk in die uier laat sak. Dié melk sou ons dan eers vars drink, maar wanneer dit suur geword het, was die dikmelk selfs nog beter.

Simon was betrokke by een koei-insident. Hy het vir homself 'n naam gemaak toe die koei hom begin jaag. Hy het teen só 'n spoed deur die bos gehardloop dat hy dit reggekry het om die kwaai koei te ontglip. Van daai oomblik af was hy een van ons. Pese, Kununu, Pieter Trompetter en Djonni Kieghlaar het hom "Jowbeg" (Johannesburg) genoem. Om op dié manier 'n bynaam te kry, was 'n groot eer – veel waardevoller as hoe sekere bleekgesig Engelsmanne deur die koningin tot ridder geslaan is soos ons in die Geskiedenisklas by St Andrew's geleer het.

Simon het iets saamgebring daai vakansie wat net ryk kinders soos hy kon besit: 'n Asahi Pentax-35mm-reflekskamera met verwisselbare lense. Vir die eerste en laaste keer is ons gek bosbestaan op film vasgevang.

Pese of Kununu sou dikwels in die flikkerende lig van die kampvuur

IS DIT JÝ?

My ma saam met Llewellyn (links), Barrie (regs) en ek op haar skoot.

naboots hoe Jowbeg wanhopig voor die woedende koei uitvlug, en ons sou dan lag tot ons op die grond neerval. Daar het ons bly lê, plat op ons rûe, en gelag terwyl ons opkyk na die helder sterre.

Pese kon toor op 'n kitaar. My pa het my die hele ent Port Elizabeth toe gery, waar die naaste musiekwinkel was. Daar in Bothners het hy my eerste kitaar vir my gekoop – 'n pragtige, mediumgrootte staalsnaar-Ibanez-kitaar wat in Japan gemaak is en altyd na sederhout geruik het. Daardie kitaar is voos gespeel. Uit sy gehawende sederhoutkante kon Pese ritmes optower, afgewissel met off-beat klappe teen 'n verbysterende tempo wat altyd ons voete laat jeuk het. Ek het my bes gedoen om sy ritmes na te boots en ek probeer vandag nog, maar ek kry dit nooit heeltemal reg om daardie vlugheid van gewrig en die frisheid van Pese se getokkel te laat herleef nie.

Ons het almal gedans. Een nag het Simon se gedans so wild geword dat Djonni Kieghlaar en Kununu se uitroepe hom aangepor het om nog wilder te dans: "Eyitsa! Jowbeg! Bri bri mntanam uyagula!" (Mooi! Jowbeg! Jy dans dat die biesies bewe!)

VUURDANSE

Wanneer hy te veel soet jerepigo-wyn ingehad het, kon Djonni soms tranerig word en uitroep: "Ek vra jou, Mobza! Wat is 'n huis sonder 'n moeder?" Ek kon nooit antwoord nie, want ek het altyd 'n moeder gehad.

Rondom 2003 het ek 'n rol gehad in die rolprent *King Solomon's Mines* saam met Patrick Swayze. Dis in Suid-Afrika verfilm en op 'n kol was ons naby Grahamstad. Een aand ry ek dorp toe na 'n klub waar 'n vriend se band speel. Verbasend genoeg is Simon "Jowbeg" daar. Hy het jare tevore na Amerika geëmigreer, maar was op besoek in Grahamstad. Die band begin speel 'n song waarvan ek baie hou en aangesien nie een van die meisies wil dans nie, gaan dans ek wild op my eie.

Toe ek van die dansvloer af kom, kyk Simon na my met sy kop skuins gekantel en 'n vreemde uitdrukking op sy gesig. Ek kry die gevoel hy verstaan nie wat de drommel my besiel het om alleen te gaan dans nie. Dit is duidelik: Wanneer mense Suid-Afrika verlaat, laat baie van hulle nie net die bos agter nie, maar ook hul sin vir humor.

Die ontslape Suid-Afrikaanse etnomusikoloog, komponis en folk-sanger Andrew Tracey, wat baie jare lank deur Suider-Afrika gereis het om Afrika-musiek te bestudeer en op te neem, het op 'n keer 'n praatjie kom gee op Fort Beaufort. Agterna het hy mense gevra om enige ritme op 'n trom uit te slaan. Hy het 'n rukkie geluister en dan gesê waar hul musikale wortels lê, byvoorbeeld Oos-Europa, Noord-Duitsland, ensovoorts. Toe ek die trom bykom, lig hy sy hand onmiddellik op en sê: "Afrika!"

Ek het op laerskool begin kitaar speel, toe ek sewe jaar oud was. Sommige van die ouer seuns het kitare gehad, en ek en my neef Dan was opgewonde en dankbaar as hulle ons 'n kans gegee het om te speel. Ons het liedjies met drie akkoorde geleer, soos "Barbara Ann" deur die Beach Boys, en kort daarna het ons pa's vir ons elkeen 'n kitaar gekoop.

Musiekluister en -maak was so gewoon vir my soos eet of water drink. My ma het altyd gesê: "Jy weet, jy's die enigste een van my kinders wat die Womersleys se musiektalent geërf het. Jou pa se familie, die Robertses, weet niks van musiek nie. Die MacDonalds en die McWilliamses is almal heeltemal toondoof, maar jou oorgrootjie Womersley het die orrel in Port Elizabeth se katedraal gespeel."

My ma se ma, Edith Eileen Womersley, was 'n operasopraan en later 'n sangafrigter in Port Elizabeth. Een van my ma se laaste geskenke aan my voor haar afsterwe was 'n opgerolde diploma van Edith se toelating as "coach" tot 'n Londense musiek-akademie.

Maar Mrs Kirby het my summier uit St Andrew's se laerskoolkoor gegooi en my nadruklik voor al die ander seuns laat verstaan dat ek note "trek". Klaarblyklik val ek nie suiwer in op C nie, want ek "trek" die noot van B op na C en dis totaal onaanvaarbaar. Kort daarna kon ek Mrs Kirby terugkry. My broer het triomfantelik van die College opgehardloop gekom na die laerskool met *Beatles for Sale* wat pas vrygestel is. Ek het geweet hoe om by Mrs Kirby se koorkamer in te breek, waar ons die langspeelplaat op haar gesofistikeerde radiogram gespeel het.

Danksy Pese en Djonni Kieghlaar het die Jagter-Versamelaars 'n band begin toe ons omtrent nege jaar oud was. Ek het 'n klein Hohner-trekklavier present gekry by 'n tante nadat my ma haar vertel het ek het musiektalent. Pese, Djonni en ek het 'n trio gevorm en op versoek liedjies begin speel op naweekpartytjies by die hutte. Dit is "tee-byeenkomste" genoem, hoewel tee 'n baie klein rol gespeel het. Vir elke liedjie wat ons speel, is twee sent in 'n bak gegooi. Toe ek tien jaar oud was, het 'n gelling petrol 25 sent gekos. My pa het die fout gemaak om my te vra wat ek vir my tiende verjaardag wil hê. As 'n man van sy woord moes hy toe vir my 'n go-kart bou. Ek het ook 'n Sachs 50-bromponie gekoop. Vir elke twaalf liedjies wat die Jagter-Versamelaars by die tee-byeenkomste gespeel het, kon ons 'n gelling petrol koop, en dit was pure goud. Ons het die sukses van ons band gemeet in petrol, wat verklaar waarom my bynaam toe "uMobza" was.

Die Jagter-Versamelaars kon drie liedjies speel. Die gewildste – die een waarop almal wou dans – was "Stekelina". Jare later het ek ontdek dit was 'n Amerikaanse treffer in die 1960's, maar die titel was "Stagger Lee". Die Xhosa-werkers het dit aangepas by hulle manier van praat. "Stekelina" het meer tweesentmunte vir ons verdien as enige ander liedjie.

Dan was daar "Pata Pata", 'n trefferliedjie deur Miriam Makeba, wat ons op ons eie manier opgedis het. Die derde een wat ons gespeel het, was 'n keurspel van Afrikaanse volksliedjies, soos "Hasie, hoekom is jou stert so kort?" en "Jou kombers en my matras en daar lê die ding". Ons het aanhou speel solank daar tweesentstukke in die bak gegooi word, en dit het soms die hele middag geduur. Mense sou om ons dans terwyl hulle al hoe meer stof opskop uit die misvloer.

Dit sal dus nie verkeerd wees om te sê dat my professionele musiekloopbaan op tienjarige ouderdom begin het nie. Later jare het ek dom geraak en lank geglo musiekmaak vir geld is 'n belediging vir die musiek. Dit het 'n tyd geneem voor ek van dié simpel idee afgesien het. Danksy die talent van my neef Dan en die joernalis en liedjieskrywer Rian Malan – die kragte agter die totstandkoming van Die Radio Kalahari Orkes – gee dit my nou groot plesier om musiek te maak vir mense *en* daarvoor betaal te word.

In daardie tyd was Dan ook baie doenig met musiek, maar op 'n ander manier as ek. Net soos ek het hy op negejarige ouderdom geleer om "Barbara Ann" te speel en te sing. Maar baie gou het hy 'n groot liefde ontwikkel vir die musiek van Frank Zappa en Jimi Hendrix. Sy pa, my oom Dan, het 'n groot zozo-hut vir hom staangemaak waar hy daardie vreemde dierasie, sy elektriese kitaar, gespeel het dat die hut se ruite rittel. Aangesien elektriese kitare skaars was in ons omgewing, moes oom Dan eiehandig die kitaar vir hom bou. Dan junior het selfs 'n klankversterker gehad! Hy het sy eie band by St Andrew's College begin – iets wat eintlik ongehoord was daai dae.

Ek en my wilde Jagter-Versamelaar-kamerade kon nie op elektriese kitare speel nie, want daar was nie kragpunte in die bos nie. Wanneer ons gaan kampeer het, sou ons ons musiek in die flikkerende vuurlig maak, en wanneer die wilde dansery begin het, was enigiets moontlik. Meer as een keer het iemand 'n blikbord tollend die donkerte in gelanseer as 'n uitbreiding van die dans.

Sommige talente behaal sukses, ander – selfs met baie potensiaal – kom tot niks. 'n Jong man genaamd Bomvana is 'n voorbeeld van die impak wat kulturele druk op 'n individuele talent kan hê. Bomvana het vir hom 'n viool gemaak uit 'n vyfliter-olieblik en vislyn as snare. Hy het op 'n buurplaas gewoon, maar toe hy hoor daar word musiek gemaak op Baddaford, het hy die hele ent gekom om te kom kuier. Nog 'n motivering om die vier kilometer te loop was om hars te kry van die ou sederboom wat by die Big House gestaan het.

Bomvana was geniaal op daai tweesnaar-instrument. Hy hoef net een keer aandagtig na 'n liedjie op die radio te geluister het om die wysie daarna perfek te kon speel. Hy het 'n paar keer saam met ons op teebyeenkomste gespeel, maar het toe skielik net verdwyn.

'n Paar jaar later, toe ek een vakansie by die huis is, kom Bomvana weer kuier, maar sy gesig is nou rooi geverf en hy is sonder sy viool. Hy het "berg toe gegaan" (inisiasie ondergaan) waar ouer mans die seuns onderrig in hoe hulle moet optree wanneer hulle mans word. Bomvana was nou 'n *ikrwala*, 'n besnede adolessent wat gereed maak om in die gemeenskap aanvaar te word as 'n volwaardige *indoda*, 'n ware man wat sy rug gedraai het op die dinge van 'n kind. Ongelukkig is sy viool beskou as iets uit sy jeug en ons het nooit weer die strelende klanke van Bomvana se instrument gehoor nie.

Eers baie jare later het ek besef hoe uitsonderlik my jeug was, nie net vanweë die groot kontras tussen my sorgvrye bestaan op die plaas en die gestruktureerde roetine by St Andrew's nie. Gedurende ons Jagter-Versamelaar-kampeertyd is dit aanvaar dat ek die onverkose leier van 'n klein bende vriende was – Pieter Trompetter, Pese, Kununu Piet en Djonni Kieghlaar. In al ons eskapades was my woord meestal wet.

Ek het dit nie self bewimpel nie; dit was eerder 'n situasie waarin ek gebore is. Ek was die "baas van die plaas" se seun, maar as 'n kind was ek nie werklik daarvan bewus nie en het ek my nie gesteur aan die besonderhede van dié magsverhouding nie. Dit was grootmensdinge, 'n ander spesie wat hoofsaaklik op Mars of die maan gewoon het.

As seuns was ons, die Jagter-Versamelaars, nie baie bewus van ras- of klasverskille nie, maar die feit dat ek vir drie maande op 'n keer weg was by St Andrew's College, het die potensiaal geskep dat die verskil tussen my en die ander Jagter-Versamelaars groter kon word. Hoe groter my blootstelling aan die wêreld buite Baddaford, hoe meer het ek 'n besef ontwikkel van die ongelykhede wat dreig om ons van mekaar te skei. Dit was deel daarvan om my onskuld te verloor.

Hoe ook al, ons het nie geswig voor die apartheidsdenke nie en vriende gebly. Toe eerste minister Hendrik Verwoerd in die parlement vermoor is in 1966, was ek toevallig tussen die arbeidershutte. Ek was nogal verbaas deur Jane Gqhirana se openlike en luide gejubel terwyl sy haar groot lyf by my verbydruk op die klipperige paadjie na haar huis, nadat sy die padstal vir die dag toegemaak het. Ons groepie het dit reggekry om ons te distansieer van dié politieke gebeure omdat, dink ek, ons gevoel het dit het niks met ons uit te waai nie. Ons was te besig om ons jeugdige energie ten volle uit te leef, en dié dinge sou net in ons pad wees.

'n Voorbeeld van hoe ons dié energie ingespan het, was ons plan om geld te maak met pekanneute pluk. My pa – wat blykbaar gretig was om 'n ondernemingsin by ons te kweek – het ons 'n bedrag geld aangebied vir elke meelsak neute wat ons by die padstal aflewer. Die beste en grootste bome was 15 kilometer weg in die Katriviervallei op Picardy, 'n plasie wat my pa en oom gekoop het.

Ek, Pieter Trompetter en Kununu het ons pekan-ekspidisies vroeg in die oggend begin. Ons het met my Sachs-brompomie op petrol weggetrek en wanneer die enjin warm genoeg was, oorgeskakel na kragparaffien om geld te spaar. Die Sachs het 'n lang, geboë petroltenk gehad wat vanaf die handvatsels afwaarts loop, baie soos 'n vrouefiets, en dit is waar die groot, enkelgevoude sak geplaas is. Kununu, die ligste een van ons, het daar gesit.

Pieter het op 'n ander sak op die agterste bagasierak gesit, en so het ons dan in die vallei opgery. By Picardy sou ons dan die hele dag lank soos ratse ape na die hoogste toppe van die pekanbome klim en die neute afgooi grond toe. Teen laatmiddag plaas ons dan die reusesak, nou vol neute, weer in die Sachs se geboë buik. Kununu klim bo-op en ons ry met ons buit op kragparaffien terug in die vallei af. Soms het ons selfs resies gejaag met die stoomtrein wat ook in die vallei af gery het, terug Fort Beaufort toe.

Die treindrywer was 'n kêrel met die naam Freddy Botha en wanneer ons op die grondpad kom wat langs die spoor loop, sou hy toet om te laat weet dat die resies kan begin. Freddy het my later vertel dat dit nogal iets was om te sien: 'n 50cc-help-my-trap met 'n groot sak en drie outjies wat volspoed op die grondpad jaag. Ons het baie geld op dié manier gemaak.

Op kosskool was ek 'n ywerige rugbyspeler en was bly toe 'n rugbyveld, met doelpale weerskante, by die plaasskool gemaak en met gras beplant is. 'n Span is op die plaas bymekaargemaak, hoofsaaklik op die inisiatief van die bruin werkers. Hulle het hulself die "Never Despairs" genoem. Rugbystewels en -truie is gekoop, en op Saterdagmiddae het hulle teen die buurplase se spanne gespeel. Saterdae was ook halfpad deur die naweek se drinkery. Ek het na net 'n paar wedstryde gaan kyk, want ek het nie gehou van die drankgedrewe bandelose gedrag op die kantlyn van die opponerende ondersteuners nie. Daar was dikwels onderonsies oor die korrektheid van die skeidsregter se beslissings en toeskouers het gereeld op die veld gestorm.

Op 'n dag het 'n tragedie plaasgevind. Die skeidsregter, 'n lang, waardige man met grys hare genaamd Verandah, 'n werker op ons plaas, het by 'n dispuut op die veld betrokke geraak. In die bakleiery is hy doodgesteek. Ek was oorweldig deur wanhoop en walging. Die Jagter-Versamelaars was geskok. Jy steek nie ou mans dood met 'n mes nie; jy luister na hulle want dalk kan hulle jou iets leer. Daarna het die Never Despairs se wedstryde doodgeloop en onkruid het die verwaarloosde rugbyveld oorgeneem.

Op 'n manier het al hierdie gebeure 'n rol gespeel in my aanvaarding van die teenstrydighede tussen my kinderdae op die plaas en my tyd as 'n koshuiskind by die St Andrew's skole in Grahamstad. Skool was inderdaad 'n heel ander wêreld, maar dit het my ook 'n paar belangrike lewenslesse geleer. Iets wat 'n blywende uitwerking gehad het, was 'n ernstige besering wat ek opgedoen het terwyl ek vir St Andrew's se tweede rugbyspan in 'n wedstryd teen Gill College van Somerset-Oos gespeel het. Al die senings in my regterenkel was geskeur. Dit het 'n hele ruk geneem voor ek weer kon loop, aanvanklik met krukke.

Op 'n dag kom die kunsonderwyser, eerwaarde Donald McCleod, my besoek terwyl ek aan die herstel is in die siekeboeg. Hy was gaaf genoeg om, op my versoek, vir my verf en papier te bring. Ek het tonele van tropiese eilande met klein baaitjies, kokospalms, eksotiese voëls en blomme begin skilder. Toe die eerwaarde my weer kom besoek, is hy oorstelp: "Dit is wonderlike skilderye, Roberts. Waar het jy dié dinge gesien?"

"Ek weet nie, meneer … Dit kom net by my op," is al wat ek kon sê.

Dit was in die tyd voor rekenaars en slimfone. Dat ek die tonele met soveel detail kon skilder, is sekerlik 'n bewys van my verbeeldingskrag.

Toe ek weer op die been was, het ek 'n belangrike skuif gemaak. Ek het besluit om rugby op te gee en by die skool se roeiklub aan te sluit. Dit was 'n breuk met die tradisie, want die Robertse speel rugby. My pa en my oom het vir die Oostelike Provinsie gespeel – 'n tweeling saam in 'n provinsiale span, met my oom van tyd tot tyd as kaptein. In 1949 het oom Dan as vleuel vir die Oostelike Provinsie uitgedraf teen die besoekende All Blacks. Maar ek was altyd lief vir water en het besluit ek wil roei.

Ek was in my element toe ek vir die eerste keer na die Setlaarsdam kon gaan. Ek was mal oor roei. Die roeiklub was klein en die roeiers 'n ander lot, wat 'n teken was van wat sou kom. Net so is akteurs ook 'n ander spul. Soms moet 'n mens opreg dankbaar wees vir rugbybeserings of ongelukke in die algemeen, want hulle kan waardevolle veranderings teweegbring.

Voor ek my kom kry, is ek in my laaste skooljaar. Nog 'n voorval het die mal rooikop-Ier in my laat uitkom. Een nag het drie van ons by die koshuis uitgeglip om 'n partytjie by te woon waar my neef se band gespeel het. Ons het by 'n motorwrak wat in die speelgrond van 'n nabygeleë kleuterskool gestaan het, gou ons lelike grys skoolklere vir ons beste uitgaanklere verruil.

By die partytjie dans ons nie net met mooi meisies nie, maar pleeg ons ook onvergeeflike sondes deur sigarette te rook en alkohol te gebruik. Ons kry 'n laatnag-lift in 'n vriend se VW Beetle, maar die outjie wat gestuur is om ons skoolklere te gaan haal, sê hy kan dit nie kry nie. Ons aanvaar dus dat dit gesteel is. Dié Maandagoggend kry iemand dit wel – die hoof van Stepping Stones, die kleuterskool. Ons is uitgevang, maar ons maak 'n storie op dat ons dorp toe gegaan het om te gaan fliek.

Vir ongeveer 'n week bly die leuen staan, maar laat een nag kan een van ons groep, Lee "Harra" Harding, dit nie meer hou nie en vertel hy die waarheid. Ons was in groot moeilikheid. Die volgende dag het die hoofseun, Gerry Catherine, wat normaalweg 'n vriendelike kêrel was en graag geglimlag het, met 'n streng gesig na my aangeloop. Hy bring klaarblyklik skrikwekkende nuus.

"Ek's jammer, pel, maar jy, Harra Harding en Pete Key is uit die skool geskors."

Die mal rooikop-Ier, wat soms my mond gebruik, reageer: "Gerry, gaan dadelik terug na die skoolhoof."

Ek is net so verbaas soos Gerry om dié woorde te hoor. Al waaraan ek kan dink, is hoe ek hierdie skokkende nuus aan my ouers gaan moet oordra. As ek geskors word, sal dit 'n enorme klad op die Robertsnaam wees.

"Wat het jy gesê?" vra Gerry.

"Gaan terug en sê ek wil hom sien, nou. Asseblief, Gerry. Maak gou!"

Kort daarna staan ek in die hoof se indrukwekkende kantoor. Ek, of eerder die Ier, vertel hom hy kan my nie uit St Andrew's skors nie, want daar was minstens vyf-en-twintig ander skoolseuns by die partytjie. As hy ons drie skors, moet hy almal skors.

Die skoolhoof is bekommerd. Sissend van woede sê hy vir my dat as ek al vyf-en-twintig seuns teen die volgende Maandag in sy kantoor bymekaar kan kry, sal hy sy beslissing herroep. Daardie Maandag verskyn vyf-en-twintig seuns voor hom. Daardie dapper kêrels het ons gered van skorsing, maar ons het nie skotvry weggekom nie.

Die skoolhoof, wat ook 'n bevestigde Anglikaanse priester was, het my so kwaai met 'n rottang bygekom dat toe ek teruggaan klas toe om 'n stillewe klaar te maak vir my matriek-kunseksamen, my skoen vol bloed drup soos dit teen my been afloop. Die kunsonderwyser, Rene Schalker, sien die bloed op die vloer en vra hoekom ek rooi verf mors. Ek verduidelik vir hom dit is van die pak slae.

Op sy versoek laat ek my broek sak om die bloeiende gemors te onthul. "Donnerse barbaar!" brul hy terwyl hy sy akademiese toga oplig en wegstorm na die hoof se kantoor. Rene was 'n groot man. Ek het later gehoor hy het by die hoof se kantoor ingebars, hom aan die baadjie gegryp, van agter sy lessenaar uitgepluk en hom teen die muur vasgedruk, voordat verskrikte personeellede daarin kon slaag om hom te keer. "Jy's nie 'n priester nie! Jy's 'n donnerse barbaar!" het hy geskreeu terwyl hulle hom wegsleep.

4
'n Rondvaller

WANNEER MENSE ARMY-STORIES BEGIN VERTEL, raak my oë glasig en my ore doof. Net soos die meeste ouens van my ouderdom moes ek ook army toe ná matriek. Maar my army-ervaring was allesbehalwe die gewone. In daardie jaar – 1971 – het niemand op my geskiet nie. Al het ek 'n skerpskutter geword, het ek ook nooit op iemand geskiet nie. In baie opsigte was die army egter 'n belangrike opleidingskamp vir die lewe.

Ek is toegedeel aan 1 Seinregiment op Voortrekkerhoogte naby Pretoria. Omdat ek gevra het om vloot toe te gaan, het hulle my natuurlik so ver as moontlik van die see af gepos. As die army my enigiets waardevols geleer het, ook vir my uiteindelike loopbaan as akteur, was dit om 'n gaping te sien en dit te vat. Tien jaar in die koshuis en talle kampeeruitstappies in die veld het my ook iets geleer: Moenie soos 'n melktert in die yskas sit en hoop iemand gaan jou eet sodat jy kan uitkom nie. Begin liewer vrot sodat hulle jou uithaal en op die vullishoop gooi. Dan kan jy ten minste vrylik saam met die vlieë dans.

Dit is inspeksie-oggend vir 1 Seinregiment. Daar is agt van ons, almal tweestreep-korporaals wat met bloed, sweet en trane ons rang by Seinskool gekry het. Een is korporaal Pikkie de Lange, wat 'n eie begrip van tyd het.

"Ek gaan gou-gou kombuis toe vir iets om te chow. Wil jy iets hê?" vra Pikkie my op sy pad uit. "Ja, bring vir my toast met marmelade, 'seblief, man!"

Ek maak finale verstellings aan my bed en vee die vensterbank af. Ek dog Pikkie gaan die inspeksie mis, maar hy is terug net toe die bungalow langsaan vibreer soos stafsersant Marais "Aandag!" bulder terwyl hy en majoor Smit daar inloop om die inspeksie te doen. Pikkie is skoon uitasem van die uitputting om teen 'n normale pas te moes loop, wat vinnig is vir hom.

"Hier's dit, Ikey! Hier's jou samies!" sê hy en gee trots die twee bruinbrood-toebroodjies vir my.

IS DIT JY?

Ongelukkig is die bungalow langsaan vol "kop toe"-troepe, so dis altyd blinkskoon en die inspeksie is gou verby. Ek weet daar's min tyd voor ons ook ge-"Aandag!" gaan word. Ek gryp die toebroodjies en voel aan hulle gewig dat Pikkie 'n belaglike klomp marmelade op die snye gesmeer het. Maar ek het nie tyd om iets daaroor te sê nie, want van my posisie naby die deur kan ek sien hoe stafsersant Marais en majoor Smit by die bungalow langsaan uitkom en nors na ons toe aanstap asof hulle weet dat hulle nou op pad is na een met 'n spul sleg troepe.

"Ag, dankie, Pikkie," sê ek. Pikkie glimlag breed, loop haastig na sy bed en los my met die gebakte pere. Ek dink vinnig. Daar's nie 'n vullisblik nie en ek kan nie die toebroodjies in my keel afforseer nie, daarom sit ek dit versigtig onder die grys mat op die vloer langs my bed, wat pas met baie moeite skoongemaak is. Dit is 'n taamlik veilige plek, want as jy ouman-status in die laaste maande van opleiding bereik het, word die inspeksies al hoe lakser. Dit is hoogs onwaarskynlik dat majoor Smit die moeite sal doen om met sy vinger oor die groengeverfde kas teen die muur oorkant die mat te trek om vir stof te toets.

Die offisiere kom flink in en kyk om ons rond. Hoewel troepe wat geïnspekteer word, veronderstel is om stip voor hulle uit te staar, het ek 'n tegniek ontwikkel om uit die hoek van my oog te loer dat ek kan sien wat die majoor doen. Vanoggend lyk hy buitengewoon beneuk, asof hy reeds 'n plan het om ons uit te vang.

Toe, onverklaarbaar, draai hy regs en trap reg op my mat. My nekhare rys. Die majoor is besig om sy vinger nonchalant oor die bokant van my groen kas te trek, toe hy skielik stop. In sy oë sien ek toenemende verwarring soos hy sy voete sywaarts voel gly, asof 'n aardbewing die bungalow se vloer laat beweeg. Hy kyk geskok af en sien dat sy blinkgepoleerde army-skoene vol marmelade is, soos 'n slak wat sy kos met slymerige afskeidings bedek.

"Wat de fok ..." sê die majoor wat nooit vloek nie. "Stafsersant, sê my asseblief, wat de donner is dié?"

Staf Marais gaap die majoor se taai skoene aan. Hy buk, skep 'n bietjie marmelade met sy vinger op, snuif hoorbaar daaraan en proe dit dan agterdogtig.

"Fokkit, dis bliksemse jêm, Majoor!"

Majoor Smit is 'n goeie ou, bedaard, versigtig om te kritiseer en vinnig om te prys; ons seiners hou van hom. Maar ek kan sien hy word gevaarlik kwaad, soos 'n pofadder waarop se stert getrap is. Teen dié tyd staan Majoor Smit in die middel van die bungalow en staar ons moorddadig aan. Hy lig sy oë op na die hemel asof hy sy God om hulp vra om hierdie klomp verdorwenes te beheer wat hulle as onderoffisiere voordoen in sy eskadron. Natuurlik het God hom afsydig gehou, en in elk geval kon die majoor se blik niks verder as die plafon reik nie. Maar dit was ver genoeg.

Laat ek verduidelik. In die army mag gewone seiners nie alkohol gebruik het nie. Dié voorreg was slegs offisiere beskore. Daarom het al die dienspligtiges voor ons doodgewoon hul leë drankbottels deur 'n gapende gat in die plafon aan die verste punt van die bungalow gegooi. Hulle het daardie reël só uitbundig oortree dat die plafon gevaarlik begin sak het onder die gewig van die steeds groeiende vrag bottels en bierblikke. In die verlede het majoor Smit dit wyslik geduld, maar nou wil hy oorlog maak. Hy kyk af na sy skoene vol marmelade en dan na stafsersant Marais.

"Stafsersant Marais …"

"Ja, Majoor?" sê staf Marais terwyl hy hom moet inhou om nie te glimlag nie.

"Wat de fok gaan aan met die plafon?"

"Nee, ek weet nie, Majoor."

"Nou gaan kyk 'n bietjie in daai donnerse gat in!"

Terwyl Marais na die verste hoek van die bungalow loop, weet ons seiners dat selfs al drink ouens soos korporaals Netherington, Solomon en Van der Merwe nooit 'n druppel nie, is die pawpaw op die punt om die fan te tref. Ons gaan die gevolge dra van tien jaar se onwettige gesuipery.

Staf Marais sleep 'n trommel tot onder die gat en klim daarop om in die somber kosmos van die verlede te tuur.

"Jirre Jesus, Majoor!" Wat Jesus met hierdie situasie te doen het, weet niemand van ons nie.

"Wat sien jy, man?"

"Drankbottels, Majoor! Dis die ene vieslike, vuil drankbottels en blikke en alles!"

Dis toé dat majoor Smit breekpunt bereik. Die manier waarop die plafon hang, beteken die gesuip gaan al vir sy volle termyn as bevelvoerder aan. Boonop is sy skoene vol Koo-marmelade. Hulle sê 'n mens moet versigtig wees om besluite te neem terwyl jy kwaad is; sy volgende bevel is dus 'n groot fout.

"Trek die fokken ding af!" skree hy, *só woedend* dat hy skaars die woorde kan uitkry.

Stafsersant Marais is 'n goeie rugbyspeler, maar hy is nie 'n vleuel se gat nie. Of 'n heelagter of 'n skrumskakel of 'n senter s'n nie. Hy's meer 'n voorryspeler of 'n haker, anders sou hy nie die majoor se absurde opdrag so blindelings uitgevoer het nie. Toe hy aan die gat in die hoek begin trek, kom die hele plafon los, soos 'n omgekeerde vulkaan waaruit leë stofbedekte bottels, sigaretpakkies en blikke skiet.

Teen dié tyd was my skreefoog-tegniek nie meer nodig nie; ek kyk reguit na die majoor toe 'n Mainstay-bottel sy netjies opgekamde kop tref, gevolg deur talle ander bierbottels en -blikke wat 'n donker wolk vuil stof veroorsaak. Al wat 'n mens van majoor Smit se gesig kan sien, is die wit van sy twee gloeiende oë. Gelukkig het hy nie probeer om sy gesig af te vee nie; dit sou dinge net nóg erger gemaak het.

"ORDERS!" sis hy. "Die hele fokken lot van julle!"

Hy draai driftig om en loop uit. Staf Marais is so besmeer, hy lyk vir ons nog belagliker as Smit.

"Julle etters is kniediep innie kak. Orders twaalfuur! Nóú gaan julle kak!" En weg is hy.

Ek is jammer vir sommige ouens in ons groep. Hulle was gehoorsame jongmanne. Groot Godfrey Solomon, 'n sagsinnige Joodse boytjie van Joburg, verdien nie dit nie. Ook nie die towenaar Netherington of slim Van der Merwe wat sewe A's in matriek gekry het nie.

Ons word deur staf Marais by die majoor se kantoor ingemarsjeer en staan op aandag waar hy agter sy lessenaar sit. Teen dié tyd is hy heelwat skoner en kalmer. Hy vra ons een ná die ander of ons enigiets te sê het ter verdediging. Een outjie vra om vergifnis. Staf Marais staan agter ons rond; as ons enigiets onvanpas doen, sal hy ons hard op die niere moker. Toe dit Pikkie de Lange se beurt is, begin hy giggel. Ondanks talle houe deur staf Marais kan hy nie ophou nie. Vir Pikkie is dit om 't ewe of hy korporaalstrepe kry of verloor.

Ons word almal van ons rang gestroop tydens 'n parade voor die hele 1 Seinregiment. Vir staf Marais is dit 'n groot plesier om die strepe van ons moue af te ruk en dit een ná die ander gewelddadig die paradegrond in te trap. Nadat die hele regiment laat gaan is, moet ons na die paradegrond teruggaan om dit uit te grawe en terug te neem na die stoor – dit ís immers army-eiendom!

Op laas het die gewelddadigste ding wat ek in die army gedoen het, in die gim gebeur. Elke middag nadat ons bewusteloos op en af gemarsjeer is op die paradegrond, kon ons gaan oefen. In die middel van die enorme gim is 'n bokskryt opgerig omdat een van ons jaargroep die Suid-Transvaalse ligswaargewigkampioen was. Hy het elke dag geoefen – en gewoonlik al drie skermmaats verinneweer wat deur sy afrigter, wat ook sy pa was, aan hom opgedis is.

Daarna was dit sy gewoonte om die boonste tou van die kryt met sy handskoene vas te gryp en só hard te roep dat sy stem van die sinkplaatmure af eggo: "Is daar niemand in hierdie fokken kamp wat my kan aanvat nie?"

Dit het my al hoe meer geïrriteer. Chum Sutherland, die Liggaamlike Opvoeding-onderwyser by die St Andrew's voorbereidingskool het ons reeds vroeg al die grondslag van boks geleer. Later was ek die bokskaptein van Upper House by St Andrew's College. My afrigter was 'n groot, gespierde bokser met die naam Beadle. Ná ons klaar geoefen het vir my eerste interkoshuis-kompetisie, sê hy ek moet hom met my beste hou slaan.

Ek was 'n skraal outjie met sulke knopknieë dat die Xhosa-plaaswerkers my dikwels "Madolo" (Knieknoppe) genoem het; Beadle was 'n reus teenoor my. En tog is ek bang om hom met my beste hou by te kom.

"Waar moet ek jou slaan, Beadle?"

"Hier." Hy stoot sy kakebeen uit en tik treiterend daarteen.

Ek trek los met 'n regter, en sit al my krag daaragter. Die hou laat hom agteruit steier en skud sy selfbeheersing.

"Jee-sus, Roberts! Dit was 'n moerse hou!" Hy vryf sy kaak asof hy dit terug in plek wil druk.

Toe ek in my eerste geveg voor die hele skool verdwaas en bebloed geslaan word ná twee rondtes teen 'n sterk teenstander, wou ek opgee. Beadle vryf my maag terwyl ek verslae op my stoeltjie sit in die pouse voor die derde en finale rondte.

"Roberts, hierdie outjie is besig om jou pap te slaan. Jy gaan op punte verloor as hy jou nie uitslaan nie."

ST. ANDREW'S COLLEGE
UPPER HOUSE — BOXING, 1970

STANDING – L. TO R.: H. TURPIN, E. PRINGLE, M. DOBROWSKY, N. PAGDEN, A. GADD, R. ARMITAGE.
SITTING – L. TO R.: E. DOBROWSKY, R. AUSTIN, I. ROBERTS (CAPTAIN), G. LEVEY, P. HIRD.
FRONT ROW – L. TO R.: M. NEWBERY, C. TROLLIP.

Die bokskampioene van die interhuiskompetisie. Ek sit in die middel van die tweede ry.

"Ek weet. Ek's poegaai, Meneer."

"Nonsens, Roberts! Onthou jy daardie hou wat jy my nou die dag gegee het?"

Ek knik en spoeg die bloed uit wat van my stukkende lip af in my mond loop.

"My kaak is nog steeds seer, Roberts. So, kry die krulkop-klonkie in jou visier en slaan hom met daardie regter."

Toe die klok vir die derde rondte lui, is dit presies wat ek doen. My teenstander is so buite weste dat die geveg gestop word weens 'n tegniese uitklophou.

Ek was verbaas dat geen enkele troep van die duisend in 1 Seinregiment ooit die uitdaging van die grootbek Suid-Transvaalse kampioen aanvaar het nie. Tot die dag toe die mal, rooikop-Ier besluit om namens my terug te skree en, moet ek byvoeg, sonder my toestemming.

"Ja, ek sal jou aanvat!" sê die Ier kliphard en praat nou sommer Afrikaans, die taal van die army.

Die gim raak doodstil terwyl almal rondkyk om te sien watter moroon besluit het om opgedonder te word. Ek loop na die kryt. Die kampioen se afrigterpa verbind my hande en trek my handskoene aan. Hy vra my waar ek vandaan kom en of ek kan boks. Ek vertel hom ek het op skool geboks. Hy glimlag terwyl sy seun ronddans.

Ons skerm twee rondtes en ek sien die kampioen se spoed en krag terwyl hy houe op my plant. Maar in die derde rondte tref ek hom met my regterhou. Ek sien sy oë trek op skrefies toe hy besef hy baklei teen 'n man wat hom 'n kwaai hou toegedien het. Dank die hemel sy afrigterpa het dit ook gesien en hy stop die geveg. Boksfiksheid is 'n baie spesifieke soort fiksheid en ek het begin moeg raak. Dit was die somtotaal van die gevegte waaraan ek in die army deelgeneem het. Maar een ding was seker: Die kampioen het nooit ooit weer enigiemand in die gim uitgedaag nie.

Baie jare later koop ek 'n "fortune cookie". Die volgende wysheid lê daarin opgesluit: "Person who walk in other people footstep, leave no track." As daar een ding is wat die army my geleer het, is dit om 'n gaping te vat en my eie spore te trap.

Ná my ontslag uit die army, aan die einde van 1971, besluit ek om see toe te gaan saam met Alan Mohle, 'n vriend uit 1 Seinregiment. Ons was van plan om te drink tot ons uitbetaling (ongeveer R350 elk) op is om die army uit ons uit te kry. Dit was destyds 'n groot klomp geld. Sy broer Garth sou by ons aansluit.

Ons slaan ons tent onwettig in 'n woudreservaat hoog bo die strand op. Die fokus van ons drinkprojek is die Morgan Bay Hotel, waarvan die uitgebreide rakke talle eksotiese bottels huisves en glo die grootste verskeidenheid drank in die suidelike halfrond het. Elke oggend, buiten Sondae, wag ons buite die kroegdeur. Die kroegman noem ons die "Drie Musketiers".

Een oggend terwyl ons die meisies in hul bikini's onder op die strand met 'n verkyker bestudeer, daag 'n wildbewaarder te perd op en sê ons kampeer onwettig in 'n staatswoudreservaat. Hy is 'n gesiene ouer Xhosa-man en ek praat met hom in sy taal.

"Hawu, mhlekazi. Kuzo-funeka imali engakanani ukuthi awusibonanga, Bhuti?" (Sê my, meneer, hoeveel geld het jy nodig om blind te word?)

Hy wys na sy linkeroog. "Kwi leli mehlo, iza ba li shumi." (Vir hierdie oog is dit tien rand.)

Hy wys na sy regteroog. "Leli mehlo iza biza nayo lishumi ukulivala." (En om hierdie oog toe te maak, sal ook tien rand kos.)

Ons betaal die twintig rand en behou ons manjifieke, onwettige kampeerplek. Garth ryloop terug na Brakpan met 'n meelsak waarin 'n pofadder is wat ons gevang het. Ons word toe die Twee Musketiers. Dit neem my en Alan drie weke om al ons army-geld op te drink.

Die laaste nag, nadat ons ons laaste geld by die drankwinkel spandeer het op bier, vodka en tequila, sit ons om 'n groot kampvuur voor die hoofrondawel van ons vriend Charlie Battle se kamp. Omstreeks middernag daag 'n kêrel op om by die partytjie aan te sluit, met 'n koekblik vol baie goeie dagga van die Transkei. Ons rol l-a-a-ng "slow boat"-zolle met koerantpapier en stuur dit om tussen die twintig stuks jong mans en meisies wat opgedaag het vir die jol, tot die hele blik opgerook is. Net soos die Jagter-Versamelaars rook ons die gesigte van politici op die voorblad en die soepelgespierde sportmanne op die agterblad. Een ou raak so hoog dat ons hom moet keer om van die nabygeleë Cape Morgan se kranse af te spring tot in die nagsee. Vir sommige mense sal daardie nag se gefuif soos absolute malligheid klink. Maar dis wat die army aan ons gedoen het.

'n Fase van my lewe het tot 'n einde gekom. Omdat ek nie geweet het wat ek verder wou doen nie, is ek vir 'n paar weke terug Baddaford toe. Uiteindelik het ek 'n jaar lank vir my pa en oom gewerk.

My broer Llewellyn, as eersgeborene, sou die plaas erf. Op 'n dag sê my pa: "Jy sal jou eie ding moet gaan doen, ou seun." Dit was tyd vir my om die plaas en my jeug agter te laat en 'n man te probeer wees.

My ma het voorgestel dat ek Port Elizabeth (deesdae Gqeberha) toe gaan, en deur familie-konneksies kry ek 'n job as leerling-bourekenaar vir LTA Construction. Ek het ses maande lank op die bouperseel van die nuwe biblioteek vir die Universiteit van Port Elizabeth (nou Nelson Mandela Universiteit) gewerk. Ná omtrent 'n jaar by LTA Construction het ek bedank en die bestuurder by Foamaglass Products geword, 'n veselglasfabriek in die North End industriële gebied. Die eienaar is Grumpy Paine – en hy was albei (knorrig én 'n pyn). Boonop is hy 'n afsydige en onbelangstellende mens en moeilik om mee saam te werk. Daar is omtrent agt Xhosa-ouens wat klaarblyklik onder my werk, maar ons is almal saam in die gemors. Elke dag is ons besig om met verfkwaste veselglas tot elektriese eindpuntbokse te vorm, en daarna probeer ons onsself skoonkry met asetoon.

Ná 'n ruk ry my pa op eie inisiatief die 200 kilometer na PE om my werkplek te kom inspekteer. Hy daag onaangekondig op en beskou dit nie net as 'n afgryslike deurmekaarspul nie, maar ook 'n "bleddie gesondheidsgevaar". Ná ses maande bedank ek, en ek's jammer vir daardie hardwerkende Xhosa-ouens wat nie pa's het om hulle uit die hel van die werksplek te kom red nie.

Al is ek werkloos en platsak geniet ek my vryheid. Op 'n dag loop ek in PE se hoofstraat af toe ek 'n advertensiebord op die sypaadjie sien: "Get Rich Quick!" Ek loop by die gebou in, op met die trappe en gaan sit tussen tien ander hoopvolles. Ons luister na 'n Kanadese man wat vertel hoe ons van deur tot deur boeke en tydskrif-inskrywings gaan verkoop en ryk word. Die maatskappy se naam is Global Readers' Services.

Ons vat die pad en verkoop in dorpe en stede soos Kimberley, Bloemfontein, Kroonstad en Johannesburg. Ek vaar goed en word hul topverkoopsman. Maar ek hou nie daarvan om onskuldige mense te bedonner deur subskripsies aan hulle te verkoop nie. Nadat 'n ontstoke pa en sy pelle my amper moer in Roosevelt Park, Johannesburg, terwyl ek 'n tydskrifsubskripsie aan sy aantreklike dogter wou verkoop, bedank ek. Global Readers' Services bedrieg my toe en gee my byna niks van wat my toekom nie. Dit was 'n bitter pil om te sluk, want ek was toegewy en het regtig hard gewerk.

Ek gaan toe weer boer. In dié tyd leer ek my pa baie goed ken. Hy is 'n nougesette, eerlike man en, soos my ma altyd gesê het: "Hy praat nooit kwaad van iemand nie." Ek kon nooit aanspraak maak op sulke eienskappe nie en was waarskynlik ietwat van 'n enigma vir hom, maar ons het goed saamgewerk. Hy sou vir my sê wat om te doen en dan gaan doen ek dit. Ek is goed met my hande en het teen daai tyd ook die ervaring van veselglaswerk gehad. Ek kon koper en staal sweis, enjins uitmekaarhaal, suierringe en laers vervang, en die spul weer aan die gang kry. Dalk is dit in my gene, aangesien my oupagrootjie talle plaasimplemente ontwerp en gebou het.

Ná twee maande op die plaas en byna 'n jaar as 'n (hardwerkende) rondvaller begin my ma my aanpor om te gaan studeer. Toe ek ná die army uitgeklaar het, het my ouers my na 'n instituut vir beroepsvoorligting in Johannesburg gestuur. Ná drie dae se toetse sê hulle ek moet 'n argitek word of in die advertensiewese gaan werk. Hulle gee my 'n dik koevert vol papiere om terug te neem, maar die partytjie op die trein suidwaarts is so lekker dat ek die koevert êrens tussen Johannesburg en die Oos-Kaap verloor. My ma, wat gedink het ek gaan my talente onder die emmer wegsteek of verveeld raak op die plaas, reël toe vir my 'n onderhoud met die dekaan van die hoogaangeskrewe Argitektuur-fakulteit by die Universiteit van Port Elizabeth.

Maar by my aankoms in Port Elizabeth soek ek my neef Dan op. Hy het pas ingeskryf vir 'n fotografiekursus by CATE, die staatsgesubsidieerde College for Advanced Technical Education (later PE Technikon). Dit is die eerste voltydse fotografiekursus in Suid-Afrika. Dit klink vir my aanloklik en, nadat ek nie vir die argitektuuronderhoud opgedaag het nie, bel ek my pa en vertel hom ek het besluit om eerder fotografie te studeer. Die lankmoedige sitrusboer gee sy toestemming: Hy sal betaal.

Hoewel ek nie die driejaarkursus voltooi het om 'n diploma in fotografie te kry nie, is CATE 'n samekoms van interessante mense en 'n hutspot van nuwe ervarings. Ek sal ewig dankbaar wees vir my neef en Michael Bouttal, die man wat die kursus geskep het.

In 1973, terwyl ek fotografie studeer, bevind ek my op dieselfde pad as 'n medestudent, Rob Pollock, wat ons Bugs genoem het omdat sy voortande so uitgestaan het. Ons was op 'n soort misdadige sending om gevaar te loop soek – iets wat destyds algemeen was onder wit jeugdiges in Suid-Afrika. Die hippie-beweging het Suid-Afrika eers werklik in die vroeë 1970's bereik en mense het begin dagga rook en dwelms gebruik. Maar ek en Rob het spesifieker veldtogte teen die lewe. Hy is heimlik besig om oor sy pa se dood te rou en ek is heimlik besig om te treur oor die verlies van my eerste liefde, wat my vir 'n Farmasie-student (nogal een wat bekfluitjie speel, en briljant daarby) by Rhodes Universiteit afgesê het.

Dis nie asof jy jou vriend kan vertel dat die heelal iets swaars op jou afgelaai het en dat dit jou omkrap nie. Daaroor *praat*? Voertsek! Hamba! Laat ons net uitkom en iets daaraan *doen*, soos dronk of bedwelm raak of albei. Op dié manier beur ons teen die wande van die Suid-Afrikaanse heelal met die intense hoop dat iets sal meegee. Bugs se ma dink ek is 'n slegte invloed op haar seun, en my ma dink Bugs is 'n slegte invloed op my. Niemand verstaan ons nie, onsself die minste, en eintlik wil ons ook nie.

Op 'n dag kuier ons by 'n vriend wat in 'n kamer onder straatvlak bly en wat baie soos 'n kerker gevoel het. Hy het 'n baie goeie klankstelsel gehad – veel beter as die goedkoop Tedelex-kassetspelers wat ek en Rob in ons motors gehad het. Dit is elfuur in die oggend en ons het pas 'n tweede daggapyp gerook toe die kerker se bewoner Frank Zappa se "Billy the Mountain" opsit. Ek kan net namens myself praat, want ons was reeds goed gerook, maar Frank Zappa het my oorrompel. Die fantasieryke verhaal van Billy the Mountain uit wie se skouer 'n boom groei – sy vrou, Ethel inderwaarheid – het my heeltemal oorrompel. Dit het gevoel of ek my in 'n nuwe wêreld bevind, waar bome soos moeders is en berge mensname het en in sonore stemme kan praat.

Frank Zappa het ons nuwe held geword. En hoekom nie? Ons land se politiek was opgefok, met apartheid wat 'n hoofrol speel in die klug, en ons staatspresident is die brandewynbroer BJ Vorster. Ek moes ook reeds die indoktrinasie omtrent die Swart Gevaar en die Rooi Gevaar verduur.

Ek het nooit in politiek belang gestel nie en het nooit iets met politici gedeel nie. Om jouself in die dolle wêreld van Frank Zappa en The Mothers of Invention te verloor was presies wat ons nodig gehad het, en dít is hoe ek en Rob ons dag omkry. Ons hou aan dagga rook tot ons nie meer kan nie en ons ons oorgee aan gekke verhale.

Jare later is ek gelukkig genoeg om nader aan die (toe reeds oorlede) Frank Zappa te kom. Ek het die rol van die baddie in 'n B- of C-gegradeerde aksiefliek waarin Dolph Lundgren 'n slaapwandelende, uiters saggeaarde hardekoejawel speel, gekry. (In die 1980's het jy byna altyd die rol van 'n Nazi gekry as jy 'n wit Suid-Afrikaanse man was.) 'n Groot deel van die movie word geskiet diep in die hool van 'n vervalle waterpretpark suid van Johannesburg wat die bekende filmvervaardigerbroers Avi en Danny Lerner as 'n goedkoop, laegraadse filmateljee gebruik het.

Die regisseur is 'n kortgat van Hawaii genaamd Keanu wat sy eerste movie maak, en die meisie in die hoofrol, kom ons noem haar maar Cassandra, is Amerikaans. Ek is verstom om te hoor dat Cassandra se kêrel en oppasser niemand anders is as Dweezil Zappa nie. Op dié manier ontmoet ek die Groot Man tog in lewende lywe, al is dit net deur sy seun. Op stel ontdek ek die vriendelike Dweezil is nie soos sy pa nie. Hy is net 'n gewone ou en sy meisie 'n lang, aantreklike vrou met 'n redelike groot neus.

In dié fliek het ek die bedenklike plesier om Cassandra in die stuntstyl te klap. Ek het deur die jare talle stunt-houe en -klappe suksesvol uitgevoer en dié een moes eenvoudig gewees het, maar Keanu kan nie besluit nie en verander onnodig kamerahoeke en -lense. Dit is die soort ding wat regisseurs met min selfvertroue altyd doen. Toe ons by opname 17 kom, misreken ek die afstand tussen my swaaiende regterhand en die punt van Cassandra se neus. Daar is, ongelukkig, 'n klinkende kontak en die dame val, met bloed wat oral stroom.

Sy word deur die mediese personeel na haar karavaan geneem. Toe ek daarheen gaan om jammer te sê, sit Dweezil binne en hou haar hand vas. Ek voel geweldig sleg omdat ek so 'n gat van myself gemaak het voor Frank Zappa se seun en sy meisie. Sy sit daar met bloedbevlekte, opgerolde snesies wat uit haar geswelde neusgate steek.

"Ek is jammer, Cassandra," sê ek saggies. "Vergewe my, asseblief."

"*Jou* vergewe, Eehan? Nee, man!" skree sy so hard dat die proppe in haar neusgate sidder. "Dis daai simpel Keanu! Daai asshole moet hierheen kom en op sy knieë om verskoning vra. Sewentien opnames! Wat, is hy blind?"

Ek is mal oor hoe onverdraagsaam Amerikaanse akteurs teenoor onbeholpe regisseurs is – anders as ons Suid-Afrikaners. Ek was baie dankbaar dat ons steeds vriende kon wees: ek, Frank se seun Dweezil en sy meisie met die bebloede neus.

Ná twee jaar by die technikon kry ek my sertifikaat in fotografie, maar ek kan nie nog 'n jaar aanbly vir die diploma nie, want ek het 'n paar keer koppe gestamp met die lektore. Die mal rooikop-Ier in my het dit geniet.

Afgesien van my konflikte met die lektore, het ek geweet ek sal nooit tevrede wees om 'n bestaan uit fotografie te maak nie. Ek kry toe 'n werk as bestuurder van 'n luukse klerewinkel in die splinternuwe Constantia Centre in PE se North End. Ná omtrent 'n jaar wat ek elke oggend die winkel oopgesluit en die kleingeld in die kasregister gesit het, sien ek toevallig 'n advertensie in *The Herald* vir oudisies in 'n toneelstuk. Dit is *What the Butler Saw* deur Joe Orton en sou opgevoer word deur die amateur-dramavereniging van Port Elizabeth. Die regisseur is Roy Sargeant, hoof van Rhodes Universiteit se Drama-departement.

Die klein koerantadvertensie roep my … dis asof dit vir my bedoel is. Teen daardie tyd het ek besef ek's nie in die wieg gelê om vir die res van my lewe 'n klerewinkel te bestuur nie. En ek het steeds gely omdat my eerste liefde, Louise, my vir 'n Farmasie-student by Rhodes Universiteit verruil het.

Ek lees dus die advertensie met gevoelens van ontoereikendheid, terwyl ek teen 'n stink vullisdrom op die sypaadjie buite die winkel leun. Langs my staan Shorty, die boggelrug-Xhosa-verkoopsman. "Ufundani mnumzana?" (Wat lees jy, gerespekteerde een?) vra Shorty. Terwyl ek vir hom in Xhosa probeer verduidelik dat hulle akteurs vir 'n toneelstuk soek, begin ek dink: "Te hel met haar dat sy 'n apteker-student aantrekliker vind as ek. Ek gaan haar wys wie ek is. Die army het al die toneelspelery op skool uit my gefoeter. Ek het daarvan vergeet. Ek gaan nou na dié oudisie en dit terugkry. Ek gaan 'n beroemde akteur word. Ek sal haar wys! Te hel met alles – en hierdie vullisdrom stink!"

Op die dag van die oudisie sit ek heel agter in die saal, te onseker of ek my naam op die lys moet sit. Ek sit en kyk terwyl al die hoopvolles hul ding gedoen het. Uiteindelik, laatmiddag, is dit net die regisseur, sy sekretaresse en ek. Ek sit nog steeds in die agterste ry.

"Verskoon my, het jy vir die oudisie gekom?" vra die vriendelike vrou.

"Ja, wel … um, ek dink so."

Ek vermoed professor Sargeant het toe reeds deur genoeg oudisies vir die dag gesit. Hy sug.

"Kan jy 'n cockney-aksent naboots?" vra hy terwyl hy sy papiere in 'n aktetas pak. Ek het die ander se pogings met 'n cockney-aksent aangehoor en aanvaar dit was nie goed genoeg nie.

"Ja," sê ek sonder om 'n oomblik te weifel. Ek het nog nooit voorheen 'n cockney-aksent probeer nie, maar êrens in my verre verlede moes sommige van my voorvaders só gepraat het. Die sekretaresse bring vir my 'n teks. Deur een of ander wonderwerk kom suiwer cockney uit my mond. Ek weet nie wie dit die meeste verbaas nie – vir my of Roy Sargeant. Hy besluit om my die hoofrol – die butler – te gee.

Ongelukkig het die repetisies nooit plaasgevind nie en die opvoering het deur die mat geval as gevolg van een of ander probleem. Maar my belangstelling is gewek. Dis tóé dat ek besluit om my pa se aanbod te aanvaar – "Ek het 'n baie goeie jaar met die sitrus gehad, Ian, ek gaan die geld wegsit vir in geval jy ooit uitvind wat jy wil word" – om vir 'n universiteitsgraad in te skryf. Daar was 'n groot klomp rigtinglose geharwar, maar nou weet ek dat ek 'n akteur wil word. Ek wil Spraak en Drama studeer.

Wanneer jongmense, hulle oë blink van onskuld, my vra hoe 'n mens 'n akteur word, antwoord ek altyd: "Kry 'n job." Om êrens te kom in die akteurswêreld moet jy op voetsoolvlak ervaar hoe mense oorleef. Toe die beroemde Duitse filmregisseur Werner Herzog gevra is of hy dit sou oorweeg om 'n filmskool te begin, het hy gesê indien wel, "sal jy net toegelaat word om 'n aansoekvorm in te vul as jy alleen te voet geloop het van, sê maar, Madrid tot Kiëf, 'n afstand van ongeveer 5 000 kilometer. En terwyl jy loop, moet jy skryf. Skryf oor jou ervarings en gee my jou notaboeke. Ek sal kan bepaal wie werklik die afstand geloop het en wie nie."[1]

Jy sal 'n beter kans hê om die rol van 'n deur-tot-deur-verkoopsman te speel as jy self eens een was. Hoe, behalwe as jy een leer ken, sal jy verstaan dat die lag wat 'n kryger se koue blou oë uitstraal, kan beteken dat jy óf toegelaat word om te deel in sy grap óf dat dit die gevaarlike voorspel is tot jou onmiddellike ondergang?

Die rondval tussen verskillende werke en om allerlei dinge uit te probeer ná my diensplig was nie verspilde tyd nie. Dit het my waardevolle insig gegee oor mense se alledaagse doen en late om te oorleef en vooruit te gaan, dikwels onder moeilike omstandighede. Daardie jare het my ook laat besef dat om aan 'n universiteit te studeer, 'n voorreg en 'n luukse is. Dis eers wanneer jy lewenservaring opgedoen het, dat jy gereed is om die waarde daarvan te verstaan en – belangriker – daardie lewenskennis goed aan te wend.

---

1 Sien https://www.imdb.com/name/nm0001348/quotes/.

5
Eerste treë op my akteurspad

TEEN 1976, TOE EK BY die Rhodes Universiteit ingeskryf het vir 'n BA in Spraak en Drama, was ek reeds vier-en-twintig jaar oud. Die meeste studente in my klas was agtien of negentien. Aanvanklik het ek gesukkel om die oorgang te maak van 'n winkelbestuurder na Drama-student, of soos die rugbybuffels by die universiteit dit gedoop het: "Screech and Trauma".

Vir my eerste bewegingsklas, het ek 'n Pep Stores-rugbybroekie en 'n T-hemp aangehad. Terwyl ek die trappe na die lokaal toe afloop, sien ek die ander studente – dames en mans – wat alreeds daar is, is besig om voor 'n muur spieëls op te warm. Almal het leotards aan. Hulle is byna kaal, dink ek, en hulle doen strekoefeninge wat dreig om alles te openbaar. Toe die lektor, Gary Gordon, ook met 'n styfpassende leotard teen die trappe afgepronk kom en uitroep: "Hallo, my liefies!" het ek genoeg gesien.

Ek het net daar omgedraai en teen die trappe uitgeloop om ten alle koste daar weg te kom. Ek wou die naaste telefoonhokkie gaan soek om my pa te bel en vir hom te sê ek het 'n groot fout gemaak.

Maar Gary roep hard: "Verskoon my! En waarheen dink jy gaan jy?" Hy doen dit op 'n speelse, treiterende manier, wat my nog meer teen die bors stuit. Terwyl ek op die laaste trappie huiwer voor ek die winkende vryheid van die straat betree, laat iets my omdraai om na hom te kyk.

"Um, jammer, man, maar ek is op die verkeerde plek."

"O nee, jy is nie! Kom terug en neem deel. Daarna kan jy padgee as jy wil."

Op die ou end was dit Gary wat my loopbaan in Screech and Trauma gered het. Jare later het ek hom vir 'n koppie koffie in Grahamstad ontmoet sodat ek hom van aangesig tot aangesig kon bedank.

IS DIT JY?

Professor Roy Sargeant, wat ek die eerste keer by die oudisie vir *What the Butler Saw* ontmoet het, het 'n besonder deeglike Drama-departement bestuur. Buiten dat studente tegnieke vir asembeheer, beweging en postuur kon aanleer, het hulle ook tydens hul kursus kennis gemaak met al die fasette van die vermaaklikheidswêreld, met die uitsondering van teksskryf. Ons was gelukkig om in teaterproduksies te kon optree en deel te neem aan video-opnames met drie kameras, sowel voor as agter die kameras. Omdat daar van ons verwag is om stukke op te voer, het ons geleer om kritiek te hanteer en hoe om dit aan te wend om ons optredes te verbeter, in plaas van afgehaal te voel. Dit was werklik 'n fantastiese department.

Maar soos met alle wonderlike dinge was daar ook 'n negatiewe kant. Byna vanaf die eerste dag verskyn daar uitnodigings teen my koshuiskamer se deur: "Jy word uitgenooi na 'n partytjie by die dekaan van die fakulteit se huis." Ek het geweet die meeste mense by daardie byeenkomste is onder Sargeant se invloed en op daardie stadium wou ek nie deel word van daardie groep, wat meestal gay was nie. Dis nie dat ek ongemaklik was met gay mense nie; ek het weggebly omdat ek onafhanklik wou bly en nie groepsgebonde of onder die invloed van 'n spesifieke persoon beland nie, veral nie die dekaan van die fakulteit nie.

Op 'n dag omtrent halfpad deur my eerste jaar loop ek in New Street af ná 'n middagvertoning van *Romeo and Juliet* waarin ek een van die rapierswaaiende Capulet-boewe gespeel het. Een van die ander, 'n student genaamd Virgil, roep my van oorkant die straat af om saam met hom 'n daggapyp te gaan rook. Ons rook diep, maar wat hy my nie vertel het nie is dat die dagga met Mandrax gemeng is. Dit was 'n sogenaamde "wit pyp" – en baie sterker as net dagga.

Op daardie stadium was ek op 'n emosionele vlak met baie dinge aan 't worstel. Ek het gereeld vreemde prikkelsensasies teen my rug af gehad wanneer ek in die dansklasse was of stemopleiding kry. Ek het soos 'n vis op droë grond gevoel en 'n dringende stem in my het bly sê: "Gee pad uit hierdie plek. Wat jy doen, is belaglik." Maar ek het dié stem aanhou ignoreer en maar weer teruggegaan klas toe.

Die tweespalt tussen my hart en verstand se begeertes was genadeloos besig om spanning op te bou. Die teater was 'n vreemde, uitheemse ding en het gedreig om my te oorweldig. Ek was ook wel bewus van my pa se waarskuwing: "As jy een keer druip, my seun, is jy op jou eie." So, ek het besluit om myself reg te ruk sodat ek 'n goeie kans sou hê om die jaar te slaag. Ek het sigarette en dagga opgegee en ook ophou drink – alles op een dag. Daar is al beweer dat dit moeiliker is om tabak te los as heroïen. Skielik was ek sonder my normale krukke om my deur die spanningsvolle studente-omgewing te help en ek het depressief geraak en – sonder dat ek dit besef het – ook broos en kwesbaar.

Nadat ons die wit pyp gerook het, loop ek in New Street af, verby die polisiekantoor. Skielik bevind ek my in die maalkolk van 'n emosionele ineenstorting. Ek val oor die koue afgrond van wat oornag vir my die sinloosheid van die lewe geword het.

Indien ek voorheen in die daglig gelewe het, het my lewe nou 'n nagmerrie geword in 'n donker en vreesaanjaende wêreld. In die Filosofieklas het ek gehoor van die eksistensiële vakuum waarin 'n mens oortuig kan raak dat die lewe geen sin het nie. Nog 'n uitspraak wat my getref het, is die Franse filosoof en toneelskrywer Jean-Paul Sartre se insig dat die hel ander mense is.

Daardie aand beland ek op een of ander manier by 'n partytjie van die dekaan van sosiale wetenskappe. Ek probeer met die gaste meng, hoewel ek nie goed voel nie. Toe ek die dekaan sien, begin die weefsel van sy gesig afval terwyl sy kop in 'n skedel verander. Ek was hoog en het begin hallusineer. Ek vat desperaat aan my kop terwyl mense om my se gesigte wegval om hul skedels te ontbloot. Toe prof. Sargeant se skedel my vra of ek oukei is omdat ek so bleek lyk, kan ek dit nie meer verduur nie en ek hardloop buitentoe om in 'n paar struike te gaan wegkruip.

Ek het geen idee hoe ek deur die volgende paar weke gekom het nie, maar op 'n manier het ek dit tog reggekry om die een voet voor die ander te sit en om verdwaas aan te hou lewe. Die enigste mens wat ek naby my kan verdra, my vriend David Newman wat Beeldende Kuns studeer, stel voor dat ek 'n kerkdiens in die groot Grahamstad-katedraal moet gaan bywoon. Indien godsdiens – gegewe my aanneming, die gebruik van die Nagmaal en die idee van vergifnis – my voorheen op kosskool gehelp het, kon ek nou geen troos daarin vind nie.

Wanhopig gaan ek na St Andrew's College om David Hogge op te soek. Hy is 'n onderwyser van wie ek gehou het omdat hy ons eerste

Engels-klas met die taboewoord "fuck" begin het. ("Ja, julle het my reg gehoor. Fuck. Ons gaan *Lady Chatterley's Lover* bestudeer, so dit sal beter wees om die woord reg van die begin af uit die pad te kry.") Ek tref hom alleen in sy huis aan en stem in om een van sy tuisgebroude biere te drink. Ek vertel hom van my paranoïese toestand en bid dat sy kop nie in 'n skedel sal verander nie. Dalk is dit die bier, maar sy gesig bly vlesig terwyl hy sê: "Ek is baie jammer om dit te hoor, Ian, maar, jy weet, sommige dinge kan ons jou leer en ander dinge moet jy self leer."

Ek keer terug na die wêreld van wat ek noem "die klein dingetjies" en, nie in staat om enige soort emosionele interaksie te hanteer nie, onttrek ek. Die oorlewingstegniek wat ek uiteindelik ontdek, is om in die berge rondom Grahamstad te gaan stap. Ek doen dit elke dag ná die lesings en begin later om dieselfde roete saans te draf. Die veld, die voëls en wilde diere op Mountain Drive red my en hou my gees gesond.

In dié tyd vertel 'n kennis van my wat Beeldende Kuns studeer, Penny Siopis (wat vandag 'n bekende kunstenaar is), my dat daar in die Griekse kultuur 'n woord is vir wat gebeur wanneer 'n jong man oor die afgrond val. Dis 'n groot troos toe ek besef dat ek nie alleen is nie. As ek deesdae jong ouens teëkom en sien hulle ervaar daardie verskriklike, leë, donker nag van die siel, sê ek vir hulle: "Moenie bekommerd wees nie. Jy is nie alleen nie. Jy sal regkom." Dit is in dié verflenterde gemoedstoestand dat ek langsamerhand, dag ná dag, bewus raak van 'n hoër mag, 'n soort ordenende krag wat in die wêreld bestaan.

Op 'n dag terwyl ek in my zombie-toestand ronddwaal en dink dat die lewe geen sin het nie, kom ek op 'n Fiat 500 af. Dit staan tussen lang gras en is klaarblyklik daar agtergelaat. Hoewel die kar verlate is, dink ek dat dit sekerlik aan iemand moet behoort en ek los dit uit. Maar ek sou later teruggaan daarheen.

Aan die einde van my eerste jaar by Rhodes is ek 'n wrak en voel ek só 'n mislukking dat ek nie my ouers vir die gebruiklike Kersbyeenkoms wil sien nie. Ek bel huis toe om verskoning te maak dat ek nie vir die vakansie na Baddaford sal gaan nie. My pa wil weet waar ek dan gaan wees.

"Ek is in Umtata, Pa, in die Transkei," antwoord ek.

"Wat de donner maak jy daar? Hulle verwag moeilikheid daar met al hierdie onafhanklikheidstront. Kom huis toe, almal is hier vir Kersfees."

"Ek kan nie," sê ek en weet nie hoe om te verduidelik wat in my hart en gemoed omgaan nie.

"Hoekom nie?"

"Omdat ek jou nie in die oë kan kyk nie, Pa. Ek kan niemand van die familie in die oë kyk nie. Ek voel so 'n mislukking."

Só erg is my emosionele aftakeling. Ek kan vreemdelinge verduur, maar my familie? Nee.

My vriend van die fotografieskool, Rob Pollock, het 'n ateljee in Umtata oopgemaak en ek het 'n uithangbord vir hom ontwerp en geverf. Daarna het ek 'n job as kroegman in die Holiday Inn gekry, waar ek saam met 'n Xhosa-man, Headman, gewerk het. Ons dra blouen-witgestreepte hemde en swart langbroeke, met swart strikdasse. Ons werk elke middag tot diep in die nag.

Hiervoor ontvang ons 'n klein salaris, maar wat belangrik is, ons kan middag- en aandete op die hotel se onkoste kry. Ek het nooit agter 'n kroegtoonbank gedrink waar ek gewerk het nie en het baie geld gemaak deur voor te gee dat ek drink wanneer 'n vriendelike klant vir my 'n drankie koop. In plaas daarvan het ek vir my water geskink en die geld in my sak gesteek.

In baie opsigte is 1976 'n waterskeidingsjaar vir Suid-Afrika. Dit is die jaar van die Soweto-skoolopstand teen die gebruik van Afrikaans as onderrigtaal. Die Nasionale Party-regering word toenemend veroordeel en geïsoleer weens apartheid. Later daardie jaar word die Transkei onafhanklik, die eerste van tien sogenaamde tuislande wat die apartheidstaat tot stand bring as deel van sy beleid van afsonderlike ontwikkeling.

Op 26 Oktober word die mag deur BJ Vorster aan Kaiser Mantanzima oorhandig, wat die eerste minister (later president) van die "onafhanklike" Transkei gaan word. Gerugte versprei dat daar grootskaalse onluste in Umtata, die hoofstad, gaan wees en dat alle besighede wat aan wit eienaars behoort, geplunder en afgebrand gaan word. Mense spyker hul winkelvensters toe met planke, versper die deure en gee pad uit die dorp. Maar 'n groep vriende, ek en Rob inkluis, doen presies die teenoorgestelde. Ons gaan na die Umtata-stadion om eerstehands hierdie politieke kuriositeit gade te slaan. Ons neem ons plekke in, bewapen met bottels Jack Daniel's en Schweppes-gemmerlim, en 'n klompie voorafgerolde zolle – maar ek drink en rook nie saam nie.

IS DIT JY?

Ons sien hoe Vorster se entourage aankom, in ses glinsterende Mercedes-Benzes, vergesel van swaar bewapende veiligheidsmagte wat saam hardloop. Die eerste minister en sy gevolg neem hul ereplekke in op die hoofpawiljoen. Dan arriveer Mantanzima se motorkade wat ook uit talle glinsterende Mercedes-Benzes bestaan. Maar een van Mantanzima se voertuie breek en moet aan die kant van die veld stilhou terwyl rook uit die enjin borrel – 'n jammerlike simbool van wat sou word van die plan om Suid-Afrika 'n konfederasie van selfregerende state te maak.

Daardie aand is ek terug by die Holiday Inn toe Vorster aankom. Almal drom by die ingang saam om 'n glimp van die eerste minister te kry. Toe hy by my verbyloop, ontmoet ons oë. Syne is helderblou soos myne en ek voel die krag daarin. Hy het die soort oë wat dwarsdeur jou kan kyk.

Die Suid-Afrikaanse gesant na die Transkei bly in die hotel se luukse suite en sy twee jong dogters kom gereeld met my gesels. Een aand nooi hulle my na hul kamer nadat die kroeg gesluit het en ek neem 'n paar Babychams saam. Ons gesels en lag en het onskuldige pret. Dit is die eerste en laaste drankie wat ek daardie vakansie gehad het.

Terwyl ek by die Holiday Inn werk, ontmoet ek 'n klompie wilde karakters, insluitende 'n ou met die naam Jakes van Rheede van Oudtshoorn. Hy is die vluginstrukteur by die plaaslike vliegveld. Hy neem ook toeriste uit op vliegtoggies in sy Cessna vir sakgeld.

Jakes nooi my op 'n keer om saam te kom op 'n huurvlug na die nabygeleë Lusikisiki. Nadat ons die enigste passasier afgelaai het, draai Jakes die Cessna om om terug te vlieg Umtata toe. Ons is nog besig om spoed op te tel toe 'n heining skielik voor ons opdoem. "O donner!" sê Jakes terwyl hy die stuurstok terugtrek en die vliegtuigie oor die heining skeer. "Een of ander poephol het dit onlangs gespan!" skree hy. "'n Maand gelede was hier nie 'n heining nie. Maar dis die Transkei – enigiets is moontlik."

Ons klim al hoër in die wolklose lug op. Toe ons oor die kranse van die manjifieke en wilde Umzimvubu-vallei is, lê die see glinsterend in die verte in die deinserige vroegoggendlig. Skielik laat Jakes die vliegtuig byna vertikaal duik. Ek sien donker granietkranse verbyflits terwyl ons teen 'n hoë spoed op die woud daaronder afpyl. Jakes lag vir die doodsbenoude uitdrukking op my gesig, trek die Cessna uit die duikvlug op en ons vlieg in die vallei af, al met die groen kronkeling van die Umzimvuburivier langs.

Nadat Jake swaar gedrink het by die (eertydse) Cape Hermes Hotel, besluit hy in sy beskonke toestand ons moet langs die Wilde Kus gaan vlieg. Hy vlieg só laag oor die see dat dit vir my lyk of die landingstuig amper aan die water raak. Ons is so diep in die trog tussen die golwe dat al wat ons kan sien, hul monsteragtig bewegende walle is. Jakes se glimlag lyk soos die van 'n vegvlieënier wat sy vliegtuig manoeuvre om 'n opponent af te skiet. Ek hou op om aan vrees te dink, want die hele situasie is te gek vir woorde.

Uiteindelik bereik ons die Umtatarivier en Jakes loods die vliegtuigie oor die woeste branders van die riviermond. Maar terwyl hy rinkink het tussen die oseaan se golwe, het reusewolkbanke oor die land inbeweeg. Ons vlieg met die rivier op so ver as wat ons kan totdat die wolke die kranse aan weerskante omvou en ons vaskeer.

"Oukei, Boet, hier gaan ons. Hou duim vas!" sê Jakes en trek die stuurstok terug. Die vliegtuig begin klim. Baie gou word ons verswelg deur digte wolke en donderstorms. Weerlig laat flits wit lig op Jakes se gesig terwyl hy 'n eenvoudige kaart op sy skoot oopvou. Die donderslae dreun so hard dat die dun Plexiglass-ruite ratel. My vlieënier kyk van die Cessna se kompas na sy polshorlosie en dan na die kaart op sy skoot.

Skielik breek ons deur die storm tot in 'n ongerepte, pragtig sonverligte wêreld bokant die wolke. Vier-en-twintig minute later, sê Jakes: "Goed, hier is dit nou. Hallo of totsiens, Boet."

Hy druk die stuurstok vorentoe en ons begin daal in 'n steil duikvlug. Grys reënwolke swiep verby die windskerm, met ligter wolke tussenin en ek kan nie help om te dink dis moontlik my laaste dag op aarde nie. Maar 'n wonderwerk gebeur. Toe ons deur die wolke breek, is ons presies waar ons moet wees: 300 voet bo die aanloopbaan van die Umtata Flying Club. Jakes voer 'n perfekte landing uit en terwyl ons deur die reën en mis na die vliegtuigloods ry, begin die enjin hoes en stotter. Toe hy dit afskakel, besluit Jakes uiteindelik om weer te praat.

"Dit was amper. Die donnerse petrol het sopas opgeraak."

Hy tik teen die brandstofmeter; die naald staan inderdaad op leeg. Hy kyk na my, trek sy skouers op en lag. Toe ek uit die Cessna klim, klop ek teen die nat aluminiumflanke uit diepe dankbaarheid vir die lieflike taaiheid daarvan en vir die Amerikaanse ingenieurs wat die vliegtuig ontwerp en gebou het.

Ek het dit nie geweet nie, maar die doodsveragtende vlug met Jakes het 'n transformasie in my bewerkstellig. 'n Besoek aan die rand van die dood leer enige mens wat in die leegheid van 'n eksistensiële vakuum vassit om weer die waarde van die lewe te besef. Vir my was dit egter nie 'n lig wat onmiddellik aangegaan het nie. Dit was eerder die begin van 'n sonsopkoms wat stadig nadergekruip het.

Dit was 'n emosioneel sterker dramastudent wat na die universiteit teruggegaan het vir sy tweede jaar. Met my terugkeer staan die Fiat 500 nog steeds waar ek hom laas gesien het, nog meer toegegroei. Ek besluit dis regtig agtergelaat en begin om dit te herstel. Ek voel soos Robert M Pirsig in *Zen and the Art of Motorcycle Maintenance* wat ek 'n rukkie tevore gelees het. Terwyl ek met my hande werk, met geleende moersleutels en vuil olie, raak ek stadigaan weer rustig en tevrede. Ek kan na myself in 'n spieël kyk en sê: "Jy's oukei."

Toe ek by Rhodes ingeskryf het, het ek Xhosa as my tweede hoofvak gekies. Hoewel ek 100% gekry het vir my mondelinge eksamen, het ek die vak gedruip weens my ellendige grammatikale kennis. Dit het my in 'n baie moeilike posisie geplaas. My pa het mos gewaarsku dat hy net vir drie studiejare gaan betaal. "As jy een keer druip, my seun, is jy op jou eie," het ek onthou.

Ek begin desperaat na 'n tweejaar-hoofvak soek en is verlig om op 'n vak met die naam Sosiale Antropologie af te kom. Dis nogal ironies, want in dié vak leer ek baie dinge omtrent die Xhosas wat ek nooit andersins sou agterkom nie. 'n Nuwe dekaan het pas in sy pos by die fakulteit begin, Michael Whisson – 'n inspirerende professor vroeër van die Universiteit van Kaapstad. Ek raak so begeester deur sy lesings dat ek, vir die eerste keer, my die luukse veroorloof om 'n volle dag lank in die universiteitsbiblioteek te sit om Sosiale Antropologie te swot.

In Sosiale Antropologie leer ek van die teorie van "beperkte goed". Dit is gebaseer op die resultate van 'n studie in 'n paar dorpies in Mexiko. Die navorsers wou vasstel waarom niemand in daardie gemeenskappe ooit vooruitgang maak nie. Hulle ontdek toe dat die gemeenskap glo daar is net 'n beperkte hoeveelheid goed vir hulle beskikbaar. As iemand 'n meubelwinkel begin en ryk word, voel die ander hy vat te veel van die beperkte goed en word hy "afgetrek".

Dit het gevoel of 'n gloeilamp in my kop ontplof. Vir die eerste keer verstaan ek die situasie tussen die arbeiders op Baddaford Citrus Estates. Soos die ander werkers daarna gekyk het, het iemand soos Enzwathi, wat bevordering aanvaar het, te veel van die beperkte goed geneem. Dit was rede genoeg om hom die teiken te maak van bose towerspreuke – iets wat Enzwathi gevrees het en hom te bang gemaak het om in sy posisie aan te bly.

Jare later sit ek en die musikant Johnny Clegg saam om 'n kampvuur terwyl ons op 'n rolprentstel in 'n natuurreservaat buite Eshowe is, en ons praat oor die teorie van beperkte goed, 'n onderwerp wat ons albei in Sosiale Antropologie bestudeer het. Ons kontrasteer dié denkwyse met hoe Joodse gemeenskappe oor kompetisie dink. In plaas daarvan om 'n presteerder af te trek, moedig Jode hulle aan om beter te doen, want "hoe beter hulle is, hoe beter kan ek wees" – 'n instelling wat vooruitgang aanmoedig.

Ek het soveel tyd in die biblioteek spandeer om oor sosiale antropologie te leer dat ek amper die geskrewe Spraak en Drama-eksamens aan die einde van my derde jaar druip. Soos Werner Herzog se vereiste vir voornemende studente aan sy filmskool, sal ek, indien ek ooit 'n akteurskool begin, aandring dat die aansoekers ten minste 'n poging moes aangewend het om sosiale antropologie te bestudeer.

Ná die eerste paar weke in my tweede jaar, bespeur ek 'n soort wraaksugtige houding by Roy Sargeant teenoor my. Ek is byvoorbeeld gedemoveer van die rol van Othello in daardie jaar se Shakespeare-produksie tot die soldaat derde van links. Dit het gevoel of ek sistematies verneder word voor die hele Drama-departement, want die rolverdeling is op 'n groot kennisgewingbord aangebring waar almal dit kon sien.

Ek het gedink ek het goeie werk gedoen toe ek die beligting vir die Honneursstudente se produksie van Samuel Beckett se *Waiting for Godot* behartig het. Maar toe my punt op die kennisgewingbord verskyn, is dit FF. Ek besluit ek moet Sargeant hieroor konfronteer, met 'n paar akteurstruuks in my arsenaal. Ek bel sy sekretaresse en sê met 'n swaar Afrikaanse aksent ek is meneer Koekemoer van Port Elizabeth wat die jongste teaterbeligtingstelsel vir die departementshoof wil kom demonstreer.

Die sekretaresse skeduleer die afspraak vir tienuur op 'n Woensdagoggend. Ek trek my beste klere aan, 'n aaklige maroen klokbroekpak.

"Ian? Wat doen *jy* hier?" vra sy verbaas toe ek by die hoof se kantoor opdaag. "Ek verwag 'n meneer Koekemoer van PE."

"That's me," antwoord ek in my beste Afrikaansklinkende Engels. "Frikkie Koekemoer of Bay Lighting in lewende lywe and I'm here to see Professor Sargeant wif dis new lighting system."

Sy laat my ingaan. In sy kantoor sê ek vir Sargeant ek het tien punte wat ek wil noem, maar op die voorwaarde dat hy nie praat voor ek klaar is nie. Sargeant het 'n skerp verstand en ek weet hy kan vinnig enige aantyging weerspreek wat ek maak. Hy stem in. As ek 'n teaterresensent was, sou sy optrede as hoof van die departent nie verder as die openingsaand gevorder het nie. Op 'n stadium word hy rooi van woede, maar hy het ooreengekom om stil te bly en hy hou by sy woord.

Ek vertel hom ek het na Rhodes gekom vanweë my respek vir hom, maar sy optrede teenoor my het my daardie respek laat verloor. Ek noem toe al die spesifieke kere waarop ek dink hy my geviktimiseer het.

"Oukei, dis al wat ek wil sê," sluit ek af. "Die vloer is joune."

Hy staar 'n ruk lank na my, leun terug in sy stoel, vou sy hande agter sy kop en sê: "Ek het niks te sê nie ..."

Ek het nog altyd gedink die kwaliteit van 'n man kan gemeet word aan sy vermoë om kritiek te hanteer. Niemand van ons is perfek nie. Ek moet Sargeant dit ter ere nagee – hy het my aanval grootharig hanteer. Daarna het sy houding teenoor my totaal verander en hy het my gehelp waar hy kon. Later het hy selfs 'n paar rolle vir my bewimpel in die taai vermaaklikheidswêreld.

Ná 'n paar weke se geknutsel, kry die Fiat se 500 cc-viersilinder-enjin skielik weer lewe. Hoewel dit ongelisensieer is, begin ek in die manjifieke karretjie rondry. Ek het nou gevorder van 'n motorfiets tot 'n kar. Die rede waarom die kar in die eerste plek agtergelaat is, is dat 'n silinderkoppakstuk geblaas het en die masjien telkens oorverhit het, soveel so dat 'n mens gereeld moes stop om die water in die verkoeler aan te vul. Vir my het dit eenvoudig beteken dat ek water in die bagasiebak moes saamry, wat voor gesit het soos by alle motors waar die enjins agter is. Ek ry so ver uit as my tuisdorp Fort Beaufort, 80 kilometer weg. Dié klein Fiat dra by tot my groeiende selfvertroue.

Aan die einde van my tweede jaar kry ek 'n vakansiewerk op 'n plaas genaamd Cranford wat onlangs deur my pa en oom gekoop is. Die idee is dat ek Virginiese tabak moet plant. Vir elke stap begin ek van nuuts, insluitende om die grond te berook om dit vir plant voor te berei. Saam met die werkers plant ek die saailinge in rye, dag in en dag uit. Uiteindelik het ek 60 hektaar manjifieke plante wat so vinnig groei dat jy dit amper kan sien as jy mooi genoeg kyk op 'n warm Desemberdag. Ek slaap op die vloer van 'n verlate rondawel op die buurplaas, Picardy.

Om die een of ander vreemde rede het ek net een boek saamgebring: die Nuwe Testament. Elke aand maak ek kos en lees 'n bietjie voor ek uitgeput aan die slaap raak. Elke oggend om sesuur loop ek die drie kilometer in die vars, koel lug na Cranford en kry die werk aan die gang. Die dae is skroeiwarm. Saans lê ek en sommige van die werkers in die stroomversnellings van die Katrivier om af te koel.

Op 'n dag slaan die onheil toe. Die groot Deutz-sessilinder-dieselenjin wat water uit die rivier pomp, breek en stel die hele tabak-oes in gevaar. En terwyl ek aan dié bedreiging aandag gee, ploeg die trekkerdrywer rye tabak uit in plaas van die onkruid tussen die rye en honderde meter topgehalte-tabak word sodoende verwoes. Kort daarna ontdek ek die werkers het die breë onderste blare van die plante gepluk in plaas van die boonste blare en blomme. So is 'n hele hektaar beskadig.

Toe my oom Dan opdaag nadat ek hom gebel en desperaat om hulp gevra het, bars ek in trane uit. Hy sit sy arm vertroostend om my skouers: "Dis oukei, Ernie, ons sal dit alles gou-gou uitsorteer."

Hy noem my Ernie want, volgens hom, is ek altyd so ernstig oor alles wat ek doen. Hy sorteer al die probleme een vir een uit tot net een oor is: die gebreekte pomp. En selfs daarvoor het hy 'n oplossing. "Ek sal Kenny Quin by Mitchell's Ford bel, hy sal dit kom haal en regmaak," sê hy.

"Maar die tabak moet môre water kry, anders gaan dit verlep en vrek! Al die werk verlore!" haal ek al die dramaskool-emosies op my oom uit.

Hy kyk na my met oë wat met die jare twee donker splete geword het weens die genadelose blikkering van die son. Hy tuur na die westelike

IS DIT JY?

horison vanwaar die reën kom. "Ek sou nie daaroor bekommerd wees as ek jy was nie, Ernie …"

"Waarom de donner nie?"

Hy kyk weg van die horison en draai sy oogsplete na my. "Want ek dink dit gaan môre reën."

Ek steier voor die ongelooflike astrantheid van sy stelling. Ek is sprakeloos. Drie maande! *Drie maande* in die skroeiende son het enige gedagte aan reën 'n onmoontlikheid vir my gemaak. En nog onmoontliker om te dink dat die reën sal kom presies wanneer ek dit nodig het om die tabak-oes te red. Ek begin lag vir dié vergesogte idee, maar hy bly kyk vir my. Ek besef hy's ernstig.

Die volgende dag reën dit. Lank en deurdringend. Die tabak bly klam totdat die herstelde Deutz-enjin teruggebring word.

In die laaste weke voor ek teruggaan universiteit toe, staan ek tussen die volgroeide tabakplante met my oë vasgenael op die massiewe wolkbanke wat naderkom. Een ding wat 'n tabakplant nie kan oorleef nie, is hael. 'n Blougroen kleur aan die onderkant van wolke is altyd 'n teken van hael en, tot my skok, is dit presies wat ek sien.

Ek loop na die plaas se noordelikste grens, waar die laaste rye tabak teen die heining op die oewer van die Katrivier staan. Ek draai om, kyk na die aankomende storm en begin met God praat. Ek het dit 'n paar keer in my lewe gedoen, maar meestal wanneer ek lam was van vrees. Hierdie keer is ek woedend.

Aanvanklik het ek God gevra om die produk van my drie maande se harde arbeid in die skroeiende son te spaar. Maar terwyl die wolke al hoe nader kom, begin ek eis dat God die storm laat verbytrek.

Toe daar water en ys uit die wolke begin neerstort, is dit so hewig dat ek gaan skuiling soek in 'n skuurtjie. Nadat die storm verder in die vallei op beweeg het, gaan ek buitentoe om die skade te aanskou. Ek is verbaas om te sien dat God geluister het. Net die blare van die laaste ry plante het 'n paar gate van die hael. Later het ek gehoor dat al die tabak anderkant Cranford vir 30 kilometer in die vallei op verwoes is.

Al was dié ervarings senutergend, was ek ongelooflik bevoorreg om dit te gehad het. Tien jaar later sou ek die rol van 'n boer speel wat op God skree in Pieter Fourie se drama *Die Koggelaar*. Vir daardie toneelspel het ek in 1987 die toekenning gekry vir die beste akteur in 'n Afrikaanse stuk.

EERSTE TREË OP MY AKTEURSPAD

Teen 1978, my derde jaar op Rhodes, het ek my selfvertroue teruggekry sonder die steun van my gebruiklike goedvoelmiddels: drank, sigarette en dagga. Ek het begin om die wêreld 'n bietjie anders te bekyk as voorheen. Ek het ook geleer om aandag te gee aan mense wat op 'n stil manier deur die lewe gaan, wat hul doelwitte nastreef sonder 'n ophef.

Daardie jaar besluit ek om self 'n movie te maak. Ek het 'n stopvak geneem – Visuele Kommunikasie – om die nodige krediete vir 'n BA-graad te kry. Ek vra die lektor of ek 'n movie kan indien in plaas van om die finale eksamen te skryf, en sy willig in.

Ek ryloop na PE en leen twee Super 8-klankkameras by Basil Thornhill, die lieflik ongewone eienaar van die kamerawinkel waar al ons Fotografie-studente aangeklop het as ons apparaat nodig gehad het. Ek koop 'n hoop filmkasette en begin verfilm die proses wat uiteindelik uitloop op die Rhodes Rag, 'n projek wat deur studente bestuur word om geld vir liefdadigheidsorganisasies in te samel. Ek vra my vriend Carl Becker en 'n verre neef, James Whyle, om te help en begin om die insamelingskaskenades en -geleenthede op en om die kampus te verfilm. Ek skaf ook 'n redigeerbank aan met geld wat ek as 'n kroegman verdien het en begin die stukke aanmekaar las. Ek gebruik die plafonbalke in my slaapkamer om die filmstroke op te hang en gou-gou lyk dit soos 'n reënwoud vol bobbejaantou.

Op daardie tydstip bly ek op die tweede vloer van 'n woonstelblok wat regoor die polisiekantoor in New Street is. Soms hoor ek hoe verdagtes deur polisiemanne aangerand word terwyl ek toneel ná toneel redigeer tot diep in die nag. Een keer is ek dapper genoeg om 'n blonde meisie te nooi om die nag by my deur te bring. In die vroeë oggendure lê ons in die bed en gesels toe ons swaar stewels hoor aankom. Die volgende oomblik bars drie fris manne by die deur in en skyn met hul flitse in ons gesigte.

"Sersant Blignaut van die Veiligheidspolisie! Watse kak movie maak jy hier, meneertjie? Wat is al dié nonsens wat van die dak af hang? Is dit propaganda vir die ANC?"

"Nee, man, waddehel!" skree ek. "Ek maak net 'n dokumentêr oor die Rhodes Rag!"

Hy hou sy hand in die lug om my stil te maak. "Moenie worry nie. Ons sal self kyk."

Hulle begin hul flitsligte deur die films skyn om te kyk. Hulle gaan al die papiere op my lessenaar na, vroetel deur my langspeelplate, pluk alles uit my kaste en gee skielik pad. Hulle laat 'n groot deurmekaarspul agter en doen nie die moeite om die deur agter hulle toe te trek nie. Ek en die meisie kyk verbyster na mekaar.

Toe die redigering afgehandel is, is dit 'n uur-en-'n-half lange rolprent. Ek huur twee Super 8-klankprojektors, ook by Basil Thornhill, en vertoon dit vir drie volgepakte aande in een van die lesinglokale waarvan die vloer teen 'n skuinste loop. Ons vra die studente toegangsgeld om te help betaal vir die huur van die projektors. Maar die belangrikste is, ek kom Visuele Kommunikasie deur.

Ongelukkig het ek so meegesleur geraak deur my Rag-film dat ek – tot my skok – ontdek ek het nie toelating gekry om die eindeksamen in Sosiale Antropologie af te lê nie. Ek trek my beste klere aan en gaan spreek prof. Whisson om vir toegeeflikheid te vra. Hy weier, want ek het nagelaat om drie belangrike werkstukke gedurende die jaar in te handig en dit is onaanvaarbaar.

"As u my nie toelaat om die eksamen te skryf nie, professor, beteken dit dat ek volgende jaar sal moet terugkom."

"Presies! Aansoeke open in Februarie."

Die professor se nek is rooi van woede en hy haal vinnig asem. Die mal rooikop-Ier kies toe daardie oomblik om deur my mond te praat.

"U het geen reg om dit aan my te doen nie."

"Geen reg nie? Wat sê jy daar?"

"Jammer, professor, dit was nie regtig ek nie ..."

"Ek kan jou verseker, as dekaan van hierdie fakulteit het ek alle reg om dit te doen, jongman. Jy kan dadelik my kantoor verlaat en ek sal jou volgende jaar weer sien!"

"Professor, ek het nie genoeg geld om volgende jaar terug te kom nie. Ek sal moet gaan werk. Heroorweeg dit. *Asseblief*, professor," pleit ek.

Whisson staar lank en veglustig na my. Toe, skielik, begin hy rustiger asemhaal en sy nek kry weer 'n normale kleur.

"Kom ons drink whisky," sê hy tot my uiterste verbasing.

Hy haal sy whisky-bottel van die boekrak af, skink vir ons altwee 'n dubbel en gooi sodawater en ys by uit sy yskassie in die hoek van die kantoor. Hy gee my drankie aan.

"Cheers!"

Ons klink glase en, al hou ek nie van whisky nie, vat ek 'n groot sluk.

"Geluk, jongman. Jy was suksesvol waar al die ander misluk het. Jy het my van mening laat verander. Sit daardie drie werkstukke Maandagoggend op my lessenaar. As hulle goed genoeg is, het jy my toestemming om eksamen te skryf."

Dit was Vrydag. Maandag is twee dae en twee nagte weg. Die rooikopIer het 'n groot bek, maar hy is hopeloos as dit kom by werkstukke skryf. Ek het hulp nodig. Ek vra my vriendin Christine Buirski om my te help. Sy skryf die een stuk en haar vriend die ander een. Al wat ek moet doen, is om dit in my eie handskrif oor te skryf. Die derde een skryf ek self.

'n Paar jaar later ry ek Grahamstad toe om prof. Whisson as gas van die Fort Beaufort Speaker's Club te gaan haal. Terwyl ons ry, sê hy hy wil my gelukwens met my antwoorde in die eindeksamen. Sy woorde laat my baie goed voel: Ek het die beste punte behaal in daardie jaar se Sosiale Antropologie-eindeksamen.

Ek het onlangs daai Rag-film uitgegrawe en dit op my oeroue Super 8-klankprojektor gespeel. Ek wou 'n idee kry van wat ons universiteitstudente destyds in werklikheid was. Ek is getref deur een deurlopende kwaliteit: onskuld. Ondanks ons jeugdige uitbundigheid het die meeste van ons selfvertroue gekort. Ons het na die sin van die lewe gesoek en het in die proses soms gekke van onsself gemaak. Dit lyk of ons almal iemand of iets wou word wat uiteindelik 'n einde sou maak aan ons onskuld.

6
Die jong akteur

IN 1978, TEEN DIE EINDE van ons finale jaar as Drama-studente, word ons uitgenooi om voor talentsoekers van die land se onderskeie kunsterade oudisies af te lê, met die moontlikheid om gekies te word om by hul toneelgeselskappe aan te sluit. Op daardie stadium het elk van die vier provinsies sy eie kunsteraad gehad wat deur die staat befonds is. Die Wes-Kaap het byvoorbeeld die Kaapse Raad vir Uitvoerende Kunste (KRUIK) gehad en in die noorde was die Transvaalse Raad vir Uitvoerende Kunste (TRUK). Ongelukkig is Suid-Afrikaanse kunstenaars sedertdien beroof van dié merkwaardige stelsel wat die uitvoerende kunste bevorder en nuwe talent ondersteun het.

My kans om voor hierdie baie belangrike en uitgelese gehoor op te tree was in die Rhodes-teater. 'n Rukkie later hoor ek dat ek aangestel is deur die regisseur en dramaturg Pieter Fourie, wat ook die hoof van KRUIK-drama by die Nico Malan-teater (vandag Kunstekaap) in Kaapstad was. Ek het 'n voltydse werk as akteur gekry! Daar is geen tyd om te verspil nie, want ek moet vir die repetisies van my eerste toneelopvoering, *The Merchant of Venice*, by die Maynardville-opelugteater aanmeld.

Vroeër daardie jaar het ek 'n studielening by Barclays Bank aangegaan (teen net vier persent) en 'n VW Kombi gekoop wat in 'n kampeervoertuig omskep is deur Westfalia in Duitsland. Dit het 'n agterste sitbank gehad wat vernuftig kon uitvou tot 'n dubbelbed en briljant ontwerpte, verstelbare hortjiesruite met muskietgaas. En sy hart, aan die agterkant, was 'n manjifieke lugverkoelde 1600 cc-enjin gekoppel aan 'n besonder gladde ratkas. Die kombi het dakrakke gehad waarop branderplanke, vuurmaakhout en ander toebehore vasgemaak kon word.

Ek ry saam met my jong neef, Jonathan Roberts, in die kombi na Kaapstad en stop by Plettenbergbaai om te kampeer. Daar het ek 'n noue ontkoming met 'n haai. Ek weier vandag nog om by Robbergstrand te swem!

Ek onthou my eerste ervaring as professionele akteur om al die verkeerde redes. Een aand speel Gavin Heyward, wat ook aan Rhodes Universiteit studeer het, een van die soldate van die hofhouding. In een toneel staan al die soldate langs mekaar op 'n soort borswering. Uit die hoek van my oog sien ek Gavin – wat dronk of gerook of albei was – begin gevaarlik vorentoe en agtertoe wieg tot hy vooroor val, plat op sy maag. Die gehoor dink dit is 'n deel van die toneel en klap hande terwyl die bewustelose Gavin van die verhoog afgesleep word deur die res van ons, die soldate.

Gedurende die eerste helfte van die stuk begin dit motreën. Met pouse gaan vra 'n afvaardiging van die senior akteurs die vervaardigers om die opvoering te staak, want die verhoog is te nat en die omstandighede te moeilik vir die akteurs. Maar die twee vroulike vervaardigers weier. Hulle wil klaarblyklik nie die opvoering kanselleer en geld verloor deur die kaartjies terug te betaal nie.

Toe, in die middel van 'n toneel ná pouse, kom die aanplaksnor van 'n ander akteur, Johan Esterhuizen, aan die een kant los en dit hang dwars voor sy mond. Johan, 'n man met 'n vurige persoonlikheid en vinnige humeur wat by die geringste aanleiding in woede kon uitbars, was reeds aan die stoei met die Shakespeariaanse Engels. Hy is besig met 'n toespraak en moet heeltyd die los snor terugdruk, maar elke keer glip dit weer af en verstop sy mond met die taai sopperigheid van gesmelte mastiekgom.

Skielik stop hy in die middel van 'n sin en skree: "Ag nee, fok dit!" Die res van die deurweekte rolverdeling staan versteen terwyl die gehoor, saam met die skim van Shakespeare, sukkel om dié bombastiese tussenwerpsel in Afrikaans te verstaan. Johan pluk die snor af en gooi dit so hard dat die water spat toe dit die sopnat verhoogplanke tref. Hy los nog 'n paar kragwoorde, gryp sy mantel en swaai dit, met water wat afstroom, oor sy skouers en storm van die verhoog af. Die gehoor, wat nou almal onder sambrele sit, kry dit reg om vir sy vertoning te klap en uiteindelik word die opvoering gestaak.

Die volgende twee produksies wat KRUIK aanbied, is *The Relapse*, 'n oordrewe sewentiende-eeuse komedie in deftige styl en met duur kostuums, geskryf deur John Vanbrugh, en *Death of a Salesman* deur Arthur Miller. In albei stukke word die hoofrol deur Michael Atkinson vertolk, wat dit uitstekend doen al is dit twee gans uiteenlopende karakters.

In *Death of a Salesman* is daar 'n toneel waarin my karakter, Happy Loman, moet huil wanneer hy van die dood van sy pa hoor. Ek kan my self net nie so ver kry om te huil nie, selfs al wys Michael my hoe om dit aan en af te skakel. Ek gaan na White's Pharmacy, wat in homeopatiese medisyne spesialiseer, en vra die apteker of hy enigiets het wat ek kan gebruik om myself te laat huil. Hy gee my 'n botteltjie ammoniak, en tydens die volgende opvoering vryf ek dit in my oë. Happy Loman huil toe uitermate in daardie toneel. Inderwaarheid hou die trane aan stroom totdat die gordyn sak en ek na die kleedkamer kan hardloop om my oë uit te spoel.

Daar gebeur nog iets. Ek en Paul Slabolepszy, wat my broer Biff speel, moet in die openingstoneel saam in 'n bed lê. Die probleem is dat Paul transendentale meditasie begin doen het en ook 'n vegetariër geword het. Elke aand terwyl ons in die donker lê en wag dat die gordyn opgaan, laat los hy 'n groot klomp stink poepe. Natuurlik vra hy om verskoning ná elke ontploffing uit sy arsenaal, maar dit het 'n komiese dimensie aan die begin van die stuk gegee wat Arthur Miller sekerlik nie kon voorsien nie.

Dié stukke word toe na die Opera House in Port Elizabeth geneem, waar ek 'n interessante ervaring het. Toenemend raak die gay mans in die stuk al hoe aantrekliker vir my. Hulle is uiters sjarmante mense en sommige van hulle was ook baie gesofistikeerd in hoe hulle my bekoor!

Ons gaan tuis in die deftige ou King Edward Hotel op die bult. Terwyl ek in die kroeg sit ná 'n opvoering, raak selfs die kroegman, Frikkie, vir my mooi. Ek besef dat as dit so moet wees dat ek gay is, dit my nie regtig sal pla nie. Wat daarvan as hierdie kroegman vir my aantreklik is? Tog voel ek die behoefte om met iemand daaroor te praat.

Die enigste mens wat ek met dié inligting vertrou, is my mede-akteur Mary Dreyer. Ek het haar en haar man goed leer ken tydens die repetisietyd en soms by hulle aan huis gaan kuier in Houtbaai. Ek besluit om na haar kamer te bel en met haar te praat.

"Ian, dis elfuur in die aand," sê Mary half deur die slaap toe sy die foon optel.

"Dis baie belangrik, Mary. Kan ek asseblief met jou kom praat?"

As 'n jong man op een van my gunstelingplekke – die strand.

"Oukei, oukei!"

Ek gaan na haar kamer, vasbeslote om haar reguit te vra of sy dink ek is gay. Ek klop en sy maak oop. Mary het 'n verruklike nagjapon aan; sy staan met een hand teen die deur en kyk na my met helder, bruin oë van onder haar donker hare.

"Ja, meneer Roberts?"

My oë dwaal vanaf haar gesig oor haar lyf en ek voel hoe my manlikheid dadelik reageer.

"Um, dis oukei, Mary. Ek dink ek het my antwoord. Baie dankie, ek gaan terug kroeg toe."

"O nee, jy gaan nie. Jy't my wakker gemaak. Nou beter jy saam met my koffie drink."

En vanaf daardie nag het ek nooit weer gewonder of ek straight of gay is nie.

IS DIT JY?

KRUIK het ook skooltoere gedoen waarin die nuwe akteurs opvoerings van voorgeskrewe werke na die staatskole op die Kaapse platteland geneem het. So vertrek ek, Susan Gehr, Adri van der Merwe en Marthinus Basson in die 1980-winter noordwaarts vanuit Kaapstad in 'n splinternuwe rooi-en-wit, outomatiese 2,1 liter-VW Kombi.

Die opvoerings is vermoeiend en ons moet soms twee keer in 'n oggend voor moeilike gehore optree. Hoe dit ook al sy, ek het aangename herinneringe aan dié trip. Ons toer in 'n fantastiese voertuig, met alle uitgawes betaal. Elke dag word ons jeugdige energie en gulsige avontuurlus beloon met nuwe horisonne en 'n werklik fassinerende, landelike omgewing. Wie kan vir meer vra? Ek het my Canon 514 XLR Super 8-klankkamera en 'n driepoot saamgebring en 'n ongeredigeerde movie van die trip gemaak.

Die toer eindig in Grahamstad met 'n opvoering by die skolefees in die Setlaarsmonument, as 'n voorspel tot die nasionale kunstefees. Die middag voer ons ons skoolweergawe van *Macbeth* op, met die gehoor aan drie kante van die verhoog. Teen daai tyd het ons gedink ons is koeëlbestand en taai ná die talle daglig-opvoerings by allerhande soorte skole en in verskillende omstandighede. Maar niks kon ons voorberei op wat daardie dag gebeur nie ...

In die voorste ry sit prof. Roy Sargeant en Michael Atkinson, vergesel van 'n paar akoliete. Al het Marthinus, Susan en Adri nie aan Rhodes studeer nie, weet hulle ons optrede gaan streng beoordeel word. Aanvanklik verloop alles redelik vlot en ons slaag daarin om die gehoor mee te voer – totdat Marthinus 'n kort toespraak moet hou waarin hy iets soos die volgende moet sê: "Banquo hath helped himself homeward on his horse ..."

Marthinus se moedertaal is Afrikaans en Shakespeariaanse Engels is nie sy sterk punt nie. Die reël kom toe soos volg uit: "Panquo hath pelped pimpself pomeward on pis porse." Shakespeare sou verstaan en met 'n begrypende glimlag kon gesê het: "The player is merely drunk on too much of the honeybee's mead and all his 'aitches' he merely 'pee'd'."

Maar nie Roy Sargeant en Michael Atkinson nie. Hulle staan op en loop uit die arena. Die akoliete volg en die res van die gehoor begin fluister en rondskuif. Dit lyk of hulle ook wil padgee. Ons beëindig die opvoering kort daarna. Ek het altyd gewonder wat Sargeant en Atkinson vir mekaar gesê het toe hulle buite kom. Dalk niks. Dalk was hulle sprakeloos geskok deur ons afgryslike opvoering en ons vertrapping van Shakespeare.

Een aand daag ek op by 'n partytjie van Universiteit Kaapstad (UK) se Drama-studente in Vredehoek. Dié studente was ons opponente in die jaarlikse intervarsity-kompetisie by die nasionale kunstefees op Grahamstad. Ek weet wie hulle is en hulle weet wie ek is. Ek het hulle werk gesien en het respek vir hul talent. Die ou wedywering is verby. Die partytjie gons en die atmosfeer is elekties. Dit lyk of hulle almal ewe gretig is om dit ver te bring in die toneelwêreld.

Ek herken spesifiek een uitsonderlike persoon – Richard Grant, vars uit UK se Drama-departement en op daardie stadium die regisseur van *Metamorphosis*. Vandag is hy beroemd as die akteur Richard E Grant wat in Swaziland gebore is. Hy staan met sy rug teen die muur en vaar uit teen die onbeholpe vertoning van 'n akteur in dié stuk wat in die bekende (maar nou verdwene) Space Theatre in Langstraat opgevoer gaan word. Richard klink wanhopig en op die punt om die produksie te kanselleer.

Mettertyd het ek Richard as geneig tot melodrama leer ken – selfs in gewone, alledaagse sake. Hy het nie zol gerook of alkohol gedrink nie en het dus na aan sy senuwees en gepaardgaande emosies geleef.

Die voorsienigheid het sekere oomblikke in my lewe gekies om my onverwagte dinge te laat doen, ten minste onverwags vanuit my oogpunt. Dan was daar ook nog die mal rooikop-Ier wat dikwels my mond gebruik om sonder toestemming te praat. Dit is waarskynlik hoekom ek vir Richard sê: "Ek sal daai rol vir jou speel."

Die enigste ding wat kortkom in dié verregaande aanbod is 'n Ierse aksent.

Richard se gesig is besonder ekspressief en ek kan die ratte agter die glimmering van sy helder oë sien draai.

"Sal jy dit doen?"

"Um, as jy wil, Richard, sal ek dit doen."

"Jy sal?!"

"Ja, maar op een voorwaarde. Jy moet dit uitklaar met die ou wat nie die mas opkom nie."

IS DIT JY?

"My magtag! Dis amaaaazing!" roep Richard opgewonde uit. "Ek sal met hom praat en jou môre bel."

Toe Richard die volgende oggend bel, sê hy die ander akteur is hoogs die moer in, maar het ingestem om pad te gee en kan ek asseblief so gou as moontlik na die Space kom om met repetisies te begin. So word ek by die produksie ingeboender en probeer ek inhaal. *Metamorphosis* is gebaseer op 'n novelle van Franz Kafka wat briljant tot 'n teaterstuk omskep is deur die Britse akteur Steven Berkoff.

Die rolverdeling is uitstekend. Die gesin word gespeel deur Henry Goodman (as Gregor Samsa, die seun), Fiona Ramsay (die ma), Hilary Jones (die suster) en my (Gregor se pa). Michael O'Brien en Chas Unwin en iemand anders speel die loseerders. Die produksie word op 'n hoogs gestileerde wyse gedoen met mimiek.

Hierdie seun van 'n sitrusboer van die Oos-Kaap besef gou hy het dalk meer afgebyt as wat hy kan kou. Ek worstel wanhopig totdat ek, bietjie vir bietjie, 'n greep kry op die rol. Maar ondanks my beste pogings is my optrede steeds onbevredigend. Ek glo nie in wat ek doen nie, en Richard ook nie. Ek is veronderstel om 'n voorstedelike pa te speel wie se gees geblus is deur sy sinlose geswoeg in die fabrieke van die industriële wêreld, maar sy lewe is totaal vreemd vir my. Ek het geen verwysingsraamwerk om my te help om die soort man te word wat sy eie tekortkominge op sy seun uithaal nie.

Ná die finale kleedrepetisie sê Richard reguit vir my dat iets omtrent my spel nie werk nie. Hy vra my om dit te probeer regstel. Die enigste probleem is dat die stuk die volgende aand open. Mislukking het my vierkantig in die gesig gestaar.

Die ding is dat niemand jou kan leer toneelspeel nie. Vergeet maar van 'n regisseur wat met 'n wonderbaarlike oplossing vorendag kom vir jou krisis. Dit hang alles van jouself as akteur af.

Ek loop moedeloos in Langstraat op na my woonstel in Tamboerskloof. Wat de hel gaan ek doen? Ek kyk op en sien 'n ouerige bruin man aangeloop kom. Hy is erg mank. Ek tree van die sypaadjie af om hom te laat verbykom. Terwyl ek verder in Langstraat oploop, begin ek om 'n onverklaarbare rede sy mankheid naboots. My oupa, Daniel Roberts, het as kind polio gehad en het sy lewe lank erg mank geloop; ek was dus goed bekend daarmee. Ek begin om my mankheid vir verbygangers te wys en sommige van hulle toon sowaar simpatie. Skielik weet ek hoe om my uitbeelding van die pa in *Metamorphosis* te beredder: die oukêrel moet mank loop.

Die volgende oggend daag ek by die Space Theatre op, maar loop normaal. Op openingsaande is almal altyd erg gespanne en *Metamorphosis* is 'n uiters komplekse produksie. In die kleedkamer is die atmosfeer gelaai terwyl die akteurs voorberei om in een vertoning al die noukeurige werk van weke se repetisies te laat realiseer. 'n Mens kan sê dat wanneer die gordyn lig op 'n openingsaand, daar net sowel 'n bokskryt kon verskyn, met die akteurs en gehoor as die boksers. Gehoorlede kan opstaan en uitloop, maar die akteurs kan nêrens heen vlug nie.

Dit is in dié atmosfeer dat ek my gesig gryswit en swart sit en verf, terwyl ek wonder of my idee gaan werk. Ek dink daaraan dat sou ek as akteur moet ondergaan, dit beter sal wees om in vlamme onder te gaan. Toe ek na die klere-reling gaan om my kostuum te kry, loop ek mank.

"Wat op aarde doen jy, Ian?" vra Richard en lig sy wenkbroue.

"Ek oefen ... Dis hoe ek Gregor Samsa se pa gaan speel," antwoord ek kalm.

Die meeste regisseurs en mede-akteurs sou sterk gekant gewees het teen sulke wysigings op die nippertjie en sou daarteen gewaarsku het, maar nie Richard of Fiona of Hilary of Henry nie. Hulle knik net saaklik waar hulle voor hul spieëls sit, met grimeerstiffies elegant in die lug.

Die toneelstuk gaan begin en die akteurs – geklee in swart, wit en grys, met hul gesigte dieselfde geverf – neem hul plekke in die donker in. Ek hink na my plek. En dit voel reg. Dan gaan 'n enkele kollig aan waar Henry Goodman in die middel van die verhoog op sy rug lê, met sy vingers en tone wat in die lug en stuiptrek soos die pote en kloue van 'n kewer.

Richard sit agter in die gehoor langs 'n regopklavier. Hy pluk die snare om 'n dissonante, swaarmoedige klankbaan te skep. Die toneel word daarmee duidelik ingekleur.

Die openingswoorde word gesê (ek dink deur my): "One morning, as Gregor Samsa awoke in his bed from uneasy dreams ..." Ons, die akteurs, is verstom toe 'n monsteragtige kakkerlak die kollig inskarrel en daar tot stilstand kom met trillende voelhorings. Die geskokte gehoor snak na hul asem. Op daardie oomblik is ek oortuig dat ons deel is van 'n kragtige stuk teater. My stem kry meer selfvertroue en, met een oog op die reusekakkerlak, gaan ek voort: "... and found himself transformed into a gigantic insect ..."

'n Doodse stilte daal op die gehoor neer terwyl die reusekakkerlak uit die lig uit beweeg en Henry Goodman oorneem. Hy skep, met sy geniale mimeerkuns, sy eie kakkerlak. Dwarsdeur die stuk hink ek oor die verhoog en my selfvertroue groei met elke mank tree. Toe die gordyn finaal sak, brul die oorrompelde gehoor van goedkeuring.

Metamorphosis speel voor stampvol sale en ons neem dit na die Market Theatre in Johannesburg waar dit uitverkoop vir die volle speelvak. Ons klim op die Transkaroo-trein terug Kaapstad toe met sakke vol kontant. Dit was 'n uiters moeilike maar werklik verrykende ervaring.

'n Paar weke later moet ek die hoofrol speel in *Die Reënmaker* in die Nico Malan-teater. Ek weet dit gaan 'n uitdaging wees, want my beheersing van Afrikaans is nog nie goed genoeg om so 'n rol aan te pak nie.

Intussen berei Richard nog 'n produksie vir die Space voor. Hy het daarin geslaag om die regte te bekom vir Robert David MacDonald se *Chinchilla*. Dit handel oor die Russiese impresario Sergei Diaghilev wat die balletgeselskap Ballets Russes na Wes-Europa geneem het. Richard wil hê ek moet in 'n middelgrootte-rol speel, dié van Gabriel Astruc, Diaghilev se Franse finansiële raadgewer. *Chinchilla* se speelvak sal eindig voor die repetisies vir *Die Reënmaker* veronderstel is om te begin. Ek stem dus in.

Terselfdertyd het sommige van ons ingestem om oudisies te doen vir 'n nuwe televisiereeks, selfs al beskou ons, as verhoogakteurs, televisie as 'n maklike uitweg. Vir ons is televisie- en rolprentwerk nie toneelspel in sy suiwerste vorm nie, veral omdat dit die vangnet van 'n tweede of derde opneempoging bied. Die enigste rede waarom ons besluit het om oudisies te doen, is omdat televisie baie goed betaal het. Boonop het my agent, Sybil Sands, daarop aangedring dat ek gaan, ondanks my voorbehoude.

Met die gevoel van 'n *impimpi* ('n verraaier) ry ek na die SAUK-gebou in Seepunt. Ek is verbaas om ontvang te word deur Murray Steyn wat saam met my drama studeer het by Rhodes. Hy was vir my 'n groot

THEATRE

'Metamorphosis'

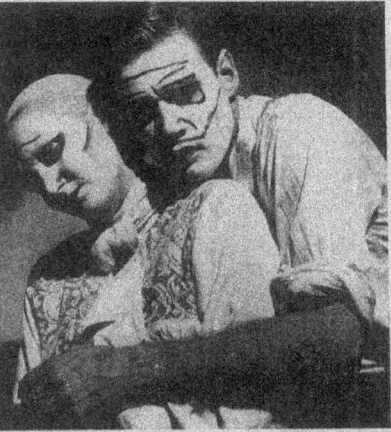

METAMORPHOSIS, a play by Steven Berkoff based on the story by Franz Kafka, with Henry Goodman, Hilary Jones, Fiona Ramsay, Ian Roberts, Charles Whaley, Chas Unwin and Michael O'Brien. Directed by Richard Grant and Michael O'Brien. At The People's Space, Long Street.

STEVEN BERKOFF's play sticks very closely to the letter and spirit of Franz Kafka's symbolical narrative. It has been described as one of the most dreadful stories ever written and it remains so even today. It's terror has not been minimized in any way by the shocks and horrors of science fiction. In fact, with modern society in the sort of chaos which makes it difficult for people to find meaning in their lives, it is more relevant than ever.

Kafka was concerned with moral and spiritual problems: man's struggle to find his real self and true vocation in accordance with divine law. Most people find nothing at all ex-

Fiona Ramsay and Ian Roberts in "Metamorphosis" which has opened at The People's Space theatre

cept isolation and rejection. Kafka, because he was an invalid and had Jewish blood, felt doubly isolated from the community and probably saw the problem more starkly than anyone else. He certainly illuminated it with unequalled imaginative power.

Reading the story and seeing the play are two different experiences. In the very first sentence of the story Gregor Samsa wakes up one morning to find that he has been trans-

formed into a giant insect. By an act of imagination the reader immediately identifies with his predicament and becomes totally absorbed by the horror of it all.

But to see the same thing on the stage with Henry Goodman brilliantly miming the part of the insect is not so imaginatively convincing. There are too many distracting pitfalls in conveying the insect image. The insect is there before us all the time. Goodman creeps, crawls, grovels, hides under

the sofa, climbs on the ceiling, squeaks, squelches, scrapes his feelers, secretes a great of saliva and succeeds in looking progressively wretched until in the end he lies on his back with his feet up and dies of starvation.

He did all this marvellously well with a strange muffled power which unfortunately succeed in shifting the focal point of the play from where it belonged — with Gregor's parents and sister.

For it is through them that Kafka and, I am sure, Berkoff intended us to see the real meaning of the story which is man's intolerance of suffering and disease. When they realize what has happened, Gregor's father mother and sister are at first shocked and horrified, then they become deeply concerned and even kind. These sentiments give way to anger and fear which in turn become shame, disgust, negligence and cruel rejection. Gregor becomes an obscenity.

But it's a difficult story to transfer to the stage and Richard Grant and Michael O'Brien deserve praise for even attempting it. They make use of some interesting sound and lights effects and one sequence, in which Gregor is feverishly exhorted by his family to hurry on and earn more money, is quite shattering.

Hilary Jones gives a touching performance as Greta, Gregor's sister, and Ian Roberts and Fiona Ramsay are adequate as Mr and Mrs Samsa.

BRIAN BARROW

'n Resensie van Steven Berkoff se *Metamorphosis*, wat deur my universiteitsvriend en latere bekende akteur Richard E. Grant geregisseer is.

inspirasie as akteur en ek is verras dat hy klaarblyklik 'n lid van die span is en nie self 'n oudisie kom doen nie. Hy verduidelik dat hy onlangs getroud is en 'n vaste inkomste nodig het. Ek is nog besig om aan dié nuus te herkou toe ek by die lokaal instap en 'n nogal vreemde opset aantref.

Die regisseur, Alan Nathanson, 'n indrukwekkende man met 'n groot, swart baard, sit daar met 'n gevolg van omtrent tien mense en 'n groot glasvenster reg agter hom. Agter dié venster is die Atlantiese Oseaan en die skerp glinstering van die laatmiddagson op die see-oppervlak beteken dat jy die mense net in silhoeët kan sien. Ek kan skaars uitmaak wie's wie. Dis darem ongeskik, dink ek, terwyl Murray my voorstel.

Ek gaan sit op die enigste stoel wat voor hulle neergesit is. Toe praat die Heer Regisseur: "Hallo, ek is die regisseur. Lees asseblief die dialoog van die dokter." Hy skiet die teks oor die gepoleerde blokkiesvloer na my toe en dit kom abrup teen my voet tot stilstand. Ek tel dit op en dink: "Met wie de hel dink dié man praat hy?"

Die mal Ier wat altyd op die uitkyk is vir 'n kans om sy rooi hare los te skud, trek los: "Nee wat, ek hou nie van daardie rol nie." Die stem wat uit my mond kom, het absoluut niks met my te doen nie. Ek skiet die teks terug oor die blokkiesvloer en dit kom tot stilstand teen die regisseur se skoene.

Daar's 'n gekug en geskuifel van die mense in die vertrek. Duidelik het niemand dit nog ooit gewaag om hom so te behandel nie. Gelukkig staan Murray buite en wag om die volgende akteur in te bring; hy hoef dus nie verleë te voel dat hy my ken nie.

"O? Jy hou dus nie van die rol van die dokter nie?" sê die Heer Regisseur met 'n mate van venyn terwyl hy die teks optel.

"Nee."

"Waarom nie?"

"Ek dink dis swak geskryf."

Dit veroorsaak selfs nog harder geluide van verleentheid onder die silhoeëtte. Die skrywer, Geraldine Aaron, sit reg langs die regisseur (het ek later uitgevind).

"Ag so ... Wel, is daar dalk enige dialoog wat jy *wil* lees?" vra hy en skiet die teks terug oor die vloer na my.

Ek maak dit oop terwyl 'n afwagtende stilte heers. Ek blaai daardeur en vind 'n karakter genaamd Faizal of so iets.

"Ja, ek wil graag die karakter Faizal doen."

"Faizal?" Daar is 'n onderdrukte gegiggel, want Faizal is 'n bruin karakter. Ek kry toestemming en doen my bes met die Kaapse aksent, maar dit is duidelik dat ek nooit 'n rol in daardie TV-reeks sal speel nie. Toe ek klaar gelees het, skiet ek die teks terug oor die vloer en gee pad, met my trots intak.

Sean Taylor het uiteindelik die rol van die dokter gekry en dit baie goed gespeel.

Dit maak nie saak hoe oortuig ek, as 'n jong akteur, was dat televisie- en rolprentwerk 'n maklike uitweg is nie; ek het gou besef my houding is finansiële dwaasheid. Ek het een keer 'n tjek vir 'n week se werk by die Space geraam en teen my muur opgehang. Dit was vir R8.27 en geteken deur Cynthia Dennis, die teater se boekhouer.

Dit het nie lank geneem voor ek my trots in my sak gesteek het en behoorlike geld gaan verdien het nie.

Aangesien ek geen onmiddellike planne gehad het om deel te wees van 'n televisieproduksie nie, kon ek al my aandag aan Richard se opvoering van *Chinchilla* gee, wat in Venesië afspeel. In daardie tyd was dit uiters moeilik om regte vir toneelstukke te kry, omdat talle skrywers geweier het dat hul stukke in Suid-Afrika opgevoer word weens apartheid en die kulturele boikot.

Tog het Richard, deur een of ander wonderwerk, die opvoerregte vir *Chinchilla* gekry. Hy het die hoofrolle vir vooraanstaande akteurs uit Johannesburg gegee en alles was reg vir 'n manjifieke produksie. Omtrent drie dae voor die repetisies moet begin, beantwoord ek 'n vroegoggendoproep in my woonstel. Dit is Richard en hy is totaal histeries.

"Baalie!" (Hoekom Richard my dié bynaam gegee het, weet ek glad nie. Miskien omdat ek ouer as hy was en daarom 'n "ou ballie" in sy oë?)

"Môre, Richard."

"Baalie, iets vreesliks het gebeur … Ons moet mekaar dadelik sien!"

Ek het geleer om hewige emosies oor klein goedjies van Richard te verwag en is dus nie te bekommerd terwyl ek met my fiets deur die fris Kaapstadse oggend in Langstraat afry nie. Richard stop met skreeuende bande in sy rooi Datsun 120Y buite ons gunstelingkoffiewinkel en begin praat die oomblik toe hy my sien. Dit is inderdaad 'n onbenydenswaardige situasie waarin hy hom bevind. Oornag het al die belangrikste spelers hulle van sy produksie onttrek. Richard vermoed iemand in Johannesburg het hom beskinder as 'n arrogante beginner en toe die hoofakteur onttrek, het die res van die rolverdeling hom gevolg.

"O hemel, Baalie, ek is gedoem!" roep hy uit.

En weer hoor ek hoe die mal Ier in my begin praat, sonder my toestemming.

"Weet jy wat, Richard?"

"Wat?" vra hy, gretig om die geringste tikkie hoop aan te gryp.

"Ons gáán die stuk opvoer."

"Maar, maar met *wie*? Die repetisies begin oormôre en ek het nie mense nie!"

"Wel, dis nie heeltemal waar nie, Richard. Jy het nog vir my." Die ratte van ongeloof draai agter Richard se oë.

"Ons vervang al daardie poepholle van Joburg. Ons kry mense van die Kaapse strate as dit nie anders kan nie. Hoe ook al, Richard, ons gaan hierdie stuk doen!"

Richard se gesig helder skielik op. Hy is in werklikheid 'n tstotsi gekamoefleer as 'n drama-regisseur. Omdat hy so toegewyd is aan sy missie, kan hy enigiets doen waarop hy hom toespits.

"Baalie!" sê hy en gee my 'n stewige druk.

En dit was dit. Richard het die rolverdeling in twee dae afgehandel. Gavin van den Berg, 'n uitsonderlike talent, was toevallig in die stad. Hy kry die afgryslik moeilike rol van die balletdanser Nijinsky. Duarte Sylwain en Caroline Newby is onderskeidelik Diaghilev en sy vroulike vertroueling, en ek speel Gabriel Astruc, die Fransman. Drie weke later open die stuk en word aangeprys.

Hoewel die resensies lowend is, sukkel ons om groot gehore te trek. Richard het in die Space die glorie en glans van Venesië herskep in apartheid-Suid-Afrika, wat nie 'n geringe prestasie was nie. Hy besluit toe om drie antieke karre te reël. Ons trek ons kostuums aan en ry op 'n Saterdagoggend deur die stad se strate om mense aan te moedig om na die opvoering te kom kyk. Hulle het. Dit was die glorie van Kaapstad in die 1980's.

Die Space Theatre was 'n ware werkersteater – sommige van die betekenisvolste produksies is daar op die planke gebring. Dit het net een kleedkamer gehad vir die akteurs. Jy het daar voor jou spieël gesit in die chaos van halfnaakte akteurs en aktrises om jou, kostuums wat oor 'n reling hang, met akteurs wat daarin rondsoek, terwyl jy 'n gesprek probeer voer met iemand aan die oorkant van die vertrek. Dit was 'n warm, hartlike chaos – die soort atmosfeer wat sommige akteurs so erg mis dat hulle deur 'n rouproses gaan wanneer 'n produksie verby is. 'n Tyd lank is die Space se kleedkamer jou tuiste weg van die huis, 'n veilige plek waar almal vir mekaar omgee.

Een aand terwyl ek besig is om my grimering af te haal, sien ek 'n paar bruingeel Idlers in die klein vloerruimte onder my uitgestrekte arm verskyn. In die Suid-Afrika van die 1980's het net Afrikaanssprekende mans daardie soort skoene gedra. Ek kyk oor my linkerskouer, en sien die glimlaggende gesig van 'n bebaarde man wat 'n bril met 'n goue raam dra.

"Hallo," sê hy sag met 'n ligte Afrikaanse aksent. "Ek is Manie van Rensburg en wil net sê ek het regtig jou Duitse karakter geniet vanaand."

Ek sê dankie en besluit om hom nie daarop te wys dat die karakter wat ek gespeel het eintlik Frans is nie.

"Jou spel het my na Venesië verplaas. Vanaf Langstraat in Kaapstad na Venesië met 'n vyftigrandkaartjie. Dit was baie spesiaal – dankie daarvoor."

Hy moes eintlik regisseur Richard en die res van die rolverdeling gekomplimenteer het, maar ek bedank hom dat hy na die opvoering kom kyk het en gaan voort om my grimering af te vee en verwag dat hy sal padgee. Maar Manie maak keel skoon; daar is nog iets wat hy wil sê.

"Ek maak binnekort 'n televisiereeks met 'n klein rolletjie vir 'n Duitse karakter, wat ek wil hê jy moet speel. Dis 'n een-dag-shoot omtrent twee weke van nou af."

Hy gee vir my sy visitekaartjie. "Hier is my nommer. Bel asseblief as jy dit wil doen."

En toe is hy weg. 'n Vreemde stilte daal oor die andersins lawaaierige kleedkamer neer. Almal kyk nuuskierig na my. Ek gaan voort om my grimering af te haal.

"Weet jy wie dit was, Baalie?" vra Richard.

"Ja, hy't gesê hy is Manie van Rensburg."

"Nie net Manie van Rensburg nie – dié Manie van Rensburg, die bekende movie-regisseur."

"O," sê ek. Tot op daardie oomblik het ek net 'n vae idee gehad wie hy is.

"Wat het hy vir jou gesê?"

"Hy het dankie gesê dat ek hom vanaf Langstraat na Venesië verplaas het en daarmee, is ek seker, het hy in werklikheid almal van julle bedank."

"Ja, en?" pols Richard.

"Hy het my die klein rolletjie van 'n Duitser aangebied in 'n TV-reeks."

Almal juig gelukwensings. Selfs al is die lede van die Troupe Theatre

Company eksklusief Engels en is al hul opvoerings in Engels, weet almal wie Manie is en almal sou bitter graag vir hom wou speel.

Later, toe ek op die punt is om Manie te bel en vir hom te sê ek wil die rol hê, maak die mal rooikop-Ier weer sy verskyning en plant wilde gedagtes in my kop. Dis hoekom ek vir hom sê dat ek nie net die rol sal vat nie, maar dat ek ook op sy movie-stel wil werk. Manie, 'n beskaafde en innemende mens, sit gelukkig nie die foon in my oor neer nie.

"Wat sal jy op die stel wil doen?"

"Ek kan enigiets doen," antwoord ek. "Ek kom van 'n plaas af. So, ek ken van houtwerk en elektrisiteit, en ek kan motorenjins regmaak. Ek kan sweis. Ek kan met glasvesel werk. Enigiets."

"Ek sal met my vervaardiger, Johan van Jaarsveld praat. Ons sal jou Woensdag bel."

Daardie nag slaap ek sleg. Ek is nie gewoond daaraan nie, want die een ding waarmee ek nooit sukkel nie, is slaap. Dit voel of die hand van die voorsienigheid my op die skouer tik en my berispe dat ek my moet oopstel vir enige aanwysings van die heelal of selfs van die Ier in my.

Ek besef ook ek het myself in 'n moeilike posisie geplaas, want ek was veronderstel om oor 'n week met repetisies vir *Die Reënmaker* in die Nico Malan te begin. As ek die movie-job kry, sal ek dit nie kan doen nie, besef ek. Ek sal Pieter Fourie, hoof van KRUIK se drama-afdeling, moet laat weet – en sommer gou ook – maar ek het ook nog nie die job nie. Daarvoor moet ek drie dae wag en hulle kan nee sê. Ek besluit om in elk geval vir Pieter van my planne te vertel. Hy sou woedend kon reageer, maar tot sy krediet het hy nie.

"Ian, as dit in jou hart is, gaan doen dit dan. Ek sal nie in jou pad staan nie," het hy gesê.

Ek was verbaas oor sy groot mate van begrip. Myns insiens was sy reaksie 'n tipiese Afrikaner-manier om my op 'n vriendelike wyse van my kontrak vry te stel. Wat my veral getref het, was sy woorde "as dit in jou hart is". Tot op daardie stadium was ek gewoond aan die harder strengheid van my Engelse opvoeding en jare by St Andrew's College. In my ervaring is Afrikaners se taalgebruik emosioneler en daarom toon hulle ook makliker begrip. Ek het dit inderdaad in die diepste van my hart gevoel.

Daardie deurslaggewende derde dag wag ek by my foon in die woonstel.

Die jong man is senuweeagtig, nie soseer omdat hy binnekort werkloos kan wees en sy woonstel sal moet opgee nie, maar dat hy gestuit sal word op sy missie om op 'n movie-stel te werk. Ná talle koppies Frisco-kitskoffie is ek so bewerig dat toe die foon lui, ek amper by die kamer uithardloop uit vrees dat ek afgewys gaan word.

"Hallo, is dit Eehan?" vra die stem aan die ander kant.

"Ja! Dis ek, ja."

"Dis Johan van Jaarsveld. Ek en Manie het besluit jy kan op die stel werk as die produksiebestuurder, Richard Green, se assistent. Ons kan jou R120 per week betaal. Is dit genoeg?"

"Ja, dis genoeg. Dankie. Baie, baie dankie!"

"Goed, wees asseblief Saterdagaand by Strandstraat 40 op Pearly Beach vir 'n produksie-byeenkoms."

Toe ek die foon neersit, tintel ek van energie. Dit voel of ek herbore is. Daar was geen twyfel in my gemoed dat ek op 'n groot avontuur vertrek nie.

7
Movie-maak is magies

MANIE VAN RENSBURG SKIET 'N TV-reeks van ses episodes, *Dokter Con Viljee se Overberg*, op Baardskeerdersbos, 'n byna vergete gehuggie in die Overberg waar dit voel of die tyd gaan stilstaan het. Ek, produksiebestuurder Richard Green en Mosie, 'n bruin man van Gansbaai wie se van ek ongelukkig vergeet het, klee die stel in deur meubels van die een huis na die ander te dra. Ons verf mure, verf tennisbane op grasperke, huur perde wat wyn kan drink en sigarette rook, en werf ekstras – die produksie het 'n baie klein begroting.

Ons druk, daaglikse aktiwiteite herinner my aan die werk wat ek op die plaas gedoen het saam met my pa en oom – om die assistent van 'n produksiebestuurder te wees is dus nie so moeilik nie. Die geld is min en die werk baie, maar ek geniet dit. Dit neem nie lank voor ek begin dink dat ek hiervoor gebore is nie.

Om in die teater te werk is lekker, maar ontdek ek nou, in vergelyking met 'n televisie- of filmproduksie, is dit meer soos 'n kantoorjob. As jy in die teater werk, gaan jy elke oggend na dieselfde gebou vir repetisies en elke aand weer terug vir opvoerings. Met buiteopnames vir 'n produksie beweeg jy gedurig van plek na plek, dikwels op plattelandse plekkies waar jy nog nooit was nie. Hierdie jagter-versamelaarbestaan is hemel op aarde vir dié boerseun.

Ek het my Canon 514 XLR Super 8-klankkamera saamgebring en begin 'n dokumentêr skiet van wat vir my 'n wonderlike belewenis is. Vroeg een oggend terwyl ek die repetisies vir 'n besige straat verfilm, waar gehuurde antieke motors op die grondpad verbyry terwyl akteurs met mekaar in die deurkosyne van outydse huise praat, kom klankman Anton van der Linden na my toe.

"Wat de hel doen jy?" vra hy.

"Ek maak 'n movie van ons terwyl ons die movie maak."

"Jy's mal, man. Manie gaan die moer in wees. Stop dit."

Ek besluit dat as die regisseur nie hou van wat ek doen nie, hy dit self vir my kan sê. Ek gaan voort met verfilming en verskuif my driepoot en kamera om dit oorkant die pad op te stel vir 'n wye skoot. Kort daarna kom Manie na my en in die loop van ons gesprek blyk dit hy hou daarvan dat ek ons bedrywighede op film vaslê. Solank ek my werk doen om al die meubels op die stel rond te dra, die matte te vee en beddens op te maak is hy gelukkig.

Die gevolg is dat ek 'n kosbare dokumentêr van ongeveer vyf-entwintig minute het van die verfilming van *Dokter Con Viljee se Overberg*. Stil en toeganklik – dit is die soort mens wat Manie was en dit is waarom mense altyd stil en respekvol en goedgemanierd op sy stelle was.

Een aand, ná die dag se verfilming, is ons in die gehuurde huis op Pearly Beach, 'n kusdorpie naby Baardskeerdersbos, waar die span bymekaarkom vir aandete. Manie en die talentvolle regisseur, vervaardiger en draaiboekskrywer Johan van Jaarsveld is besig om pool te speel terwyl hulle die produksie bespreek. Ek loop verby toe Manie vra: "Hoe's jou Afrikaans, Ian?"

Ek sê ek het dit in die army vlot gepraat, maar my Afrikaans het sedertdien 'n bietjie verroes geraak.

"Ons het ietwat van 'n probleem," sê Manie op sy stil manier. "Een van die hoofkarakters, André Rossouw, is in die hospitaal opgeneem en hy is geskeduleer om môre 'n rol op stel te speel."

"Ons het probeer om 'n ander akteur in sy plek te kry, maar sonder sukses," sê Johan.

"Ons het gewonder, as jou Afrikaans goed genoeg is, sal jy André se rol môre speel?" vra Manie.

Ek hoef nie twee keer te dink nie. "Ek sal dit doen!"

Ek hou my selfversekerd, maar inderwaarheid het ek lanklaas Afrikaans gepraat. Al die teaterproduksies waaraan ek deelgeneem het, was in Engels en al my vriende in Kaapstad is Engelssprekend.

"Jy kan Cousin Johnny môre speel en as die karakter vir my werk, kan jy al André se rolle kry," sê Manie.

In *Dokter Con Viljee se Overberg* is die akteurs op 'n ensemble-manier aangewend, wat beteken dat dieselfde akteurs verskillende karakters speel. Manie sê hy sal die spoedafdrukke ("rushes") bekyk wanneer dit van Irene Studios naby Pretoria op die stel aanland. (Spoedafdrukke is die eerste, ongeredigeerde opnames van 'n dag se verfilming.) Dit sal omtrent drie dae neem.

"Dink jy jy sal met 'n bry kan praat?" wil Manie weet.

Om op dié manier Afrikaans te praat is heeltemal vreemd vir my, maar ek is jonk, arrogant en ambisieus. Toe ek Rhodes Universiteit verlaat, het ek 'n ooreenkoms met myself aangegaan dat ek nooit omrede taal 'n kans sal laat verbygaan om 'n goeie rol te speel nie. As ek dink 'n rol pas my, sal ek 'n manier vind om die taal aan te leer. Nou word my voorneme kwaai getoets. Manie hou my dop terwyl hy aan sy Camel Filter trek en dink moontlik hy het 'n fout gemaak om hierdie plaasseun uit die Oos-Kaap die kans te gee om al die rolle van 'n groot akteur soos André Rossouw te speel.

Ná aandete, toe die meeste van die filmspan reeds huis toe is, gaan ek na Birrie le Roux, die jong vrou wat verantwoordelik is vir die garderobe. Ek het opgelet dat sy met 'n ligte bry praat en vra haar om my te help om dit reg te kry. Sy stem in en ons gaan na my Kombi Camper. Daar sit ons in die fris, sout seelug van die herfsnag en sy wys my hoe om Cousin Johnny se dialoog te doen.

Die volgende oggend dryf ek, aangetrek as Cousin Johnny, 'n donkiekar in die grondpad af en stop op die presiese plek wat vir my aangewys is.

"Môre, tant Sarie, hoe gaan dit vandag?" sê ek met twee r'e wat rol. Oorkant my staan een van die grand dames van die Afrikaanse teater, Babs Laker.

"Môre, Cousin Johnny, dit gaan goed, dankie!"

En so beland ek in die eerste televisietoneel van my lewe.

Drie dae later kom die spoedafdrukke terug en ek wag gespanne buite in die donker. Gaan Manie dink my spel is goed genoeg om al André se rolle oor te neem? Manie het nooit toegelaat dat akteurs na spoedafdrukke kyk nie. Later toe ek hom beter leer ken, het hy my vertel hoekom.

"Akteurs kan nooit objektief wees as hulle na 'n toneel kyk waarin hulle is nie, want hulle is veels te gefokus op hulself."

As daar iets is wat 'n bepaalde akteur moet sien, sal Manie hom nooi vir 'n een-tot-een-sessie. Dan speel hy die film op die redigeerbank en wys dit uit waarvan die akteur moet kennis neem. Dit was die enigste keer wat hulle die spoedafdrukke sou kon sien.

Toe die span uitkom, lyk dit of hulle gelukkig is met wat hulle gesien het. Tot my groot verligting is Manie tevrede met my vertolking en hy sê ek kan al André se rolle oorneem. By verstek word ek 'n televisie-akteur. Daar is vlinders in my maag en dit voel of hulle vrolik rondfladder met sakkies vol ryk, geel stuifmeel gemeng met heuning.

Natuurlik het die feit dat ek nou 'n akteursrol het, nie beteken dat my ander job opgeskort is nie. Ek, Richard en Mosie is agtien uur per dag aan die gang, sewe dae van die week. Elke oggend kom ons eerste aan op die stel waar ook al geskiet word in en om Baardskeerdersbos, terwyl die vroeëmôremis nog oor die omgewing hang. Ek maak dan hout bymekaar en steek 'n vuur aan, want wanneer Manie om sewe arriveer, is dit gebiedend noodsaaklik dat hy 'n beker warm koffie in sy koue hande het om sy Camel Filter-sigaret geselskap te hou. Die begroting is so klein dat ons nie eens 'n elektriese urn het nie en ek moet 'n groot pot water op die vuur kook. Dit is tweede natuur vir my sedert my Jagter-Versamelaardae.

Ek het nog altyd daarvan gehou om besig te wees en om die assistent van 'n produksiebestuurder te wees, herinner my aan plaaswerk in die Katriviervallei. Maar toneelspeel is die hoogtepunt. Binne vyf weke het ek gevorder van vir Richard Grant vertel dat ons *Chinchilla* gaan opvoer, selfs al moet ons akteurs van die strate af kry, tot een van die hoofrolle in 'n TV-reeks speel wat geregisseer word deur een van die talentvolste mense in Suid-Afrika. Holderstebolder maak my nie bang nie.

Ná die verfilming op Baardskeerdersbos gaan ek terug Kaapstad toe en raak weer betrokke by die Troupe Theatre Company. Elke aand gaan draf ek ná repetisies op die Pipe Track aan die westekant van Tafelberg, bokant Kampsbaai. Klokslag versteur ek 'n trop tarentale wat opvlieg en met skor krete hul misnoeë verkondig.

Terwyl ek teen die berghang hardloop, dink ek dikwels aan die bosoorlog in Rhodesië. Ek ken mense wat in daardie oorlog veg en ek was baie na daaraan toe ek in 1972 saam met my destydse meisie se gesin deur Rhodesië gereis het. Ek probeer my 'n familie tarentale indink wat probeer om in vrede te leef in die bos daar, maar ervaar dat

Op die stel van *Dokter Con Viljee se Overberg* met Manie van Rensburg (heel links) en die vervaardiger Johan van Jaarsveld.

hul wêreld telkens deur die oorlog verwoes word. Dink die politici en generaals wat die oorlog vanuit hul kantore bedryf ooit aan die siele van tarentale? Dink die mensdom ooit aan koedoes, leeus of olifante as hulle oorlog maak?

Ek besluit dat die tarentale in my volgende toneelteks hul saak moet stel. Vanselfsprekend het my betrokkenheid by die produksie van *Metamorphosis* my ook beïnvloed. Ek begin gedrewe skryf op 'n tweedehandse, draagbare Olivetti-tikmasjien wat ek êrens bekom het. Nadat ek een-en-twintig bladsye geskryf het, vertel ek Richard van my teks en hy stel dadelik belang om dit te lees. Ek is 'n bietjie skaam oor die armsalige stapeltjie papier, maar as daar iemand in die wye wêreld is wat die idee verder sal voer, is dit die geweldig verbeeldingryke Richard Grant. Ek gee dit dus vir hom. Die volgende oggend lui my foon. "Baalie, dis fantasties. Ek hou baie daarvan! Ons gaan dit opvoer!" sê Richard.

In die produksie word Henry Goodman, Fiona Ramsay, Fred Abrahamse, Hilary Jones en Bryony Mortimer tarentale op die verhoog.

Onder die leiding van Henry, wat 'n uitsonderlike mimiekkunstenaar is, boots hulle op 'n vindingryke manier die beweging van tarentale se koppe na en hoe hulle vinnig op presies dieselfde oomblik wegskarrel, asof hulle 'n onhoorbare bevel volg en dan saam in dieselfde rigting vlug. Ek, Joko Scott, Lammie Shoba en Neil McCarthy speel die mense (soldate en guerrilla-vegters) wat hul wêreld binnedring.

Die repetisies is moeilik, met die teks wat geleidelik ontwikkel. Beledigings word gereeld rondgeslinger, maar op die een of ander manier – en te danke aan Richard wat die skip soos 'n onverskrokke stuurman beheer – val dinge nooit uitmekaar nie.

Een aand ná 'n repetisie, terwyl ons in Langstraat afstap op pad huis toe, word Lammie Shoba met 'n lang, blink mes gedreig deur 'n afgesête minnares. Maar Lammie is rats en spring agter 'n kar in en bly al daaromheen ronddraai sodat sy nie naby aan hom kan kom nie. Hy lag terwyl die vrou hom vloek. Vir my is dié insident nogal simbolies van ons stormagtige repetisies.

Een ding wat ek oor my loopbaan kan sê, is dat met elke produksie – hetsy teater of film – waar alles vriendelik en vlot verloop het, die resultaat 'n goedgebalanseerde maar wesenlik oninteressante produk was wat nie gehore kon lok en inspireer nie. Natuurlik waarborg dit nie dat alle produksies wat moeilik is om tot stand te bring, gaan slaag nie.

Guinea Fowl ontlok lowende kritiek en die stuk doen goed. 'n Persoonlike hoogtepunt is toe die onberispelik geklede en innemende akteur Michael Atkinson my by die openingsaandpartytjie nader. "Hallo, liewe Ian," sê hy in die strelende maar resonante stem van 'n hoofrolspeler. "Ek moet erken dat ek betower was deur jou tarentale. Baie dankie en welgedaan!" Op daardie stadium was Michael, wat in Brittanje gebore is en voorheen lid was van die Royal Shakespeare Company, op die hoogtepunt van sy roemryke loopbaan as akteur en regisseur in Suid-Afrika.

Ná *Dokter Con Viljee se Overberg* maak ek nog sewe rolprente en TV-reekse in 'n ry saam met Manie van Rensburg en in dié proses leer ek hom baie goed ken. Dit is 'n durende droom van my om iets van wat ek by hom geleer het oor te dra aan studente by film- en toneelskole. Een ding wat ek hulle sal vertel, is dat toneelspel soortgelyk is daaraan om met lemoene te boer. In die somer werk jy hard terwyl almal op die strand lê, en in die winter oes jy. En wat jy oes, word direk bepaal deur hoe jy die boord in die somer voorberei het.

In daardie dae het akteurs dikwels nie oudisies gedoen om 'n rol in 'n TV-reeks of rolprent te kry nie, selfs vir 'n hoofrol. 'n Regisseur sou jou op die verhoog sien optree en op grond daarvan besluit of jy 'n spesifieke rol kan speel. Dit is 'n besonder gesofistikeerde benadering. Waarom die misterie wat 'n akteur in 'n rol kan optower, besoedel met 'n reeks onbevredigende oudisies?

Manie het die spelpotensiaal van spelers as 'n soort heilige graal van die rolprentbedryf beskou. Dikwels is hy deur die produksiespan aangepor om 'n klein kamee-rol te speel, soos Alfred Hitchcock, Luis Buñuel en talle ander regisseurs. Maar Manie het altyd botweg geweier. Vir hom was die wêreld van akteurs en aktrises heilig; die terrein voor die kamera was heilige grond wat hy nooit sou betree nie.

Volgens Manie se beskouing was die akteur se interpretasie van 'n toneel sy saak. Dit was ten volle sy verantwoordelikheid. Hy het verwag dat die akteurs hul werk by die huis moet doen om die tonele vir die volgende dag te visualiseer en om voorbereid op te daag. Dit is om dié rede dat hy selde, indien ooit, probeer het om 'n akteur voor te sê of te wys hoe om 'n toneel aan te pak. Die verste wat Manie sou gaan, was om 'n akteur te vertel wat omtrent sy spel nie werk nie. Dan maak hy nog 'n opname om hom die kans te gee om dit reg te stel. Dit het beteken dat as 'n akteur of aktrise dit om een of ander rede nie regkry nie, Manie hulle op die ou end moes afdank.

In 1986 terwyl ons die SAUK TV-reeks *Heroes* skiet, doen die drie hoofrolspelers – ek, Neil McCarthy en Carol Ann Kelleher – 'n openingstoneel waarin sy uit haar huis kom om Neil en my karakter te ontmoet. Dit is 'n verwikkelde toneel met talle nuanses. Dit was ook baie belangrik, want dit was die voorbereiding vir hoe hul verhouding in die volgende vyf episodes van die reeks sou ontwikkel. Soos die Amerikaners sê, dis 'n "money scene". Dit móét werk om die reeks te laat slaag.

Manie het een van sy lang, komplekse volgskote opgestel, met die kamera wat tussen ons inbeweeg vir 'n tweeskoot, om dan oor te gaan in 'n enkelskoot op 'n bepaalde akteur vir 'n spesifieke stuk dialoog, voor dit wegbeweeg om ons almal, terwyl ons loop, in 'n drieskoot vas te

Grant en Goodman tref weer die kol

GUINEA FOWL, Images of Africa, deur Ian Roberts, opgevoer deur die Troupe Theatre Company onder regie van Richard Grant, met Henry Goodman (Dada), Fiona Ramsay (Memi), Hilary Jones (Dutu), Bryony Mortimer (Moni), Fred Abrahamse (Preki), Lammie Shoba, Neil McCarthy, Noel Makinana en Ian Roberts; dekorstelle en maskers deur Fred Abrahamse en kostuums deur Birrie le Roux. In die Volksruimte.

DIE Volksruimte het in die afgelope jaar of wat 'n hele paar opvoerings van baie hoë gehalte gelewer, veral dié waarin Henry Goodman en Richard Grant 'n rol gespeel het. Hierdie twee toneelmense – akteurs of regisseurs kan 'n mens hulle nie sonder verdere verduideliking noem nie – skep altyd iets besonders, iets opwindends en boweal iets afgeronds.

PROFESSIONEEL

Guinea Fowl is nog eens 'n professionele stuk werk waarin woord, beeld en beweging tesame met die visuele voorstelling tot eenheid gevoer is. Die afronding getuig van groot presiesheid in die voorbereiding en van samewerking tussen al die betrokkenes.

Die feit dat die skrywer, Ian Roberts, ook 'n rol in die stuk vertolk en dus byderhand was dwarsdeur die voorbereiding, het sekerlik daartoe bygedra dat die finale produk so puik is.

KRAGTOER

Henry Goodman het met sy mede-tarentale 'n kragtoer uitgevoer. Die groep voëls, waarnemers van en kommentators oor die beeïde van Afrika wat voor hulle (en die gehoor) afgespeel word, het met woord en dikwels net voëlgeluid die aanskouer op die punt van die stoel gehou, end-uit. Die manier waarop die tarentale beweeg en skreeu, was presies reg, en soos 'n mens in 'n goeie professionele opvoering sou verwag, van begin tot end op peil.

Die ander spelers het elk 'n verskeidenheid van rolle vertolk en deur die bank uitgeblink. Lammie Shoba se boesman, Goodwill én terroris is elkeen rääk gesien en Fred Abrahamse het naas sy rol as tarentaal, ook die terroris, bewaarder, soldaat en klerk met groot oortuiging gespeel.

HOOGTEPUNT

Noel Makinana het Joko Scott in 'n drietal rolle vervang – Scott is ongesteld – en pragtig by die patroon van die stuk ingepas, met sy vertolking van die toordokter allig sy beste.

Ian Roberts het soos 'n gesoute akteur opgetree en sy uitbarsting in Xhosa was asembenemend.

Maar dié hoogtepunt is gelewer deur Neil McCarthy,

---- **Deur VICTOR HOLLOWAY**

wat onlangs die Fleur du Cap-prys vir die belowendste student van 1980 verwerf het. Hy het 'n vyftal rolle gespeel, maar niks beter as sy vertolking van die soldaat aan die grens nie.

Dié kêrel, vol bravade, maar met groot vrees wat geleidelik na vore kom en hom uiteindelik tot die rand van ineenstorting voer, is 'n stuk toneelspel van die hoogste gehalte.

KEUSE

'n Mens kan beswaar hê teen Roberts se keuse van "beelde", spyt wees oor die afwesigheid van ander. Maar wat hy en sy spelers wel aangepak het, word deurgevoer met groot intensiteit en oortuiging. Dit betrek die aanskouer deurentyd en boei hom 'n paar uur lank in die teater – en langer daarbuite.

Grant se regie is uitstekend, en Goodman se "choreografie" van die tarentale merkwaardig.

Elkeen wie se belangstelling in die toneel verder strek as kanaries en kaal meisies, moet na *Guinea Fowl* gaan kyk – dis 'n toneelervaring.

AMONG the cast of Ian Roberts's new play, The Guinea-Fowl, which opens at The People's Space on March 13, are (from top) Fiona Ramsay, Henry Goodman and Hilary Jones.

The play, presented by Troupe Theatre Company and directed by Richard Grant, is about 'change in Africa' and has a cast of black and white actors. There will be previews on Wednesday and Thursday next week.

Another South African playwright whose work will be seen at the theatre in the coming months is David Lan, who has scored major successes at London's Royal Court Theatre. His *Painting A Wall*, *Sergeant Ola* and *Red-Earth* have been 'scooped' by The People's Space, and will have their first South African performances at the theatre, under director Mike

'n Resensie van die toneelstuk Guinea Fowl, *wat ek as 'n jong akteur geskryf het.*

IS DIT JÝ?

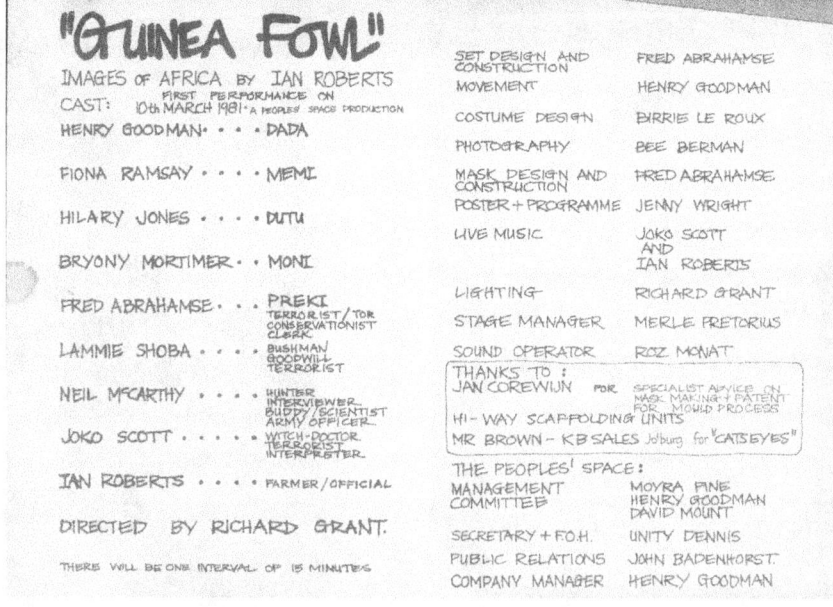

Die program vir *Guinea Fowl*, wat deur Richard E. Grant geregisseer is en waarin onder andere Fiona Ramsay een van die hoofrolle vertolk het.

vang. Dit sou nog een van sy kenmerkende lang, bewegende skote wees wat in een opname gedoen moet word. Ons het geweet ons jobs is in gevaar as ons dit nie op elke punt regkry en foutloos uitvoer nie.

Ons doen die eerste opname en dit lyk of alles perfek verloop, maar snaaks genoeg sê Manie ons moet nog 'n opname doen. Ons doen dit weer, maar om een of ander rede is Manie steeds nie tevrede nie. Hy verander sommige van Carol Ann se bewegings en vra vir 'n derde opname. Ek loer na klankman Anton van der Linde, met wie ek toe reeds vyf Manie-movies gemaak het, en hy knik onderlangs vir my – ja, iets groot is verkeerd.

Ná die derde opname sê Manie: "Goed, mense, dis genoeg vir vandag."

Vir 'n oomblik staan almal oorbluf rond. Dit is nog nie eens tyd vir middagete nie en ons is klaar vir die dag? Ons kyk hoe Manie rustig na die Kombi loop wat hom huis toe neem.

Ek is opgewonde om 'n halwe dag af te kry en besluit om die branders te gaan ry by Muizenberg. Daardie aand kom ek terug by my suster Jane se plek in Pinelands waar ek loseer. Kort daarna lui die foon en sy tel op. "Dis vir jou, Boet."

"Eeehan?" hoor ek die kalm stem.

"Ja, Manie?"

"Ons moet praat. Kan jy hier na my toe kom?"

Ek sit die gehoorbuis neer en het 'n slegte voorgevoel. Ek is oortuig hy gaan my fire. Ek begin nadink oor wat met my spel verkeerd is terwyl ek met De Waalrylaan na sy huis in Tuine ry, waar hy saam met sy vrou, die aktrise Grethe Fox, woon. Ek weet nie wat om te dink toe ek teen die steil ou krakende houttrap die hele ent tot by die studeerkamer uitklim nie. Daar staan Manie en wag met 'n bierglas vol J&B-whisky. Die ys tinkel welsprekend in die borrelende sodawater.

Die whisky is net om die hou te versag, dink ek terwyl ek die glas by hom vat. Hy kyk na my met 'n fatalistiese uitdrukking in sy oë.

"Gesondheid," sê Manie, nou met 'n samesweerderige vonkel in sy oë. "Sy moet gaan." Hy sê dit saggies, maar met 'n definitiewe finaliteit. Dit is nie my agterent wat gefire word nie, maar die welgevormde een van die pragtige Carol Ann Kelleher.

Hy word al meer die windmakerige seerowerkaptein van die oop oseane waar sy movie sy skip is en hy weet wanneer hy nie in 'n sekere rivier wil opvaar nie. Ek vat 'n diep teug van die bleek J&B en voel hoe die sodawater my keel prik. Die verligting spoel deur my.

Manie sug en gaan voort: "Ek het 'n groot fout gemaak, Ian. Ek het haar in 'n stuk by die Market Theatre in Johannesburg gesien en gedink sy is perfek vir die rol van Isadora. Maar sy is nie."

"Sorry, man, Manie," sê ek, onseker van wat ek moet doen.

"Jy weet nie dalk van 'n aktrise wat reg sal wees vir die rol nie?"

Ek is verstom. Die meester neem my in sy vertroue. Toevallig weet ek van iemand wat perfek sal wees vir die rol en, meer nog, al woon sy in Johannesburg is sy op die oomblik in Kaapstad.

"Ja, ek het 'n naam vir jou …"

"O ja?" Manie se wenkbroue lig en die ys klingel soos hy 'n lang sluk vat.

"Haar naam is Terry Norton en sy is 'n briljante aktrise. Gelukkig is sy nou in Kaapstad en nie besig met iets nie."

Manie dink 'n oomblik na – die seerower wat die inligting van sy informant oorweeg en wonder of hy dit kan vertrou. Skielik glimlag hy en kyk na sy horlosie.

"Terry Norton, sê jy …" Hy gee vir my die telefoon aan wat teen die muur geïnstalleer is. "Bel asseblief meneer Green en vra hom of hy dadelik hierheen sal kom."

Selfs al voel ek jammer vir Carol Ann, moet ek erken hierdie agter-die-skerms-gekonkel is nogal opwindend. Dit help baie dat ek nie aan die ontvangkant is nie! Gou-gou arriveer produksiebestuurder Richard Green en, al is dit naby middernag, kry hy ook 'n bierglas vol J&B en sodawater.

Manie verduidelik die situasie vir hom en vra Richard om Terry te bel en haar die rol van Isadora aan te bied.

"Maar Manie, dis middernag," protesteer hy.

"Ek weet, Richard, maar soos jy weet, is dit baie belangrik."

Tot ons verligting antwoord Terry haar foon en toe sy hoor wie die regisseur is, stem sy daar en dan in om die rol te speel. Richard is terug huis toe na sy vrou, en ek en Manie druk die aluminiumprop van 'n nuwe literbottel J&B plat en gooi dit by die venster uit. Terwyl ons tot in die vroeë oggendure praat, het die wysers van die horlosie teen die muur niks meer vir ons te sê nie.

Die aktrise Grethe Fox en Manie van Rensburg by hul huis in Kaapstad. Foto: Gallo Images

Manie vertel my hoe verskriklik dit hom laat voel om 'n aktrise in 'n hoofrol af te dank. Natuurlik weet hy dat alle hel gaan losbars wanneer Carol Ann daardie dag die nuus hoor.

"Ek weet nie hoekom akteurs kwaad word as ek hulle fire nie. Ek sê altyd: 'Ek's baie jammer, dis nie julle wat die fout gemaak het nie, maar ek.' Ek was die een wat kak aangejaag het toe ek haar die rol gegee het. Sy is eenvoudig nie geskik daarvoor nie. Ek weet nie presies wat dit is nie, want sy was baie goed op die verhoog. Maar as jy haar in 'n raampie plaas, is daar niks omtrent haar wat vir my 'Isadora' sê nie. As ek 'n akteur was en die regisseur sê vir my hy het 'n fout gemaak, ek is nie reg vir die rol nie, sal ek maar te bly wees om van sy movie-stel pad te gee."

Ons gesels tot die son opkom oor die berge bokant Sir Lowry's-pas en toe die Kombi opdaag voor die huis, maak ons ons glase leeg en klim af teen die trap tot op straatvlak. Ons klim in en word na die stel geneem

IS DIT JÝ?

om volgens 'n roepskedule te skiet wat haastig saamgestel is om nie die hoofrolspeelster in te sluit nie.

Die volgende dag is die vars gekostumeerde Terry Norton op stel. Terry het haar goed van haar taak gekwyt en Manie se besluit is reg bewys.

'n Paar jaar later, in 1990, beleef ek 'n soortgelyke situasie op die stel van die rolprent *The Fourth Reich* wat handel oor die Suid-Afrikaanse bokser en Nazi-ondersteuner Robey Leibbrandt. Hy het militêre opleiding in Duitsland ondergaan aan die begin van die Tweede Wêreldoorlog en is na Suid-Afrika gestuur om kontak te maak met pro-Duitse organisasies en om sabotasie te pleeg.

Ek arriveer 'n week nadat die verfilming begin het in Oudtshoorn, maar daar gaan niks aan op stel nie. Manie het blykbaar besluit dat hy nie van die hoofrolspeler, Paul Herzberg, hou nie. Hy is 'n Suid-Afrikaans gebore akteur wat in Engeland woon. Om Herzberg te gebruik was deel van die ooreenkoms toe Manie die aanbod aanvaar het om die film te regisseer, maar nou sê hy Herzberg is nie reg vir die rol van Robey Leibbrandt nie.

Manie is onversetlik: "Ek wil nie die movie maak met hom in die hoofrol nie – so, een van ons twee sal moet gaan."

Toe ek by Manie uitkom, kla hy dat Herzberg geen idee het hoe om 'n Boer te speel nie. Herzberg weet nie wat dit beteken om in die stowwerige veld gebore te word in 'n wêreld van swaarkry en om met 'n oupa en ouma groot te word wat, ná die vernederings van die Anglo-Boereoorlog (1899-1902), geforseer is om in die hoek van die klaskamer te staan met 'n stommerikhoed op omdat hulle nie Engels kon praat nie. Manie wil Herzberg vervang met Ryno Hattingh wat weet waar Leibbrandt vandaan kom, te danke aan sy Afrikaner-agtergrond, en intuïtief sal verstaan hoe om die rol te speel.

Uiteindelik besluit die vervaardigers dat die hoofrolspeler moet gaan sodat Manie as regisseur behou kan word. Richard Green het my vertel hoe hy die moerige Herzberg na die Kaapstadse lughawe moes neem en Ryno, sy plaasvervanger, optel wat terselfdertyd vanuit Johannesburg aangeland het.

Deesdae is baie regisseurs bang om hul intuïsie of die gevoel op die krop van hul maag te volg wanneer hulle 'n akteur moet kies. Weens die moderne tegnologie is hulle ook nie meer in voeling met daardie kropgevoel nie.

Dit het byvoorbeeld sedert die Covid-19-pandemie die norm geword om oudisies via WhatsApp te doen. 'n Regisseur sal iemand in 'n rol plaas, sonder om ooit in die akteur se fisieke teenwoordigheid te kom. Verder is hulle al hoe versigtiger om artistieke waagstukke aan te gaan, want as hulle afwyk van die norm en dit tot mislukking lei, loop hulle die gevaar om op sosiale media tereggestel te word, met hul ondergang wat viraal versprei. Die sosiale media hang oor mense se koppe soos 'n swaard van teregwysing en gooi 'n kombers van alledaagsheid oor almal.

Ek het ook begin agterkom dat regisseurs dikwels nie seker is van wat hulle doen nie. Oudisies gee hulle dan die kans om te sien watter moontlikhede daar is. Maar as die X-faktor van 'n akteur se spel opgebruik word in uitgebreide oudisies, sal die akteur nie meer in staat wees om dié magie weer op te tower wanneer die toneel êrens in die toekoms geskiet word nie.

Baie jare later lê ek 'n oudisie af vir *Coup!*, 'n BBC-movie oor die mislukte staatsgreep in Ekwatoriaal-Guinee in 2004 deur die Britse oud-SAS-lid Simon Mann en die Suid-Afrikaanse huursoldaat Nick du Toit. Ek word getoets vir die rol van Du Toit. Die regisseur is Simon Cellan Jones en by hom is 'n vroue-vervaardiger wie se naam ek vergeet het. Die oudisies kom en gaan, maar ek hoor niks van hulle nie. Nou ja, nog een wat ek nie gekry het nie, dink ek. Maar ek is tog teleurgestel, want Suid-Afrikaanse akteurs balanseer op 'n dun finansiële koord en die BBC betaal goed.

Toe, omtrent twee weke later, bel die vervaardiger om nog 'n afspraak met my te reël. Terwyl ons oor 'n koppie koffie gesels, sê sy: "Ian, ek het weer na jou oudisies gekyk en, eerlikwaar, ek dink jy steek iets weg."

Natuurlik het ek iets weggesteek! Ek sê ek het die X-faktor teruggehou; ek bêre dit vir wanneer ek voel dit kan bydra tot die trefkrag van die movie, nie die oudisie nie. Geseënd is die vroue van die wêreld wat dikwels die gawe het om my slenters raak te sien en dit te openbaar. Ek lê weer 'n oudisie vir haar af en sy oorreed die regisseur om my vir die rol te kies.

Dit wat betref oudisies. Beroemde regisseurs soos Manie van Rensburg, Dirk de Villiers, Jan Scholtz en John Rogers het dit nie nodig gehad nie.

Ek was besonder bevoorreg om met hulle te kon saamwerk en by hulle te leer. Sulke regisseurs, wat dit kan regkry om die growwe kante van hul eiesoortige persoonlikhede te behou, word al hoe skaarser. Om die waarheid te sê, soos daardie karre waarvan die enjins nog net aan die loop bly met moersleutels en skroewedraaiers, is hulle op die rand van verdwyning.

8
Wat Manie van Rensburg my geleer het

OM MOVIES TE MAAK IS oor die algemeen nie maklik nie, en dit behoort ook nie te wees nie. Wat movie-makers uit die lewe probeer optower, is die kamma-kamma. Hulle is betrokke by 'n fantasiespel waarin hulle jou in die storie moet laat glo wat hulle opdis. Daar is so baie veranderlikes, soveel dinge waaroor 'n movie-maker nie beheer het nie, dat dit hoogs onseker is of al die harde werk uiteindelik vrugte sal afwerp en die movie iets sal wees wat kykers sal vermaak en moontlik selfs sal geld maak.

Buiten alles wat hy my geleer het van toneelspel in movies, het Manie van Rensburg my ook 'n waardevolle les omtrent die kuns van regisseer geleer. Regisseurs is altyd in die middel van sake en op 'n rolprentstel het hulle die finale verantwoordelikheid. Een nag, nadat ek en Manie diep in 'n paar J&B-bottels gekyk het, het hy my iets vertel wat hy op die harde manier geleer het. Teen daardie tyd het hy begin om my "Ou Grote" te noem.

"As jy ooit 'n regisseur word, Ou Grote, sal daar 'n dag op die stel kom wat jy doodgewoon nie weet wat om te doen nie. Jy sal dom en ontoereikend voel en selfs die span sal jou nie kan help nie. Nie dat hulle dit hoef te doen nie – jy's die regisseur en word die meeste geld betaal. As dit gebeur, Eehan, moet jy die volgende doen … Roep die fotografie-regisseur en sê hom hy moet die filmspan bymekaarkry – hulle sal daar rondhang en wag vir opdragte – om 'n driepoot te gaan opstel."

"En waar moet hulle dit gaan doen?" vra ek.

"Sê net 'daar anderkant' en wys in enige rigting wat reg lyk. Dan sê jy vir die grips om die kamera op die driepoot te sit. Terwyl hulle dit doen, sal dit vir jou duidelik word hoe jy die toneel moet raam en skiet. Dit het nog altyd vir my gewerk."

IS DIT JY?

Ek kon Manie se raad op 'n keer uittoets. Dit was in 1983 toe ek in 'n SAUK-produksie op Port St Johns gespeel het. Ná ons ongeveer reeds twee weke aan die skiet was, kom ek een oggend omstreeks tienuur by Second Beach aan, want ek was nie in die eerste toneel nie. Daar vind ek die span wat in die halfskadu luier.

"Hoekom skiet julle kêrels nie?" vra ek.

Hulle wys na die strand waar die regisseur, Ralph Mogridge, met sy arms gevou staan en staar oor die oseaan, met sy rug op die movie wat hy probeer maak.

"Hy is heeltemal gefok," sê die ou wat die klapperbord vashou.

"Ja, hy is glad nie lekker nie," voeg die kontinuïteitsvrou by. "Hy sê dis alles te veel vir hom."

Manie se woorde kom by my op terwyl ek oor die songebakte sand na ons regisseur loop.

"Môre, Ralph."

Hy kyk vinnig na my toe ek langs hom kom staan en kamma ook oor die oseaan uitkyk. Ek sien hy het trane in sy oë en lyk verslae. Ralph is 'n saggeaarde man.

"Ian, ek is raadop. Ek weet nie meer wat om te doen nie."

"Wel, ek weet wat jy kan doen, Ralph ..."

Hy kyk na my met 'n "dit-beter-donners-goed-wees"-uitdrukking in sy oë, rooi van moegheid en moedeloosheid.

"O ja, en wat's dit?"

"Laat Peter Kuchenmeister sy fotografiespan aansê om die driepoot uit die beligtingslorrie te kry en dit daar anderkant op te stel," sê ek en wys na 'n stuk seewier wat eensaam op die strand omtrent 20 voet van ons af lê. Ralph se uitdrukking verander na een van ongeloof.

"Jy bedoel daardie stuk seewier dáár?"

"Ja. En dan sê jy vir Peter dat sy span die kamera bo-op die driepoot moet installeer."

Teen dié tyd is Ralph nuuskierig. "En dan?"

"Dan sal dit vir jou duidelik word hoe om die toneel te skiet."

Ek loop weg om 'n koppie koffie te gaan kry, terwyl hy 'n rukkie bly staan om sy trane af te vee. Skielik draai hy om en roep na Patrick Ndlovu, die eerste-assistent-regisseur.

"Patrick, sê vir Peter hy moet hierheen kom, asseblief."

Ralph vertel vir Peter wat hy moet doen en die span raak besig. Ralph is nou weer die baas en hy roep die aktrise na om toe.

"Maralyn, ek dink jy moet na die kamera aangestap kom vanaf die rotse daar anderkant. En jy, Mbaza, wag hier by my en wanneer ek wys, dan loop jy na Maralyn toe met die mosselskulpe in jou hande." Mbaza is 'n plaaslike Xhosa-man wat die rol van die strandloper speel.

Binne 'n paar minute is daardie spesiale betowering terug wat uniek is aan 'n movie. Die magiese woorde wat ons teruggebring het op die spoor, was nie myne nie, maar Manie van Rensburg s'n.

In daardie dae was daar nog iets magies wat op die stel ervaar kon word – ten minste deur die regisseur en produksiespan. Met die SAUK-produksie op Port St Johns byvoorbeeld, moes die opgeneemde film ná sêmaar drie dae verpak word en na Umtata geneem word. Vandaar word dit Johannesburg toe gevlieg en vandaar word dit dan na Irene Studios geneem, waar die film ontwikkel en spoedafdrukke gemaak word. Dan word dit teruggestuur. Wanneer die verfilming in 'n afgeleë plek soos Port St Johns plaasvind, neem dit omtrent vier dae vir die spoedafdrukke om daar uit te kom.

Hierdie tydsverloop skep 'n toenemende en onuitgesproke afwagting, 'n opgewondenheid om skote te sien wat al byna vergete is. Ongelukkig het die koms van video-programmatuur dié gevoel van afwagting laat verdwyn. Regisseurs soos Manie het langs die kamera gestaan om te kyk hoe die toneel voor hul oë afspeel, en was dus deel van die onmiddellike gehoor vir die akteurs. Deesdae is die regisseurs nie meer langs die kameras te sien nie. Hulle sit gewoonlik in tente met net soveel videoskerms as wat daar kameras is. Myns insiens het die tegnologie die onderbewuste dinamiek en magie gesteel van die lewende optrede wat rolprentstelle besiel het. Sover dit die vermoë om daai betowering te skep aangaan, dink ek die sogenaamde tegnologiese vooruitgang is tragies retrogressief. Deesdae staan ek meestal ver weg en kyk hoe akteurs, op soek na onmiddellike bevrediging, om die video-kykweer saamdrom om te sien hoe 'n toneel lyk wat kort tevore geskiet is. Toneelspel het gesentreer geraak in denke en analise; die binnegevoel het vergete geraak.

Dit is absoluut belangrik vir 'n akteur om kritiek te kan hanteer. Jy moet dit vroeg reeds leer en, nog belangriker, om objektief daarop te kan

Saam met Desiree Freshwater en haar broer, wat ek leer ken het toe ek aan 'n SAUK-produksie op Port St Johns geskiet het. Foto: Desiree Freshwater

reageer. Raak óf gekonfyt daarin óf gee die hel pad uit die bedryf, want 'n akteur kan nooit objektief na homself kyk in die groter konteks van 'n toneelstuk of movie nie. Dit maak nie saak hoe goed jy is nie, in jou strewe na uitnemendheid *moet* jy na die regisseur luister. My maatstaf vir hoe goed 'n akteur is, lê in hul vermoë om aan te pas by die situasies waarmee hulle gekonfronteer word. Byvoorbeeld, as jy op die stel aankom met 'n totaal ander idee van die karakter wat jy wil uitbeeld as wat die regisseur van jou verwag, hoe gou kan daar dan 'n kompromis bereik word?

Op 'n stadium in 1986, terwyl ek aan Manie se TV-reeks *Heroes* gewerk het, het ek vanweë 'n tekort aan terugvoering begin wonder of dit wat ek doen in die kol is. Ek het geweet dat Manie buitengewone bewondering het vir akteurs en daarom onwillig is om kommentaar te lewer of selfs leiding te gee. Hy het een keer vir my gesê: "Ek sal enigiets doen om die wêreld te skep waarin akteurs vrylik kan beweeg, en dan hang dit van hulle af."

En toe een oggend sê hy vir my: "Daar's iets wat ek jou op die rushes wil wys."

Ons gaan na die redigeersuite, ingerig in 'n gehuurde huis in die klein dorpie Philadelphia waar ons aan die skiet is. Die redigeerder sit die spoedafdruk van 'n toneel in die masjien en verlaat die vertrek. Ek en Manie kyk hoe ek 'n motorwerktuigkundige vertolk wat in 'n garage werk wat deur 'n Joodse man besit word, gespeel deur Percy Sieff. Aan die einde van die toneel trek Manie lank en diep aan sy Camel Filter.

"Ek voel jy speel die man asof hy 'n bietjie dom is, ietwat stadig. Wat dink jy?"

Ek sien wat hom pla en vertel hom ek het my karakter gebaseer op Kenny Quin, 'n werktuigkundige by die Mitchell's Ford-garage in Fort Beaufort, die dorp wat die naaste aan my pa se plaas is. Daarmee het ek Manie by my geheim ingelaat van hoe ek by my karakterisering uitgekom het. Hy was gefassineer deur my truuks soos wat net 'n ander skelm kan wees.

Ek het die tegniek ontwikkel om my karakterisering op iemand te skoei wat ek in die werklike lewe ken. Dit is nie subtiele nabootsing nie, maar eerder om my kennis van daardie persoon soos 'n spook in my gemoed op te roep en dit dan te gebruik as die prikkel vir my uitbeelding. Manie het gesê hy hou van wat ek doen, maar wil my net daarop wys dat my karakter nie as dom moet oorkom nie. Die storie maak nie voorsiening daarvoor nie. Ek het hom vir sy leiding bedank en veranderings in my karakterisering aangebring. Die movie kom altyd eerste.

Oor die algemeen het die meeste Suid-Afrikaanse televisie- en rolprentproduksies klein begrotings. Een van die talle gevolge hiervan is dat akteurs nie soos Hollywood-sterre gepamperlang word nie. Ons het byvoorbeeld nie elkeen 'n private karavaan op stel waarin jy jou kan terugtrek nie. Deur die jare waarin ek karavaanloos moes werk, het ek 'n aantal truuks ontwikkel om die magie te bewaar. Ek het maniere ontdek om 'n karavaanruimte om my te skep.

Ek sal byvoorbeeld doelbewus van die stel wegbly om te verhoed dat daardie brose "iets" wat ek soms in my voel vertrap word deur die banale gesprekke oor 'n koppie koffie terwyl ons wag dat die beligting geïnstalleer word. Uitsonderlike regisseurs soos Manie van Rensburg het 'n soort sesde sintuig in dié verband. Hulle weet klaarblyklik wanneer jy as akteur met rus gelaat moet word en sal jou nie roep vir 'n dikwels onnodige repetisie wat daardie ontwykende magie sal laat verdamp wat in jou aan die broei is nie.

In 1981 is ek gekies om Hermaans Cronjé in *Verspeelde Lente* te speel – 'n verwerking vir televisie van Jan van Melle se roman. Dit vertel die

Voor die verfilming van *Verspeelde Lente* het ek by 'n familie in die Tankwa-Karoo gaan bly om my Afrikaans te verbeter. Hier speel ek rond op 'n verlate ou bus in die Tankwa.

storie van Pop le Roux, 'n pragtige maar arm meisie, gespeel deur Elize Cawood, wat met 'n ryk boer trou in plaas van die man wat sy liefhet, die bywoner Hermaans. Dit is in die Tankwa Karoo verfilm. In 'n briljante toneel, geskryf deur Johan van Jaarsveld, praat my karakter se ma met hom oor die mislukking wat sy pa is en hoekom hulle so brandarm is. Die hele tyd sit Hermaans by die tafel en eet pampoen en pap.

Die geheim van die toneel is dat Hermaans niks sê nie, hy luister net. Ek het geweet die krag van die toneel lê in dié stom reaksie, nie in die ma se monoloog nie. Die dag waarop dié toneel geskiet word, is ek besiel met 'n verskeidenheid emosies wat reg is daarvoor. Terwyl ons vroegoggend, voor sonop, die woestyn inry, neem ek nie deel aan die normale geskerts in die Kombi nie. Nadat my grimering gedoen en ek aangetrek is vir die rol, loop ek 70 meter en gaan sit op 'n groot rots, weg van al die ander. Manie moes dit gesien het en besluit om my nie vir 'n repetisie te roep nie, wat ongewoon is. Ons gebruik baie duur 16 mm-film en alles moet perfek verloop met die eerste opname.

Daardie dag is die rots in die woestyn my karavaan. Dit is noodsaaklik vir my om die ruimte gegun te word om die legkaartstukkies van my beplande spel in mekaar te laat pas. Die klein nuanses wat 'n trekperd van 'n renperdvertoning onderskei is soos skimme in 'n akteur se wese en, het ek geleer, hulle kan baie maklik vir goed verdwyn.

Uiteindelik kom die produksiebestuurder, Richard Green, na my en sê sag: "Oukei, ons is reg vir jou."

Ek klim van die rots af en loop teen die koppie af na die ou huis waar ons skiet. Toe ek inkom, sien ek daar staan 'n bord met pap en pampoen op die tafel. Die kameraman en Manie staan met hul rûe teen die growwe kleisteenmuur – weereens, as deel van die gehoor. Klankman Anton van der Linde staan met sy mikrofoonstaf aan die ander kant van Isabella Bosman, wat die rol van Hermaans se ma speel. In plaas van die normale "Goeiemôre", "hoe gaan dit?", "laat ek net gou die fokus tjek" of "vat die staf uit die skoot!", is die stel doodstil.

Ek loop vorentoe en gaan sit op die stoel.

"Aksie," sê Manie sag en Isabella begin haar monoloog. Gedurende die volgende paar minute word al die emosies wat ek binne gehou het op my gesig uitgespeel, terwyl my movie-ma my die hartseer verhaal vertel van my pa se gesukkel in die lewe.

Toe Isabella klaar is met haar alleenspraak, roep niemand "cut!" om die toneel te beëindig nie. Ek weet regisseurs laat soms met opset die kamera aan die einde voortrol om nog emosie op die akteur se gesig te laat registreer. Ek kyk op na Isabella, maar sy trek haar skouers op. En nog steeds word die kamera daardie duur film gevoer. Uiteindelik sê Richard: "Um, ek dink dis genoeg."

Toe ek opkyk, sien ek Manie teen die muur leun met trane wat oor sy wange loop. Hy haal sy bril af, gee 'n diep grom en vee sy oë af. Die emosies het hom so oorrompel dat hy nie die bevel "cut" kon gee nie. Komende van 'n wesenlik Engelse agtergrond het ek toe maar onlangs eers bekend geraak met die Afrikaner-armoede van die vroeë twintigste eeu en die gepaardgaande verskynsel van bywoners, en ek is gefassineer deur die intense mengsel van emosies wat aan die grondslag lê van Manie se reaksie.

My karakter Hermaans Cronjé, sy ma (vertolk deur Isabella Bosman) en die dominee by die begrafnis van Hermaans se pa.

Hermaans op sy enigste vervoermiddel in die Tankwa.

Met die verloop van tyd, soos ek Manie beter leer ken het op 'n persoonlike vlak, het ek begin verstaan waar dié diepliggende gevoelens vandaan kom. As 'n seuntjie het sy ma hom verlaat, om redes wat onbekend is aan my. Oor die jare heen het ek 'n hele aantal mans leer ken met wie dit gebeur het, en dit is waarskynlik die afgryslikste ding wat 'n seuntjie kan oorkom. Ek het 'n sorgsame ma gehad vanaf my geboorte tot sy hierdie tranedal verlaat het. Dit is daarom ander mans wat my die omvang van die leemte laat verstaan het wat 'n afwesige moeder in 'n seun, en later 'n man, se emosionele wêreld kan veroorsaak. Dit is waarom sommige mans nie kan ophou whisky drink nie en ander nie kan ophou dagga rook nie, want hulle kan nooit regtig dié leemte vul nie.

Moontlik as gevolg hiervan het Manie groot empatie vir sy medemens gehad. Dit is dié sensitiwiteit wat van hom 'n bekwame leier en gesoute kaptein van die seerowerskip Movie gemaak het. Hy sou byvoorbeeld wanneer etes op die stel bedien word, wag tot elke akteur en spanlid hul kos gekry het voordat hy eet. Slim spyseniers wat hom leer ken het, sou sy kos wegsteek sodat, wanneer hy ten slotte kom aansit, net die beste vir hom opgedis word. Soveel respek het hulle vir hom gehad.

'n Hele paar keer sou alles tot stilstand gebring word op een van Manie se stelle. "Gaan drink koffie, die regisseur werk aan die teks," word dan vir ons gesê. Ek sien nog in my geestesoog hoe Manie en Jeanne Bonello, die kontinuïteitsvrou met wie hy goed saamgewerk het, op opvoustoele sit in die middel van 'n groot, geteerde parkeerterrein voor die dorpsaal in Philadelphia, ons basis vir *Heroes*. Dit was voor die tyd van skootrekenaars en die nuwe tonele is op 'n draagbare Olivetti-tikmasjien op 'n opvoutafeltjie getik, met 'n Ropneo-fotostaatmasjien gereed om afdrukke te maak. Die son het al hoër begin styg, tot ek gedink het hulle moet 'n bietjie skaduwee opsoek, maar nee, hulle het bly sit tot die nuwe tonele klaar geskryf was. Dit is aan ons uitgedeel terwyl die toneel opgestel is, en toe kon ons skiet. Manie sou nooit 'n toneel verfilm voordat dit nie behoorlik uitgeskryf was nie. Dit was ononderhandelbaar vir hom.

Tog was Manie altyd oop en bereid om te luister as 'n akteur ongelukkig was oor die manier waarop 'n toneel saamgestel is of 'n probleem met die teks gehad het. Ek het op verskeie geleenthede by hom aangeklop as ek gevoel het dat die teks my karakter dwing om iets te doen of te sê

Manie van Rensburg lees 'n draaiboek met sy Olivetti-tikmasjien in die agtergrond.
Foto: Gallo Images

wat nie by hom pas nie. Hy het dan aandagtig geluister en my opinie oorweeg – soos hy ook met ander akteurs gedoen het. As hy saamgestem het, het hy die toneel of die opstelling daarvan verander. Dit het 'n durende vertrouensverhouding tussen hom en sy akteurs geskep.

Een oggend arriveer ek op die stel van *Heroes*, wat in 'n ongebruikte weermagkamp buite Darling was. Dit was 'n reënerige wintersdag en ek het besonder bedruk gevoel. Normaalweg sou ek by 'n stel opdaag met 'n redelik goeie idee van hoe ek die toneel wil speel, maar daai oggend het ek dof gevoel.

Ek loop na Manie, hy glimlag en vra vreemd genoeg: "Weet jy hoe om vanoggend se toneel te speel?"

"Jy weet, Manie, vir 'n verandering het ek nie die vaagste benul nie."

"Dis orraait, ek weet presies hoe jy dit kan speel."

Ek is stomverbaas. Hoe het hy geweet dat ek juis daardie dag vasgeval het nadat ek die vorige vyf weke waartydens ons elke dag (behalwe Sondae) geskiet het, presies geweet het hoe om my karakter te speel? Manie het 'n briljante skuif vir my karakter uitgewerk wat deel was van 'n groep Ossewa-Brandwag-regses wat gearresteer en geïnterneer is.

Ek het die toneel op sy aanwysings gespeel, briljant gechoreografeer, en dit het uitstekend gewerk.

Die befaamde liefdestoneel in *Verspeelde Lente* tussen Hermaans en die karakter Pop le Roux, gespeel deur Elize Cawood.

Omdat hy 'n kameraman was op die eerste movie waaraan hy gewerk het, het Manie daarvan gehou om die kamera oor te neem wanneer sommige van die ongelooflik moeilike tonele wat hy gechoreografeer het, geskiet word. Dit sou nie maklik wees om dié lang opnames te onderbreek nie, want die kamera is voortdurend aan die beweeg en onderbrekings sou die vloei van die verfilming versteur.

Wat sake verder gekompliseer het in 'n spesifieke toneel van *Verspeelde Lente*, was dat die aksie gesinchroniseer moes word met wanneer die son ondergaan en aan die pieke van die Cederberge in die verte raak, en dan gesny moes word wanneer dit oor die horison verdwyn. Dit het hom omtrent ses minute gegun om die toneel sonder onderbreking te verfilm.

Dit was 'n skaarse liefdestoneel tussen my (as Hermaans Cronjé) en Elize Cawood (as Pop le Roux) – die SAUK het nie liefdestonele toegelaat wat verder as 'n soen gaan nie – en ons moes dit binne die bestek van een opname doen. Manie het daarvan gehou om akteurs se loopbaan op die spel te plaas met sulke tonele! Maar met Afrikaans wat nie my moedertaal is nie, het ek gesukkel om dit reg te kry.

Manie het op die bewegende trollie agter die kamera gesit. Toe die rooi son die pieke van die Cederberge tref, roep hy "Aksie!" en ons word die toneel ingelanseer. Manie het die gewoonte gehad om swaar asem te haal terwyl hy stoei om die kamera absoluut stil te hou terwyl dit op die spoor beweeg, met die vlugvoetige fokustrekker wat langsaan loop en sorg dat alles in fokus bly.

Ek en Elize kom deur al die ingewikkelde bewegings tydens die voorspel tot ons liefdestoneel, wat moet eindig met ons twee wat op die grond lê en mekaar in die hoek van 'n ou klipkraal omhels. Maar sekondes voor die einde van die toneel haak ek vas. Ek het my woorde vergeet. Vanaf dié oomblik, dink ek, sal ek vir ewig die poephol-akteur wees wat die manjifieke sonsaktoneel laat misluk het.

Maar die volgende oomblik kom Manie se gesig agter die kamera uit. Hy skel nie, maar met 'n versoenende glimlag gee hy presiese aanwysings in 'n rustige stem: "Oukei, manne, maak die driepoot hier staan ... Stel die kamera op. Nabyskoot op meneer Roberts. Maak gou, die son gaan onder!"

Hy sê nie: "Demmit, kyk wat het jy gedoen – jy het my toneel geruïneer!" nie. Die span beweeg vinnig en doeltreffend om die insetskoot te skiet. Binne sekondes word die nabyskoot verfilm en word die kamera teruggeplaas op die trollies. Ek sien tot my verligting dat die son nog net halfpad gesak het.

"Aksie!" roep Manie en hy haal weer diep asem, soos 'n jogi in 'n asram, terwyl hy my en Elize afneem wat voortgaan met die toneel asof niks gebeur het nie, tot ons uiteindelik op die woestynsand van die Tankwa lê en passievol soen. Asof dit die lot van die gedoemde Hermaans simboliseer, raak die son onherroeplik agter die Cederberge weg.

Die wyse waarop Manie die toneel geskiet het, voorspel die uiteinde van die hartstogtelike soene en die seksuele dringendheid tussen Pop en Hermaans. Hulle verhouding is aan die wegglip net soos die son wat ondergaan, en sal in die donkerte verdwyn.

Terwyl ek en Elize ons kostuums uittrek, en die span hul toerusting wegpak in die lig van 'n staanlamp wat aan 'n kragopwekker gekoppel is, weet ons almal dat ons pas deel was van iets uitsonderliks. Dit was inderdaad magic.

Daar was magie en daar was dikwels ook tye wat ons heerlik gelag het. Toe *Verspeelde Lente* verfilm is, was die pad tussen Calvinia en Ceres die langste ononderbroke grondpad tussen twee dorpe in Suid-Afrika (en dis waarskynlik steeds). Ons het gehoor dat lugmagvlieëniers dié pad soms gebruik het om die instrumente van hul Impala-stralers te toets.

Die Tankwa Karoo is 'n buitengewoon stil plek, want daar is so min lewende wesens wat 'n geraas kan maak. In 1981 toe ons daar was, het daar net so elke vier of vyf uur 'n ander kar verbygekom. Op 'n dag was ons klein filmspan besig om 'n toneel te skiet waarin Hermaans op sy fiets ry en die ryk boer – gespeel deur Brian O'Shaughnessy – in sy duur motor verbykom wat Hermaans met 'n stofwolk omhul.

Skielik, soos in 'n onverwagse ontploffing, word die vredigheid van ons pragtige filmstel in die woestyn aan flarde geskiet deur 'n Impala wat oor ons verbyskeer, slegs vier meter bo die grond. Die klankman pluk die oorfone van sy kop af en ons staan verbyster en staar na die silwer fantoom wat in die rigting van die Sutherlandberge verdwyn. In die geskokte stilte sê Manie: "Franz Marx …"

Dadelik sien ons in ons geestesoog hoe die akteur-vervaardiger Franz Marx agter die kontrolepaneel van die Impala jaloers afkyk op ons misterieuse nuwe projek wat deur sy mededinger Manie van Rensburg geregisseer word en wat 'n bykans onbekende akteur en aktrise gekies het vir die hoofrolle. Ons verbeel ons hoe dit net te veel vir Franz Marx sou wees en, aangesien hy 'n vindingryke man is, het hy dit reggekry om 'n lugmagstraler op te kommandeer om te kom kyk wat ons aanvang.

Stadigaan begin die span lag en dit groei tot 'n gebulder. Sommige van ons lê op die warm klippe en hou ons mae vas. Dit het 'n ruk geduur om die stel weer in 'n werkende toestand te kry!

9
Die movie kom eerste

NADAT MY AKTEURSLOOPBAAN AAN DIE gang gekom het, het ek Baddaford Citrus Estates net af en toe besoek, selfs al het die lesse uit en herinneringe aan my kinderdae my as mens en akteur gevorm. My ouers het my gereeld ingelig oor wat op die plaas gebeur. Op 'n dag in 1986, terwyl ek in die televisiereeks *Kwela Man* in Kaapstad speel, kry ek skokkende nuus uit die Oos-Kaap: My oom Dan is op die plaas aangeval en byna doodgemaak.

Twee mans het by die padstal opgedaag waar sap en vrugte verkoop is. Hulle vra om die eienaar te sien, want hulle wil 'n prys beding vir 'n vrag lemoene wat buite seisoen in die koelkamers gehou word. Vir ons is dit goeie besigheid. My pa, wat normaalweg dié onderhandelinge doen, is besig met iets anders en my oom gaan spreek die mans.

Op pad daarhen ry hy verby my ouers se huis waar Thembekile Qeqe, die man wat reeds baie jare in my ma se tuin werk, hom stop. Thembekile sê hy vertrou nie die mans nie en smeek hom om 'n vuurwapen saam te neem. "Dit is baie slegte mense, ek het hulle hoor praat," sê Thembekile. Die dringendheid in sy stem laat my oom teruggaan om 'n klein 7.62 mm-CZ-pistool te kry, wat hy in die bosak van sy hemp sit.

By die padstal kom die mans na my oom. Hulle praat Xhosa, 'n taal wat hy nie verstaan nie. Hy vra hulle om in sy kar te klim dat hy hulle na die kwekery kan neem waar iemand sal wees wat kan tolk. Toe hy wegtrek, hoor hy die dodelike geluid van 'n 9 mm-pistool wat agter hom oorgehaal word. Hy kyk om en die skoot gaan af. Die koeël tref sy wang skrams, maar die kruit skroei sy gesig en die knal laat sy oordrom bars.

Die man probeer weer vuur, maar sy wapen haak vas en hy begin om my oom met die pistoolkolf teen die kop te slaan. Die houe slaan my oom nie bewusteloos nie, maar laat hom uit sy skoktoestand kom. Hy leun vorentoe en trek die CZ uit sy bosak. Wonder bo wonder kry hy dit oorgehaal. Hy druk die loop onder die man se ken en trek die sneller. Sy aanvaller is op slag dood.

My oom het sy lewe te danke aan Thembekile. Van die plaasarbeiders het die ander aanvaller gevang en, nadat hulle hom aangerand het, saam met die lyk van sy kameraad aan die polisie oorhandig. Toe ek die nuus hoor, het dit vir my gevoel of die bron van my bestaan aangetas is. Ek het smoorkwaad geword. Ek het gevra om van die produksie verskoon te word, want ek was vas oortuig dat ek na die plaas moes gaan om te probeer vasstel wie agter die aanval sit. Dit was nie goed genoeg vir my dat my oom dit oorleef het, dat een aanvaller dood is en die ander een aangehou word nie.

Destyds was aanvalle op wit boere byna iets ongehoords en boonop was my oom bekend daarvoor dat hy omgee vir swart mense. Ek het gevoel daar moet 'n ander rede vir die aanval wees as blote misdaad en ek wou uitvind wat dit is. Toe ek met twee van die swart akteurs op die stel – Peter Sephuma and Nomsa Nene – oor die aanval praat, toon hulle groot empatie. Tydens dié gesprekke besef ek dat Suid-Afrikaners van alle rasse blootgestel is aan ernstige geweld en dat daar nie noodwendig 'n verskuilde agenda agter die aanval is nie.

Ek besluit toe om voort te gaan met my rol in *Kwela Man*, want die movie kom eerste.

Ek bel my oom. Sy stem is dof toe hy antwoord en ons huil oor die foon. Wat hom die slegste getref het, is dat sy aanvaller hom vir geen enkele rede wou doodmaak nie. En dat, vanweë dié sinlose aanval, hy geforseer is om 'n mens dood te maak. Ek het later by my neef Jonathan gehoor dat die aanval op sy pa nie polities geïnspireer was soos wat ek gedink het nie. Die aanvallers was misdadigers wie se oogmerk diefstal was en was inderdaad reeds voortvlugtend.

Die 1980's was 'n ongelooflik stormagtige tydperk in die land met 'n toename in versetsoptrede en onluste, veral in die townships. Die Nasionale Party-regering het gereageer deur twee noodtoestande af te kondig. In sommige gevalle het die politieke geweld ook 'n invloed gehad op die filmbedryf. Op die eerste dag van die verfilming van *Kwela Man* is ons klein konvooi bestook deur jongmense wat van agter bloekombome langs Borcherds Quarry Road naby die Kaapstadse lughawe te voorskyn

IS DIT JÝ?

gekom het. Ek het 'n vriend se VW Kombi bestuur, met Peter Sephuma in die passasiersitplek. Skielik spat die voorruite van die vier voertuie voor ons aan skerwe. Ek oorweeg dit nog om 'n skerp U-draai te maak toe Peter oorleun, sy kop by die venster aan die bestuurder se kant uitsteek en begin om in Xhosa beledigings na die jongmense te slinger. Ek doen dadelik dieselfde.

Die betogers is so geskok om te hoor hoe hul ma's se vaginas en die skrotums van hul pa's en oupas en al die vieslike voorvaders voor hulle gelyktydig deur 'n swart en 'n wit man gevloek word dat hulle ophou om hul halwe bakstene na ons te gooi. Vandag nog sien ek die woeste jongeling met sy arm agteroor in die lug, gereed om 'n baksteen te gooi, maar tot stilstand geruk word terwyl ons verbyry. Ons moes iemand in die plek van die kameraman kry; sy arm is in die voorval gebreek.

'n Deel van die verfilming van *Kwela Man* is in die bruin woonbuurt Philippi gedoen. Een oggend daag omtrent 'n honderd ANC-ondersteuners op van die nabygeleë Crossroads-nedersetting. Die vervaardiger Danie Nortjé en die akteurs Joko Scott, Peter Sephuma, Nomsa Nene en ek staan die groep te woord. Hulle sê ons moet padgee, anders gaan hulle ons voertuie met petrolbomme aan die brand steek en ons met geweld verjaag. Ons sê daar is geen rede waarom hulle met ons moet skoorsoek nie en dat ons beslis nie gaan padgee nie. Hulle is welkom om ons te probeer uitgooi. Hulle het dit nie gedoen nie en ons het aanhou skiet.

Wanneer 'n mens met Manie gesels het, het jy bewus geword van die toegespitste aandag van 'n uitsonderlike en formidabele intellek wat sowaar luister na wat jy sê. Ek het my woorde altyd versigtig gekies as ek met hom gepraat het. Maar, soos wat dikwels op rolprentstelle gebeur, het sommiges (meestal akteurs) praatjies met hom gemaak wat nie regtig relevant of belangrik was nie. Wanneer dit gebeur het, het Manie sy ontsnappingstegniek toegepas. Hy sou doodgewoon omdraai en wegloop. Talle akteurs is op dié manier gestrand agtergelaat.

"Wag, waar's hy heen? Ek was nog besig om met hom te praat!" sou hulle geskok uitroep, terwyl ek my glimlag wegsteek. Ek het dit meermale sien gebeur.

'n Mens sou dink met die relatiewe stilte en gevoel van respek op

Manie se stelle sou dit nogal 'n somber en selfs onkommunikatiewe plek wees, maar die teenoorgestelde was waar. Manie het 'n stelreël gehad wat ek 'n paar keer uit sy mond gehoor het: "Wanneer jy die regisseur is en jy kom entoesiasme op 'n stel teë, Eehan, moet jy dit nooit vertrap nie. Entoesiasme is altyd goed vir 'n movie."

In 1995 regisseer ek 'n drama van dertien episodes, *Honeytown*, in Johannesburg. Op 'n dag gesels ek en klankman Anton van der Linde tydens 'n koffiepouse oor Manie. Ons het gerugte deur die movie-bostelegraaf gehoor dat hy dronk gesien is by 'n sekere plek. Hy het glo geval en sy rug erg beseer. Vir ons twee, wat so baie movies saam met Manie gemaak het, was dit besonder ontstellend.

Ons besluit toe om ná werk na sy huis te gaan en ons kommer met hom te deel. Manie se huis lê hoog teen 'n rant in Melville, met 'n asemrowende uitsig wat ver oor die noordelike voorstede van Johannesburg strek. Ons begin met 'n paar biere terwyl Manie ons wys hoe die Alexander-tegniek hom gehelp het om sy rugbesering te oorkom sodat hy weer gemaklik kan loop. Dit is 'n pragtige en vreemd komiese ligging vir 'n impromptu balletvertoning. Hy demonstreer vir ons 'n klompie liggaamshoudings, met die silhoeët van die Magaliesberg in die verte as agtergrond terwyl die son sak.

Ná sonondergaan ons in en begin whisky drink. Uiteindelik kom ek en Anton uit by die doel van ons besoek. Ons vertel hom ons is bekommerd oor hom en dat daar stories die rondte doen dat hy kwaai drink. Toe hy dit hoor, raak Manie skielik baie gefokus en skerp. Hy wil weet *wie* gesê het hy was dronk. Ek en Anton weet nie. Die doel van ons besoek vervaag oënskynlik terwyl ons verder praat oor die TV-reeks waaraan ons werk, en Manie is bly om te hoor dat ek die regisseur is.

Ons staan op om te gaan en loop uit in die straat, waar Manie totsiens sê en my voorspoed toewens as regisseur. Hy lig sy hande tot voor sy gesig en vorm 'n kamera-raam. "Onthou jy daai skoot, Eehan," sê hy. Hy beweeg die "raam" voor sy gesig asof dit 'n kamera op 'n trollie is. 'n Bietjie onvas op sy voete laat gly hy die skoot tussen my en Anton, laat swenk dit dan na sy vriendin en terug na my. Hy is besig om 'n ingewikkelde, aaneenlopende skoot te skep soos die een van die sonsaktoneel tussen my en Elize op die stel van *Verspeelde Lente*.

"Ek sal hom nooit vergeet nie. Dankie, Manie," sê ek. En ek het geen idee waar my volgende woorde vandaan kom nie: "Jy is 'n baie groot gees, Manie."

Hy gee my sy windmakerige seerowerkaptein-glimlag.

"Jy ook."

Dit was die laaste woorde wat ek met dié buitengewone man gewissel het. Twee weke later het Manie homself geskiet met die blink, chroombedekte .357 Magnum wat ons soms as 'n rekwisiet op sy moviestelle gebruik het.

Die oggend toe ek die skokkende nuus van sy dood hoor, haas ek my na sy huis. Ek is verlig om te hoor dat sy liggaam reeds weggeneem is. Sy vriendin hardloop nader en omhels my. Sy ruik na doodsangs. Dit is 'n reuk wat ek leer ken het, want teen hierdie tyd het ek reeds 'n klompie mense omhels wat blootgestel was aan uiterste trauma.

Ek loop by die kamer in waar dit gebeur het. Dit ruik muf en daar is 'n paar Afrikaanse polisiemanne doenig. Hulle is kwaad dat een van hul volksgenote selfmoord gepleeg het. Kwaad tot op die punt van walging.

"Kyk, daar klou nog stukkies van die man se brein aan die plafon," sê een van hulle en skop 'n kartonboks uit sy pad. Ek kyk onnadenkend op en is dadelik jammer dat ek dit gedoen het.

"Hoekom is jy so kwaad, jong?" vra ek een van die polisiemanne wat erg ontsteld lyk.

"Kom kyk net hier, meneer."

Hy wys die slaapkamerkaste vol leë drankbottels, J&B-whisky opvallend tussen die res, en pilhouers – vir pyn en ander dinge. Die jong polisieman stoot sommige van die items op die vloer rond met sy blinkswart skoen.

"Dit is wat hulle hier in hierdie huis gedoen het, meneer. Hulle het al hierdie dêm goed gebruik."

Ek het genoeg gesien – ek moet hier wegkom. Ek ry na die stel van die TV-reeks wat ek besig is om in Hillbrow te skiet. Dit is 'n koue, mistige wintersoggend. Op stel is almal in 'n skoktoestand oor die nuus. Ek staar na die onherbergsame wêreld waarin ons nou sal moet probeer om magiese tonele te skiet sonder Manie van Rensburg. Ek kyk op en sien die son deur digte wolke breek. Vir 'n oomblik gloei hulle met 'n suiwer, goue lig.

Ek skeur 'n blad uit my notaboek en skryf die volgende gedig neer:

On Manie's death
The smoke down here,
and the clouds up there
are blowing, much the same.
But the smoke down here's
direction is changing, swinging, shifting –
And up there the gradual cloud
still moving in the direction of the weathervane.
While we, the left-behind, are
just the uncertain timid vacillations
of our buffeted mankind.
The smog down here is grey
Heavy with smudge.
Up there, Cumulonimbus Castles –
vast and crystal white,
reflecting another *helderder*,
untainted light.

Op 'n dag in 2023 is ek en Richard Green op 'n stel en ons haal herinneringe op aan ons dae saam in die filmbedryf. Ons vriendskap het in 1980 op die stel van *Dokter Con Viljee se Overberg* begin en duur al meer as veertig jaar. Uiteindelik kom ons by die laaste movie uit wat Manie geregisseer het, *Taxi to Soweto* – 'n projek waarby ek nie betrokke was nie. Richard vertel my toe 'n interessante storie omtrent die verfilming.

Ek het reeds genoem dat Manie, as regisseur, nooit oorreed kon word om 'n kamee-rol in enige van sy movies te speel nie. Die dag ná die span se oppakpartytjie vir *Taxi to Soweto* is die produksiekantoor woelig met babelas spanlede wat die gehuurde toerusting bymekaarmaak om dit terug te stuur. Die kamera is pas verpak toe die foon lui. Dit is Manie en hy het 'n vreemde versoek: Hy wil die finale toneel oorskiet.

Dit is 'n ingewikkelde toneel. Dit behels nie net die hoofrolspelers nie, maar hulle het ook 'n hyskraan nodig om vir die kamera hoogte te gee. Heelwat van die toerusting moet uitgepak en die hyskraan weer gehuur word. Die volgende oggend vroeg is die span op die buitelugstel om die goeie lig te benut. Almal weet wat om te doen, want die toneel is net twee dae tevore geskiet.

Manie met 'n onbekende akteur op die stel van *Taxi to Soweto*.
Foto: Gallo Images

Niemand weet waarom hulle daar is om die toneel weer te skiet nie. Maar daar sal 'n belangrike verskil wees. Terwyl die kamera tot kophoogte daal en dan ophou beweeg om die taxi tyd te gee om uit die beeld weg te ry, staan die span daar en toekyk. Die kameraman is in die geheim opdrag gegee om na die filmspan te swenk en die skoot op hulle te laat eindig. Dit beteken dat die titels oor die span sal rol. Doelbewus in die middel van die beeld staan Manie van Rensburg en kyk reguit in die kamera. Dié movie was die einde van sy regisseursloopbaan en hy het die skoot as sy afskeid beplan.

Soos ek gesê het: magies.

Met die verloop van jare het ek en Manie 'n spreuk gemunt: "Die movie kom eerste." Die kans is goed dat dit ontstaan het oor 'n glas whisky met sodawater. Vir ons het dit beteken dat wat ook al in die lewe van 'n akteur of spanlid gebeur, op die agtergrond geskuif moet word ter wille van die movie. Wanneer ons op die stel was, het die verfilming voorkeur gekry. Dit was ononderhandelbaar. "Die movie kom eerste" was ook 'n handige reël vir wanneer destruktiewe emosies op die stel die oorhand kry. Dit was soos 'n paal om jou perd aan vas te maak terwyl jy wag dat die stof gaan lê.

Nog 'n insig wat ek deur die jare bekom het, is dat wanneer chaos op die stel heers, jy net daarop moet konsentreer om getrou aan jou karakter te bly. Soms is daar soveel botsende ego's, verleidings en afleidings dat 'n akteur gedwing word om blatant selfgesentreer te wees. Net op dié manier kan jy fokus op die rol wat jy speel. Net jy kan die integriteit van jou spel handhaaf en keer dat die ontwikkeling van jou karakter sneuwel. Anders kan dit – en dit gebeur dikwels – lei tot die aftakeling van die integriteit van die produksie as geheel.

In 2015 is ek besig met *The Wild*, 'n sepie vir M-Net wat op 'n wildsplaas naby Heidelberg in Gauteng geskiet word. Elke dag word die lawaai wat die span op die stel maak harder en harder. Op 'n stadium kan die akteurs wat probeer om 'n toneel te repeteer mekaar skaars hoor. Vir my is dit 'n teken van 'n groot gebrek aan dissipline en iets wat die beginsel van "die movie kom eerste" vertrap. Vir 'n lang tyd reeds het ek gevoel dat filmspanne respek verloor het vir hul teenwoordigheid op 'n stel, asof hul aanvoeling vir die magiese verdwyn het.

Ons was in 'n kaal, winterse mielieland waar twee wildkykvoertuie langs mekaar tot stilstand gekom het. Die toneel het tussen die insittendes van die voertuie uitgespeel. Toe ek besef dat die eerste-assistentregisseur, en selfs die regisseur, nie in staat is om die span stil te kry nie en nadat ek talle kere vir stilte gevra het, klim ek op die agtersitplek en bulder: "Luister na my! Julle is 'n klomp poepholle!"

My stem dring deur die rumoer en 'n ongewone stilte daal oor die mielieland. "Nie een van julle spanlede gaan in hierdie movie verskyn nie, net die akteurs gaan, en julle maak so 'n lawaai, ons kan mekaar nie hoor om die toneel te repeteer nie. Ek loop nou en wanneer julle maniere geleer het, kan julle my kom roep!"

Die rooikop-Ier het weer sy kop uitgesteek.

Ek klim van die voertuig af en loop weg oor die kaal grond terwyl ek na die stowwerige, swart mieliestokke skop. Ek wys nie my gesig by die daaropvolgende middagete-pouse nie en sit in my kleedkamer toe daar 'n klop aan die deur is. 'n Kameraman, Marc Brower, wat ook aan *Verspeelde Lente* gewerk het in die vroeë 1980's (destyds was hy 'n klapperlaaier of fokustrekker), kom in met 'n kwaai trek op sy gesig.

"Ian, wie de duiwel dink jy is jy?"
"Wat bedoel jy, Marc?"
"Jy het absoluut geen reg om só op 'n filmspan te skree nie!"
Ek kyk op en sug. "Jy's reg, Marc."
"Ja, dis heeltemal onaanvaarbaar! Jy moet om verskoning gaan vra."
Ek sê ek is jammer dat ek onbeskof was, maar ek gaan beslis nie om verskoning vra nie.
"Vertel my, Marc, hoe is dit dat jy van die magic vergeet het?" vra ek.
Sy oë vernou. "Watse magic?"
"Jy was op die stel van *Verspeelde Lente*, Marc. Op watter stadium het jy vergeet van die eerbied wat ons vir ons vak gehad het? Onthou jy nie die groot respek wat ons gehad het vir die blote feit dat ons op 'n stel kon wees om 'n movie te maak nie?"
Marc antwoord nie. Hy is duidelik nog kwaad vir my, maar ek sien hy begin terugdink aan daardie tyd.
"Jy het vergeet van die magic op Manie se filmstelle. Dis uit jou geboender deur die vreemde omstandighede waarin ons deesdae moet werk. Al wat ek doen, is om 'n bietjie van die magic terug te kry, Marc. Ja, ek was onbeskof, maar weet jy wat? Ek gaan ná ete nog 'n tantrum gooi as die span nie geleer het om hul omgeklitste hormone en groot bekke te beheer nie. En ek gaan ook nie om verskoning vra nie ... Die movie kom eerste. Dis nog iets wat jy vergeet het."

Ek word ná middagete na die stel geroep en ons repeteer die toneel. Die span is wonderbaarlik stil, soos wat hulle in die eerste plek moes wees, en skiet dan die toneel, waarskynlik in een opname. Ek hoef vir 'n paar uur lank nie op stel te wees nie en, in plaas van terug te ry, stap ek in die teenoorgestelde rigting. Gou is ek naby die N3-snelweg en sien 'n stormwaterdrein wat onder die teer deur loop. Dit lyk vir my opwindend om daardeur te kruip, onder die wye vierbaanpad. Ek kan letterlik dwarsdeur die beton die vibrasies van die groot vragmotors op my rug voel.

Toe ek aan die ander kant uitkom, staan ek weer in 'n mielieland. Ek begin na 'n paar geboue loop. Skielik sien ek 'n beweging voor my. Dit is 'n groot, donker slang tussen die mieliestokke. Ek stop. Die slang stop. Ek staan doodstil. Hy draai sy kop na my, sy tong flikker.

Die slang seil vinnig 'n paar meter weg en verdwyn dan skielik. Ek loop stadig vorentoe om sy gat in die grond te soek. Die oomblik is verby. Ek beskou dit as 'n teken van goeie geluk as ek 'n slang teëkom. Dalk is dit 'n aansporing dat ek moet voortgaan met my veldtog vir akteursvriendelike movie-stelle.

Ek loop verder, opgekikker deur die gawe van die natuur se inspirerende energie. Daar is geen ander geluid as net die veraf gedreun van die verkeer op die snelweg nie.

Ek weet mense dink ek was onbeskof en arrogant daar in die mielieland, maar my verlange na magiese filmstelle bly voortbestaan. Dit is 'n intense hunkering in my akteurshart. Hierdie verlange is vervul in September 2023 toe ek, nadat ek vyf jaar lank nie in 'n movie opgetree het nie, die rol gekry het om teenoor Sandra Prinsloo in 'n rolprent genaamd *A Kind of Madness* te speel. Die regisseur-draaiboekskrywer, Christiaan Olwagen, het dieselfde atmosfeer op die stel geskep as Manie. Ek was in 'n akteurshemel.

10
'n Rebel met 'n rede

VROEG IN 1988 IS EK terug in die teater om een van die hoofrolle te speel in David Mamet se *American Buffalo* in die Baxter Theatre. Selfs al het ek TV- en filmwerk baie geniet, is 'n teaterproduksie soos om terug te keer na die enjinkamer van toneelspel.

Verhoogwerk is soos om in 'n bokskryt te klim. Daar is nêrens plek om weg te kruip nie en dit slyp die akteur vir filmwerk. Gedurende die repetisies en opvoerings van *American Buffalo* leer ek nog waardevolle dinge in verband met my kuns.

Regisseur Peter Goldsmid is een van daardie uitsonderlik kunssinnige mense wat ek voel nie heeltemal in Suid-Afrika tuishoort nie. Peter het op een of ander merkwaardige manier die regte gekry om die stuk in Suid-Afrika op te voer ondanks die kulturele boikot teen die apartheidstaat. Die stuk speel af in 'n tweedehandse winkel in Chicago en ons spandeer baie tyd daaraan om 'n Chicago-aksent aan te leer.

Uiteindelik is dit die laaste twee dae van die repetisies. *American Buffalo* is 'n moeilike stuk. Die hoofkarakter, Teach (gespeel deur Sean Taylor), is 'n man met groot voornemens wat nooit realiseer nie. Hy is 'n windgat-loser. Aan die einde van die stuk besef Teach hy is, ten spyte van sy grootpratery en protes teen die wêreld, eintlik 'n poephol en 'n desperate een daarby.

Sean sukkel om by dié ineenstorting uit te kom – iets wat 'n uitdaging is vir die meeste akteurs, insluitende my. Tydens die repetisies kom ons agter dat Sean se uitbeelding van Teach nie die mas opkom nie en, nog belangriker, hy weet dat hy nie die slot regkry nie.

Toe, aan die einde van een van die laaste repetisies, kom dinge skielik bymekaar: Sean begin huil oor sy karakter se selfinsig; hy huil oor die hele mensdom en ons feilbaarheid. Ten slotte is daar 'n stilte in die repeteervertrek wat net onderbreek word deur Sean se gesnuif. Nicky Rebelo, die ander akteur in hierdie driemanstuk, kyk na my, beïndruk met Sean se spel. Maar Peter Goldsmid bly ongeroer.

"Ja, dit was heeltemal goed, manne," sê hy neutraal. Hy lig sy arms en vou sy hande agter sy kop. Ek is verstom. Wat de hel is verkeerd met hom? Het hy nie gesien hoe uitmuntend Sean se spel was nie?

"Ons vorder," gaan hy saaklik voort. "Maar al daardie trane aan die einde was 'n bietjie oordadig, Sean."

Nou gaan die pawpaw die fan tref, dink ek.

"Wat ... het ... jy ... pas gesê?" vra Sean terwyl hy nader aan Peter beweeg. Sy stem is vlymskerp. Sy gesnuif is weg en sy oë gloei.

"Ek het gesê ek dink daardie huilery aan die einde was 'n bietjie selfvertroetelend."

Sean gryp 'n swaar glasbeker halfvol water wat op 'n tafeltjie staan en storm op die regisseur af.

"Jou nuttelose, fokken stuk stront!" skree Sean en lig die beker bo sy kop uit.

Maar net voor hy dit op Peter se kop kan stukkend slaan, kry ek dit reg om sy arm te gryp en die beker uit sy hand te pluk. Ek en Nicky druk Sean in 'n hoek van die vertrek vas en die regisseur gee vinnig pad. Peter het nooit weer teruggekom nie.

Nou is ons drie akteurs op ons eie. Ons nader John Slemon, die bestuurder van die Baxter, en vra of ons kan oorneem en mekaar regisseer. Aangesien hy van Ierse afkoms en 'n goeie vriend van Sean is, stem hy in. Ten spyte van daardie byna fatale haakplek was *American Buffalo* 'n baie suksesvolle produksie.

Mettertyd het ek 'n proses ontwikkel om só 'n ineenstorting te bewerkstellig. Baie jare later op die stel van *Malunde* (wat "straatkind" beteken) moet my karakter – 'n rowwe oud-recce-tipe – 'n ineenstorting beleef. Omtrent vier dae voordat ons dié toneel skiet, kom die regisseur na my en vra of ek gereed is daarvoor. Vir 'n akteur is dit 'n moeilike vraag om te beantwoord. Die waarheid is dat jy nooit werklik seker is of jy reg aan die karakter sal kan laat geskied nie. As jou karakter die hoofrol is, is die druk nog groter, want as jy faal, misluk die movie.

Ná die eerste opname van daardie deurslaggewende toneel, weet ek dat ek in die moeilikheid is. Die Duitse fotografie-regisseur, wat nie baie van my hou nie, laat hang sy kop agter die kamera. Die regisseur is ook nie beïndruk nie.

"Jou spel is nie naastenby wat dit moet wees nie, Ian," sê hy.

"Luister," sê ek desperaat, "alles is mos reg vir die volgende opname? Laat die kamera net rol wanneer ek terugkom op die stel."

Ek het 'n laaste kaart wat ek kan speel. Ek loop teen die koppie uit waar die kostuumkaravaantjie verlate in die pikdonkerte staan. Ek vroetel rond en kry my baadjie aan 'n hanger, haal 'n pakkie Texan Plain-sigarette en vuurhoutjies uit die binnesak. Op daardie stadium het ek reeds ophou rook, maar dit is 'n noodgeval.

Ek steek 'n Texan aan en trek die sterk rum-gegeurde rook diep in my longe in. Toe ek dié sigaret klaar gerook het, voel ek lighoofdig, maar ek steek nog een aan. Halfpad deur die tweede een weet ek ek is genoeg deur nikotien bedwelm om die toneel te probeer speel. 'n Afwagtende stilte hang in die lug toe ek op die stel kom. Die regisseur sê "Aksie!" en asof met 'n towerspreuk kom die optrede wat ek so wanhopig nodig het uit die koue naglug na my toe. Selfs die Duitse kameraman lyk beïndruk.

Die belangrikste les omtrent toneelspel het ek tydens 'n opvoering van *American Buffalo* geleer. Dit was reeds tien lang jare sedert ek Rhodes verlaat en 'n professionele akteur geword het. Gedurende dié ganse tyd was ek heimlik vreesbevange dat ek voor 'n gehoor in duie sal stort deur my dialoog te vergeet of doodgewoon die kluts kwyt te raak. Ek het geleer om klein foutjies te kamoefleer en voort te gaan, maar daardie vrees het altyd iewers geskuil en my hande laat sweet en soms my keel laat toetrek. Met TV- of rolprentrolle was die druk minder. Die gehoor op die stel is kleiner en daar is die gerusstellende opsie van 'n tweede of derde opname. Ek het geweet ek moet nie net my vrees vir 'n gehoor afleer nie, maar ook my aangebore drang om ander te behaag.

Een aand met *American Buffalo*, voor 'n volgepakte teater, kom Nicky – wat 'n tiener genaamd Bobby speel – nie op die regte oomblik terug met die bagels en jogurt nie. Donny (my karakter) en Teach het hom gestuur om dit te gaan koop. Toe dit duidelik word dat Nicky nie gaan opdaag nie, kyk ek en Sean onderlangs na mekaar. Al die dialoog in die volgende deel van die stuk gaan oor bagels en jogurt!

Ons gaan voort met gefabriseerde dialoog om tyd te wen, maar ná 'n volle vyf minute sê Sean skielik: "Where the hell's the kid? I'm gonna go fetch him!" Hy loop dadelik van die verhoog af en laat my agter om die oop deur aan te gaap. Nou moet ek my ergste nagmerrie alleen konfronteer. Die gehoor staar na my, geboei deur die gebeure. As jy iemand vinnig wil leer swem, gooi hom by die diep kant in, sê hulle. Dit voel vir my asof ek 'n muis is wat 'n tsoenami moet trotseer. Ek kyk skugter na die gehoor. Dalk moet ek hulle net die waarheid vertel en sê die opvoering is verby.

Verhoogoptredes leer 'n akteur hoe ongelooflik flink jou brein kan werk wanneer jy ernstig in die knyp is. Terwyl my verstand blitsvinnig die opsies oorweeg, kyk ek na die gehoor. Vir die eerste keer in tien jaar van verhoogwerk sien ek wie hulle werklik is. Ek kan hul gesigsuitdrukkings sien, wat hulle aanhet, ensovoorts. Vir 'n verandering bestudeer ek *hulle*.

Ek vee met my hand oor my kaalgeskeerde kop, voel die stoppels en dink daaraan dat ek voor die vertoning nog moes geskeer het. Maar toe besef ek: hulle weet dit nie ... hulle kan nie die stoppels sien nie ... en ek is verras om te voel hoe die knop op die krop van my maag stadig skietgee. Ek is besig om my vrees te verloor! Ek tel die gehoorbuis van die outydse telefoon op en draai 'n nommer terwyl ek dit so lank as moontlik uitrek.

"Hello, Abe, how's ya doing?" sê ek en luister na "Abe" vir so lank as wat 'n telefoongesprek so iets sal toelaat. Maar steeds geen Bobby en geen Teach nie.

"Oh yeah? Dammit, Abe! That's no good ... did the woman say why she's leaving ya?"

Terwyl ek na "Abe" luister, besef ek dat ek hierdie ad lib toneelskrywery begin geniet!

"Abe, I hate to say this, but that is so typical! When we're playin' poker tomorrow night you can tell me all about it."

My verstand werk oortyd en ek besluit om iets te probeer red van Mamet se storielyn.

"So, tell me, Abe, ya didn't happen to see Bobby the kid down on the street, did ya?"

'n Lang pouse.

"Oh? Ya saw Teach? What the hell is he doing on the street? Was he carrying any bagels?"

En so behou ek die gehoor se aandag vir wat vir my na 'n baie lang tyd voel totdat, uiteindelik, Sean terugkom. Hy is bleek in die gesig en haal hard deur stywe lippe asem.

"I just saw the kid," sê hy. "He's coming wit' da yoghurt and da bagels. Asshole got lost, but he's coming!"

En kort daarna verskyn Bobby op die verhoog, ook bleek en uitasem, met jogurt en doughnuts van 'n deurnagkafee verder in die hoofstraat af van die Baxter. Hy moes daarheen hardloop, want die rekwisiete is deur die verhoogskoonmaker opgeëet!

Later toe ek my grimering in die kleedkamer afhaal, kyk ek na myself in die spieël en weet dat ek vir goed verander het. Vlinders in die maag voor 'n opvoering? Ja, sekerlik. Maar bang vir 'n gehoor? Nee, nooit weer nie.

Een Vrydagaand teen die einde van *American Buffalo* se speelvak is ons ná die opvoering in die Baxter se kroeg toe filmmaker Dirk de Villiers na my toe kom. Wanneer Dirk by 'n vertrek inloop, sien almal hom raak. Hy is 'n lang man met lang grys hare en 'n baard, bene met knieë wat na mekaar kyk, amper soos 'n X, 'n bulderende stem en 'n soort uitbundige persoonlikheid wat uiting vind in robuuste bewegings. Nadat ek hom aan Nicky en Sean, my medespelers voorgestel het, neem Dirk my eenkant toe. Hy wil privaat met my gesels en dis nogal dringend, sê hy.

"Ek is besig om die hoofrolspeler vir 'n TV-reeks, *Arende*, te soek. Dit handel oor die Boerekrygsgevangenes op St. Helena-eiland. Daai grootkoppe by die SAUK wil hê ek moet 'n regte Boerseun kry om die rol te speel. Ek was pas in Pretoria en Johannesburg om presies dit te doen, maar hulle is almal fokken moffies, man! Selfs al is hulle eintlik nie – hulle kom so oor as jy 'n raam om hulle sit! En ek moet volgende week begin skiet!"

Toevallig het die aktrise Trix Pienaar – wat in 'n trein woon op Pringlebaai, naby aan waar die reeks verfilm gaan word – my reeds van die reeks vertel. Dit is deur die talentvolle Paul C Venter geskryf. Sy het gedink ek sou perfek wees vir die hoofrol. Ek is nie 'n hoofstroom-Afrikaanse akteur nie, maar ek was geïnteresseerd. Ek was pas terug van uitgebreide en intensiewe werk saam met Manie van Rensburg, wat stil en versigtig is wanneer hy homself moet uitdruk. Dirk is presies die teenoorgestelde. As regisseur is hy totaal anders – 'n soort vriendelike, stadige goederetrein op 'n spoor met eindelose kronkels.

"Ian, wat ek vir jou sê, is: Ek wil hê jy moet die rol van Sloet Steenkamp in *Arende* speel."

Hulle sê wanneer die student gereed is, sal die leermeester opdaag. Ek het hard gewerk aan my kuns, dikwels onder moeilike omstandighede en vir bitter min geld. Dit voel vir my asof die toekoms aan my deur klop. Normaalweg sou ek gesê het ek het 'n dag of twee nodig om die draaiboek te lees, maar ek weet reeds van Trix dat dit 'n uitstekende teks is – en die idee om 'n rebel te speel was nog altyd baie aanloklik vir my.

"Baie dankie, Dirk, ek is baie gretig om dit te doen, maar daar's net een probleem."

"Wat's dit?"

Ek haal my hoed af en wys hom my kaalgeskeerde harspan – 'n vereiste vir my rol in *American Buffalo*. Dirk lig sy wenkbroue en strek hom tot sy volle lengte uit om die bokant van my kop te bestudeer. Dit is 'n potensieel onoorkomelike struikelblok as ons reeds volgende week moet begin verfilm. Sal ek 'n pruik moet dra? Dirk pluk 'n outydse, blou-en-witgeruite sakdoek uit.

Teen dié tyd het 'n paar teaterkenners en gewone kroegvlieë saamgedrom om Dirk se skouspel dop te hou. Dirk begin deur die vier hoeke van die sakdoek te knoop om 'n soort hoofbedekking te vorm. Hy leun vorentoe en sit dit op my kop. Die sakdoek bedek my kaal klapperdop heeltemal en die oorblywende hare voltooi die illusie van 'n kop vol hare.

"Daarsy!" sê Dirk. "Sloet Steenkamp!"

'n Geniale oplossing! Die omstanders klap hande.

Terugskouend het dié stukkie magie van Dirk se vinnige denke daar in die Baxter se kroeg die toon aangegee vir die hele produksie van die eerste tien episodes van *Arende*.

Die volgende dag het ek 'n vergadering met Dirk by C Films se kantoor in Kaapstad. Destyds het ek self vasgestel wat my spel in 'n produksie gaan kos.

"So, hoeveel gaan jy my vra om hierdie rol te speel?" vra Dirk.

"Jy weet hoe jou begroting lyk," antwoord ek. "Wat dink jy is my rol werd?"

Dirk dink 'n bietjie na en sê: "Ek raai so twintig duisend rand."

Op die stel van *Arende* met Gavin van den Berg, wat die rol van kaptein James Kerwin vertolk het. Hier dra ek die sakdoek om my kaal kop toe te maak. Foto: Barry Lucas

Dirk de Villiers, die regisseur van *Arende*. Foto: Barry Lucas

"Goed, as dit reg is vir jou, is dit reg vir my," antwoord ek en ons skud blad om die ooreenkoms te beklink. Dit is hoe ek al die ooreenkomste aangegaan het vir die agt TV-reekse en movies wat ek saam met Manie van Rensburg en Johan van Jaarsveld gedoen het, en nou ook met Dirk de Villiers.

Kort daarna begin lees ek die stapel Paul C Venter-tekste. Dit behels tien 56-minuut-episodes van die eerste seisoen van 'n reeks wat geweldig gewild geword het. Ek is geïnspireer.

Teen daardie tyd het ek 'n tegniek ontwikkel om vir 'n groot rol in 'n TV-reeks voor te berei. Die langste reekse in daardie dae was dertien episodes lank, oftewel twaalf en 'n half uur se geredigeerde film. Dit beteken dat daar talle tonele was waarvoor ek moes voorberei. My truuk was om net 'n breë oorsig van die storie te kry en nie my fokus te versplinter deur in besonderhede vas te val nie. Dit het my 'n idee gegee van hoeveel ek moet insit vir 'n spesifieke toneel, want in daardie dae is 'n TV-reeks selde in chronologiese volgorde geskiet.

Ná ek die draaiboek deurgelees het, weet ek die kern van die verhaal is die obsessie van Sloet Steenkamp, die hoofkarakter. Hy wil van St. Helena ontsnap en sy vryheid van die Engelse terugkry. En ek kom van 'n Britse agtergrond. My oorgrootjie, Daniel Roberts, het in 1820 uit die Britse Eilande gekom en hom in die Bathurst-omgewing in die Oos-Kaap gevestig.

My oupagrootjie, Llewellyn, het in onguns by die plaaslike Boere geraak toe hy in 1900 verversings en lemoene aan die verbytrekkende Britse magte verskaf het. My ma, Lynn (wat Ierse wortels gehad het), en my pa, Llewellyn, kon nie Afrikaans praat nie. Ek moes nog baie van die Boere leer, om nie eens te praat van die Anglo-Boereoorlog nie.

Gelukkig het Dirk my 'n kopie gegee van die dagboek van 'n Boerekryger wat voor die oorlog 'n onderwyser was en by Paardeberg gevange geneem is. Die dagboek, wat by die Oorlogsmuseum van die Boererepublieke in Bloemfontein gefotostateer is, was in 'n mengsel van Nederlands, Frans en Engels geskryf. Venter se draaiboek was nie naastenby so gemeng nie, maar het tog die Afrikaans van toentertyd – wat toe nog nie gestandaardiseerd was nie – akkuraat genoeg weergegee.

Ek het nog altyd 'n geheime bewondering gehad vir die Boeregeneraals

IS DIT JY?

Christiaan de Wet en Louis Botha. Ek het op 'n keer 'n foto van Botha gesien waar hy 'n bosberaad met van sy offisiere bo-op 'n koppie in Oos-Transvaal hou, en almal het op die grond gesit. Dit het tot my gespreek. My bewondering het gegroei hoe meer ek agtergekom het wat die Boere tydens die oorlog gedoen het. Elke jong akteur sal bly wees as hy 'n heroïese figuur kan vind wat hom inspireer. Vir my was een so 'n figuur generaal Herculaas "Koos" de la Rey. In 1988 het ek pas begin om die Boere en hul geskiedenis te bestudeer. Ek het Johannes Meintjies se biografie van De la Rey, *Lion of the West*, verslind.

Terwyl ek vir my rol as Sloet Steenkamp voorberei het, het ek verdere inspirasie gevind uit 'n vreemde insident wat met my gebeur het tydens die opvoering van *American Buffalo*. Ek het elke aand vanaf Pinelands, waar ek by my suster geplak het, na die Baxter Theatre in Rosebank gery. Aan die einde van die speelvak kom 'n kennis van Rhodes Universiteit, 'n enigmatiese en pragtige Beeldende Kunste-student, na die opvoering kyk. Agterna in die teaterkroeg vloei die drank en daarmee saam die emosies.

Op pad terug bars my meisie van destyds in woede uit, want sy dink ek verneuk haar. Ek kry dit reg om die Kombi huis toe te bestuur onder 'n stortvloed beledigings, klappe en vuishoue. Sy keer my in 'n hoek vas in 'n kamer by my suster se huis, maar ek kry dit reg om uit te glip. Ek begin hardloop deur die donker strate van Pinelands, met die koel nagwind wat my gesig lawe. Ek moet eintlik teruggaan, maar instink laat my verder hardloop, tot by Pinelands se gholfbaan. Die grimmige bome en donker skadu's onder die struike langs die skoonveld lyk of hulle my verwelkom. Ek hou op hardloop en gaan staan in die donker kalmte langs 'n groot struik. Ek kyk na die karre wat verbyflits op die nabygeleë N2-snelweg, die woonbuurt se ligte en die menslike drama wat daar afspeel. Dit voel of ek vanuit 'n skuilplek na die wêreld kyk. Dit is verkwikkend.

Hierdie insident het my later gehelp om die karakter van Sloet Steenkamp te kon ontsluit. Dalk was ek lafhartig, maar omdat ek nie teruggegaan het om sake met my destydse meisie uit te sorteer nie, was dit asof ek gewys is hoe dit is om 'n alleenloper in die skadu's te wees wat van buite na die wêreld kyk. Dit is hoe akteurs moet reageer op die dans van die lewe: Betree die dansvloer, gryp die kans en maak

Stellasies word gebou by die ou hawe in Hermanus vir die stel van *Arende*.
Foto: Barry Lucas

vinnige draaie aan die rand van jou onvermoëns en tekortkominge. As jy gelukkig is, sal jy inspirasie kry. Hoe anders sal jy leer?

In dié gemoedstoestand ry ek Pringlebaai toe in April 1988. Ek is blyplek gegee by Pieter Grobbelaar, die produksiebestuurder. Dit is 'n huisie wat noord kyk, geleë op 'n kaap wat vanaf die voet van Hangklip weswaarts uitloop in Valsbaai. Dit het 'n groot boonste vertrek en 'n groter ruimte onder waar die slaapkamers en badkamer is. Die boonste kamer het 'n enorme venster wat oor die pragtige baai uitkyk, en 'n klein balkon. Ek en die aktrise Jocelyn Broderick het die huis gedeel, maar ek het besluit ek wil bo bly, selfs al is daar nie slaapkamers nie. Ek het baie naby aan die natuur gevoel in daardie deel van die huis, en 'n koningsgrootte-matras teen die trap uitgesleep en dit op die vloer neergesit.

Op daardie stadium het ek pas Fleetwood Mac se jongste album, *Tango in the Night*, op kasset gekoop en ek het my groot, draagbare dubbeldek-Hitachi-kassetspeler saamgebring. Ek moet die ingenieurs van die Hitachi-maatskappy bedank vir dié lieflike masjien, want ek droom vandag nog van die perfektheid van daardie klank.

Vir movies moet mens meestal voor dagbreek opstaan, want dis duur om 'n filmspan aan die gang te hou, wat beteken dat vervaardigers probeer om so veel as moontlik gedoen te kry in die skof van twaalf uur wat 'n span veronderstel is om te werk. Verder is die ligkwaliteit altyd die mooiste en interessantste net ná dagbreek en net voor sononder. Daarom ry ek met my Kombi na die stel van *Arende* in die vroegoggendlig voor sonop.

Die hospitaal by die herskepte Deadwood-kamp op Pringlebaai. Foto: Barry Lucas

Die eerste seisoen van *Arende* speel af op St. Helena in 'n krygsgevangenekamp met die gepaste naam Deadwood-kamp. Die stel is op 'n klein plato tussen Pringlebaai en die berge gebou. Dit is meestal boomloos, met grys rotse tussen fynbos – baie soos op St. Helena. Die kunsregisseur, Ade Prinsloo, was 'n baie lewendige, energieke man en hy het 'n kamp opgetower uit ou sinkplate, denneplanke en stukke seil. Aan die ander kant van die pad wat die kamp verdeel, het hy "administratiewe geboue" opgerig deur formeler stelbou-tegnieke te gebruik.

Tragies genoeg is Ade oorlede tydens die verfilming van die eerste seisoen, maar wat hy en sy span reggekry het, was 'n wonderwerk as mens die SAUK se beperkte begrotings in ag neem. Ons het elke dag ons voertuie buite die stel gelos sodat hulle nie in die kameraskote kom nie. Net sekere karre is binne toegelaat, soos Dirk se goue Opel. In die kattebak is onmisbare beskerming teen die koue, reënerige winteroggende, onder meer 'n paar bottels gemmerbrandewyn, boegoebrandewyn en port.

Aan die einde van die werksdag wanneer ons teruggaan na ons blyplekke, kom 'n klomp van ons agter dat ons karre vanself afdraai op die grondpad na die Hangklip Hotel, met sy heerlike kroeg. Dit is 'n langwerpige plek wat skaars verlig is, met donker hoeke waar enigiets kan wegkruip en wie weet wat kan gebeur. Soms dryf die nagmis uit die Atlantiese Oseaan tot in die kroeg, terwyl die straal van die nabygeleë vuurtoring verbyswiep om die grou berg kort-kort te verlig. Dit het 'n soort seerowerskip-op-die-oop-see-atmosfeer geskep.

Die hotel se troefkaart is die eienaar, 'n Duitser wat ek net as Otto geken het. Hy het bier in yskoue kwartbottels bedien en 'n klompie uitstekende, ingevoerde Duitse schnapps. Sy kombuis het altyd 'n vars voorraad perlemoen gehad. Elke aand, êrens tydens die partytjie, het ek perlemoen gebraai in knoffelbotter geëet. Teen dagbreek was ek weer op om verder met Sloet Steenkamp te stoei, 'n man wat behep is om van St. Helena te ontsnap.

11
Op die stel van *Arende*

DIT IS DIE BEGIN VAN die Kaapse winter, wat beteken dat sommige dae koud en nat is, maar dit pla ons glad nie. Omdat ons 'n klein begroting het, probeer ons die beste van die dagligure maak. Dit reën en motreën dikwels, wat veroorsaak dat die tente en hutte waarin ons skiet nat en triestig is. Maar desondanks is daar 'n amper obsessiewe ingesteldheid op die stel.

Dirk is geboei deur sy projek; die kameraman, Jakes de Villiers, is ewe passievol en buitengewoon begaaf; Ade se stel is briljant. Die akteurs is besiel met dieselfde dringende gees.

Kykers kan dit sien in die tonele van Limpie Basson wat Petrus Johnson speel – die pa van die gehoonde pasifis Paul, gespeel deur Gert van Niekerk. Die hoofopsweper van die bittereinders is die hartstogtelike Buks Retief, gespeel deur Johan Esterhuizen (wat vroeër in dié vertelling opgeduik het in die Maynardville-reëndebakel). André Roothman speel die versoenende en geleerde PJ Buys. Saam maak hulle die bewoners uit wat 'n tent met Sloet Steenkamp in die krygsgevangenekamp deel – 'n wêreld wat Paul C Venter se draaiboek oproep met intensiewe aandag aan besonderhede.

Dag ná dag is uiteenlopende talente bymekaargebring om 'n aaneenlopende reeks betekenisvolle beelde daar te stel. Dié magie is verryk met Louis van Rensburg se opruiende musiek en deur 'n regisseur wat nie gekniehalter is deur 'n spesifieke stylvoorkeur of genre wat hy wou afdwing nie. Dit het alles saamgewerk om suiwer kuns te skep.

Op my eerste dag op die stel dra ek my geknooptesakdoek-keps. 'n Toneel word geskiet by die toilette wat die Britte vir die gevangenes van Deadwood-kamp gemaak het: 'n loopgraaf in die grond met 'n lang horisontale balk waarop jy moet sit om jou besigheid te doen. Dié eens vrye manne van die oop veld word deur die Britte geforseer om langs mekaar te ontlas. Dit tref my dat almal mekaar se dinge geken het in dié kamp. Daar was geen privaatheid vir die Boere nie.

Dit is net daar dat 'n afkeer van die Britte en wat hulle aan die mense van hierdie land gedoen het, by my begin posvat. Dalk het die Boere gewoond geraak aan dié soort aantasting van hul privaatheid, maar vir my is dit 'n verskriklike vernedering. Dié gevoel help my om Sloet se toenemende obsessie om sy vryheid terug te kry, selfs teen alle teenstand in, te verstaan. Dit is een ding om uit die kamp te ontsnap, maar iets heel anders om van die eiland weg te kom.

Sloet deel 'n tent met 'n aantal botsende karakters. Almal is ten gunste van die oorlog, behalwe Paul. Sloet stel nie belang in die onderliggende politiek in sy tent nie, want hy fokus net op sy ontsnapping. Maar wanneer die ander Paul viktimiseer, beskerm hy hom.

Om hierdie aspek van Sloet se karakter uit te beeld steun ek op 'n ervaring uit my army-dae in 1971, sewentien jaar tevore. Die troepie in die bed langs myne was 'n teer siel, Nachenius. In ons bungalow van dertig ouens was daar 'n boelie genaamd Harmse. Hy was fris gebou, met 'n gesig wat by sy gespierde liggaam gepas het. Dit was asof testosteroon uit elke sweetgat gesyfer het.

Op 'n keer, ná 'n swaar dag se gedril op die paradegrond in die skroeiende son, gaan ons uitgeput, vuil en kwaad terug na die bungalow. Harmse trek sy hemp uit om sy beswete spiere te vertoon voor hy oorstap om die arme Nachenius te tart – dié lê doodverskrik op sy bed. Dit gaan 'n rukkie aan tot ek dit nie meer kan verduur nie. En weer besluit die mal rooikop-Ier in my om sy verskyning te maak.

"Harmse, hoekom boggerof jy nie net nie?" vra ek.

Harmse swaai vinnig om soos 'n kat in 'n geveg. Dit is waarvoor hy gewag het.

"Roberts, jy wil my seker opfok, nè?" sê hy en loop om Nachenius se bed na my toe.

"Nee, Harmse, jy's verkeerd. Ek wil eintlik boggerol met jou te doen hê. Los net vir Nachenius uit."

Ek weet ek het net een kans en as ek dit nie regkry om hom met 'n regterhou plat te slaan nie, weet die hemel alleen wat van my sal oorbly. Gelukkig kom 'n vriend van my, 'n sewende-dan-karateka, tot my redding. Die herinnering aan dié voorval help my baie in my

IS DIT JY?

uitbeelding van Sloet. Dit gee my 'n goeie idee van wat dit beteken om in die bres te tree vir iemand wat geboelie word. In die meeste gevalle is dit 'n gevaarlike ding om te doen.

In die eerste seisoen van die reeks lei Sloet se ontsnappingsobsessie daartoe dat hy 'n tonnel onderdeur die doringdraadheining grawe. Terwyl hy deur die doringdraad staar en beraam waar sy tonnel moet uitmond, kom 'n jong Britse offisier, kaptein James Kerwin (gespeel deur Gavin van den Berg) wat die gewoonte het om in die berge buite die kamp te gaan draf, al langs die heining teruggehardloop na die hek toe. En wat doen Sloet? Hy begin met die kaptein resies jaag aan die *binnekant* van die heining, met Kerwin aan die *buitekant*. Dit was die genialiteit van Venter as draaiboekskrywer.

Ek het Gavin die eerste keer in 1981 by die Space Theatre in Kaapstad ontmoet, maar ek het hom en sy agtergrond nie goed geken nie en ek bel hom voor ons die toneel skiet. Gavin is in Lourenço Marques (vandag Maputo) in Mosambiek gebore, 'n paar jaar ná my. My vier grootouers was Engels, Skots, Wallies en Iers, maar Gavin se ouers was volledig tweetalig. Hy was in Engelse en dubbelmediumskole en het Spraak en Drama by die Universiteit van die Witwatersrand studeer, met Engels en Afrikaans as hoofvakke. Vir 'n akteur is dit baie spesiale kwaliteite.

Dis vir my nogal ironies dat hy, met sy Afrikaanse agtergrond, kaptein Kerwin speel, 'n windmakerige Engelse offisier en produk van Sandhurst, en dat ek 'n Boer uitbeeld, selfs al kon my ouers nie eens Afrikaans praat nie en ek 'n Engelse opvoeding gehad het.

In ons eerste toneel saam is kaptein Kerwin in 'n silwerskoon en pas gestrykte langmoufrokkie en long johns geklee, met seilskoene aan sy voete. Hy aanvaar die uitdaging om teen die yl geklede, onversorgde en kaalvoet Sloet resies te hardloop. Dit is kragtige visuele simboliek. Gavin hardloop op 'n geaffekteerde en gestileerde wyse kiertsregop, met oop hande wat langs sy sye swiep, terwyl ek nog altyd soos 'n wildevark gehol het. Dié verskil versterk die kontras tussen die beskaafde, gesofistikeerde Europeër wat kragte meet met die woeste man van Afrika.

Later ontsnap Sloet uit die kamp en hardloop hy na die kus. Dirk en Jakes het wonderbaarlike skote uitgewerk van Sloet wat voluit oor die beboste en rotsbesaaide landskap na die ruwe kuslyn van St. Helena hardloop. Vir my was dit nie toneelspeel nie; dit het van diep binne my gekom. Ek het nog altyd probeer om aan die beperkinge wat op my geplaas word te ontsnap en verlang om 'n vrye gees te wees. Dit het begin met die koordferweel-dungarees wat ek as kind so gehaat het omdat my vingers te lomp was om dit uit te trek. Daarna het my liefde vir kampeer gekom, toe om in die berge weg te raak ná lesings by Rhodes Universiteit en om op die Pipe Track teen Tafelberg te hardloop elke aand ná repetisies … Selfs vandag nog probeer ek in die bos, die berge of die see (op 'n branderplank) ontsnap na 'n plek waar daar geen mense is nie.

Hoe meer ek leer omtrent die hartseer geskiedenis van die Boere, hoe beter verstaan ek, die nakomeling van Britse setlaars, wat die rebelse Sloet Steenkamp tot optrede dryf. Sy woeste ingesteldheid kom na vore in die ontsnappingstoneel (in die tweede seisoen) waar Sloet van die stoomskip, wat die krygsgevangenes huis toe neem, oorboord spring in die yskoue water van die Atlantiese Oseaan. Hy het besluit om van die skip af te spring omdat hy geweet het dat as hulle in Kaapstad aankom, hy 'n eed van getrouheid aan die Britse Kroon sou moes aflê. Oor sy dooie liggaam sou hy dit doen.

Die dag toe ons dié toneel skiet, is dit twaalf grade Celsius in Valsbaai. Ek het Sloet se verslete klere aan; kameraman Jakes de Villiers en sy assistent is in die koue water, maar hulle het ten minste duikpakke aan. Ek moet van die skip afspring tot in die see, want ons kan nie 'n waaghals bekostig nie. Ons gebruik Arriflex-16-mm-kameras. Kamera 2 is op die skip om my sprong na vryheid van bo-af vas te lê en kamera 1 is onderwater. Dit is nogal uitspattig van Dirk se produksiemaatskappy – *twee* kameras vir een skoot. Normaalweg sou Suid-Afrikaanse regisseurs slegs een kamera moes gebruik.

Die egte ou stoomskip rol op die deinings van Valsbaai terwyl Dirk die voorbereidings doen voor hy "Aksie!" skree.

"Goed, Ian! Is jy reg?"

Ek klou aan die laaste oorblyfsel van veiligheid, die reling op die skip se brug.

"Ja, Dirk. Ek is so reg soos wat ek kan wees onder die donnerse omstandighede."

IS DIT JÝ?

Regisseur Dirk de Villiers saam met my mede-akteur Gavin van den Berg.
Foto: Barry Lucas

Sloet Steenkamp en sy vrou, Annette (gespeel deur Susanne Beyers).
Foto: Barry Lucas

OP DIE STEL VAN *ARENDE*

Limpie Basson (tweede van links), wat die rol van Petrus Johnson vertolk het, en ander akteurs op die stel van *Arende*. Foto: Barry Lucas

Sloet Steenkamp – Boererebel en krygsgevangene. Foto: Barry Lucas

"Oukei, rol klank!"

Die klankman druk die opneemknop op die Nagra-bandmasjien en swaai sy lang mikrofoonpaal so vinnig as moontlik uit oor die kant van die skip.

"Spoed!" skree hy.

"Rol kamera!" Die kamera se fokustrekker druk die knop op die Arriflex. "Ons rol!"

Die kêrel met die klapperbord hou dit voor die lens. "Episode drie. Vier-en-twintig! Take een!"

"Merk hom!" skree die tweede kamera-operateur.

Daar is 'n dawerende klapgeluid en ek sien die kamera omswaai en op my fokus.

"Set!" skree die operateur. Die beeld word gestol, skerp in fokus, en die volgende oomblik skree Dirk: "Good luck, hey!" En toe: "Aksie!"

Ek lanseer myself die lug in en tuimel af na die donker, onrustige water. Ek breek deur die oppervlak na die yskoue wêreld daaronder en mis net-net die onderwaterkameraman. Kort daarna klouter ek teen die skip se ou tou-en-plankleer op om droë klere te kry en my hare te laat droogblaas voor ek terugkeer na my oorspronklike posisie. Dit kos twee opnames om die skoot te kry. Ek kon nie onthou wanneer laas ek so koud gekry het nie.

Weens begrotingsbeperkings word *Arende* achronologies verfilm, wat beteken dat ek 'n goeie idee moet behou van die ontwikkeling van Sloet se karakter soos die verhaal vorder. Ek moet dus my uitbeelding aanpas afhangende van die toneel. Teen die tyd toe ons byna al die tonele vir die eerste seisoen geskiet het, is my geskeerde kop van *American Buffalo* bedek met 'n digte bos donkerbruin hare en kan ek uiteindelik ontslae raak van die sakdoek van die Huis van De Villiers.

Nadat ons die verfilming in Pringlebaai afgehandel het, kies ek en Dirk koers na Matjiesfontein waar die openingstoneel van die eerste seisoen geskiet gaan word. Ons moet die vroegoggendlig vang vir hierdie belangrike toneel. Langs die grondpad, oos van die Lord Milner Hotel, is 'n houtstoel teen 'n rotswand neergesit. Sloet is deur die Britte gevang en van hoogverraad aangekla, want hy is steeds 'n burger van die Britse Kaapkolonie. Hy is ter dood veroordeel. 'n Vuurpeloton moet die vonnis voltrek. Aangesien ek die afgelope sewe weke Sloet gespeel het, het ek 'n goeie idee wat hy op dié dag sou voel.

In die toneel sit Sloet geblinddoek op die stoel. In een hand het hy 'n sakdoek wat hy moet laat val wanneer hy gereed is om geskiet te word. Ek voel ongemaklik en bang agter die blinddoek, want ek weet talle Boere is op dieselfde manier tereggestel. Ek hoor die geluide van die soldate – Sloet se laksmanne – wat in 'n reguit lyn aangemarsjeer kom, twintig tree van my af. Terwyl die spanning oplaai, kom 'n perdekar aangery, met 'n man in 'n swart pak (gespeel deur Albert Maritz) wat die boodskap bring dat Sloet se vonnis na ballingskap op St. Helena verander is.

Wat doen Sloet toe hy die nuus hoor? In plaas van bly te wees dat sy lewe gespaar is, maak hy ernstig beswaar. Terwyl soldate sy hande losmaak, skree hy dat ballingskap 'n baie erger vonnis is as die dood. Toe die blinddoek afgehaal word, skeur hy sy hemp oop en smeek die soldate om hom te skiet. Die kyker kan nie meer twyfel oor die erns van sy haat vir die Britte nie.

Terwyl ons nog in Pringlebaai verfilm het, het ek hard gewerk aan die ontwikkeling van Sloet se karakter. Een afnaweek, klim ek die grou rotswand bo die Hangklip Hotel uit. Ek begin in 'n digbeboste kloof en is uiteindelik hoog genoeg om aan die agterkant van die berg uit te kom waarvan die steil, ruwe kranse oor die see uitkyk. Ek gaan 'n wêreld binne waar byna geen mens nog was nie. Ongeskonde natuur. Ou verwronge bome groei tussen die rotse, wat hulle teen brande beskerm het. Ek voel bevoorreg om tussen hulle te wees. Dit is asof ek my in die teenwoordigheid bevind van die voortvlugtige, ongetemde gees van Sloet Steenkamp.

Vyftig meter onder die kruin sien ek hoe die oerou rotse oor honderde duisende jare deur reënwater verweer is tot lang geute. Ek kan nie die gevoel ignoreer dat ek net 'n spikkeltjie in die grenslose ewigheid is nie. Ek is oortuig dat Sloet dit ook ervaar het. As jy jou onbeduidenheid in die aangesig van die ewigheid besef, verloor jy jou vrees. Ek verstaan nou waarom Sloet nie bang was vir die moontlike gevolge van sy soeke na vryheid nie en waarom hy hom nie veel gesteur het aan die opinies van ander nie.

Uiteindelik bereik ek die kruin en ek kyk af oor die rand van Hangklip

IS DIT JÝ?

Ek saam met Dirk de Villiers en die akteur Gert van Niekerk, wat die rol van Paul Johnson vertolk het. Foto: Barry Lucas

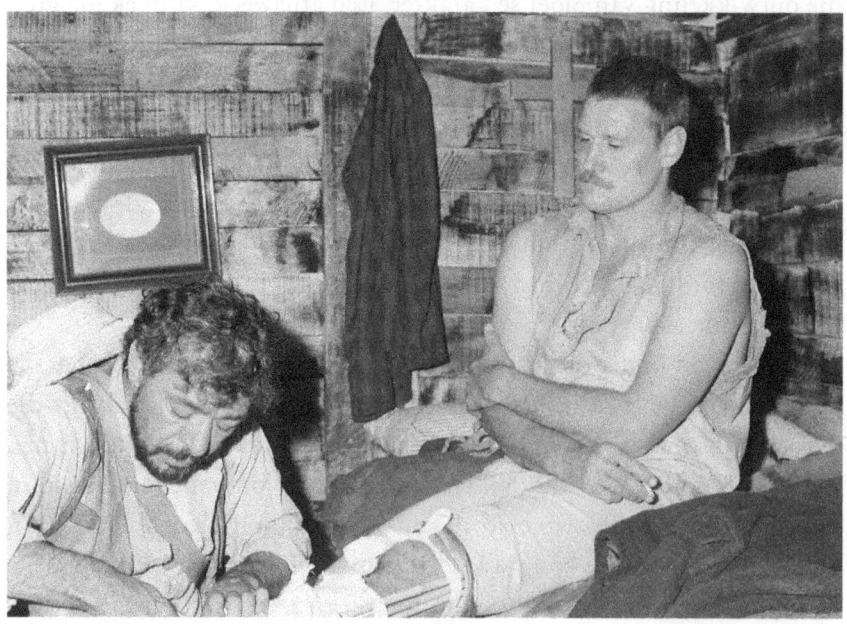

Hier oefen die akteur David Pieters, wat die visserman Sam Gobbler gespeel het, hoe om my been te spalk. Foto: Barry Lucas

Gavin van den Berg en die aktrise Jocelyn Broderick, wat die rol van Jo-Ann Wilks vertolk het. Foto: Barry Lucas

Akteurs en ekstras op die stel van *Arende*. Foto: Barry Lucas

na ons *Arende*-wêreldjie soos wat 'n arend dit sou sien. Ek voel sterk en vol energie terwyl ek oor die oseaan uitkyk. Die enigste geluide is dié van seemeeue en ander voëls wat speels deur die lug sweef. Toe die son begin sak, klim ek teen die berg af. Ek het heelwat bereik in my poging om Sloet se karakter beter te verstaan. Instinktief voel ek die gemeenskaplike grond tussen hom en my. Dit is 'n gawe van die gode wat op die kruin van Hangklip woon.

'n Groot deel van die verfilming van die tweede seisoen gebeur op 'n plaas, Die Waterberg, buite Barrydale. Die Britte is vasbeslote om Sloet Steenkamp vas te trek. Hy het 'n perd in die hande gekry ná sy ontsnapping. In een toneel moet hy 'n dronk Khoikhoi-man wat 'n windmakerige volstruisveer in sy hoed het, optel deur sy arm te gryp en hom tot bo-op die perd te swaai sodat hy net agter die saal kan sit.

Voor ek verder gaan, moet ek eers vier goed kortliks noem. Eerstens: Daar word beweer dat as jy reeds elf keer van 'n perd afgeval het, dit aanvaar kan word dat jy uiteindelik 'n ruiter is. Ek het lank voor die tweede seisoen van *Arende* al heelparty meer kere as dit afgeval, maar ek is nog steeds bang vir perde. Tweedens: 'n Mens moet probeer voorkom om in die Karoo perd te ry, aangesien daar oor die algemeen te min plekke tussen die miljuisende rotse is waar jy kan val sonder om jou bene te breek. Derdens: Waaghalse moet liefs gebruik word om truuks met perde uit te haal, want vir 'n akteur is dit reeds 'n kuns om 'n perd oortuigend te kan ry (met die uitsondering van Gavin van den Berg, wat vir die eerste keer in 'n saal geklim en gelyk het of hy daar gebore is). Vierdens: Ek het geleer dis baie makliker om 'n perd teen 'n opdraand te beheer. Dis veel erger as jy teen 'n afdraand afval. Regisseurs wat geld probeer spaar deur akteurs te laat perdry, moet dit weet.

Dirk de Villiers het klaarblyklik geen kennis gedra van punte twee tot vier nie. Hy het my – 'n akteur, nie 'n waaghals nie – 'n perd laat ry in die Karoo op die *afdraande* deel van 'n grondpad. Ek is veronderstel om aangegalop te kom op my perd en 'n man met 'n volstruisveer in sy hoed op te tel omtrent halfpad van waar die kamera staan. Dit is hoe die toneel opgestel is, met my bo-op 'n senuweeagtige perd met die naam Bloukrantz.

Toe Dirk roep "Aksie!" por ek Bloukrantz aan tot 'n galop terwyl ek my bes doen om te lyk soos iemand wat in die Karoo perdry vandat hy agt jaar oud is. Alles gaan goed tot waar ek die volstruisveerman moet optel. Ek kry dit reg om oor te leun, hom met my regterarm te gryp en sonder seremonie boontoe te pluk sodat hy op Bloukrantz se breë rug beland.

"Wat 'n geluk! Dié shot mag dalk net werk!" sê ek vir myself.

Al wat ek, Bloukrantz en die volstruisveerman nou nog moet doen, is om verby die kamera te galop en uit die beeld te beweeg. Maar daar is 'n probleem. My mede-akteur is 'n ekstra wat nog nooit voorheen toneel gespeel het nie en, erger, nog nooit op 'n perd gery het nie. Van dié arme man word verwag om bo-op Bloukrantz se bewegende rug te bly.

"Ooooo, jirre, meneer, help my! Ek gaan myself vrek val!" skree hy.

"Hou vas, Boetie. Ons moet net die donnerse shot klaar kry!" sê ek uit die regterkant van my mond sodat die kamera nie kan registreer dat ek praat nie. Ons moet omtrent nog net 20 meter galop en ek moedig Bloukrantz aan. Dit flits deur my kop dat my oupa Cecil McWilliams, wat in die Britse kavalerie geveg het, so 'n goeie ruiter was dat hy die Grand National gewen het – daardie resies waarin hulle oor heinings en slote spring.

Volstruisveerman word al hoe meer paniekerig hier agter my. "Ooooo, jirre, meneer, help my!" sê hy weer.

"Nee, man, ons is amper daar!" skree ek so hard as wat dit moontlik is vir 'n man wat net die een kant van sy mond gebruik. "Gryp my baadjie en hou vas!"

Die wanhopige ekstra gryp my baadjie en klou vas. Nog net 10 meter.

Net toe ek dink ons gaan dit haal, breek die buikriem onder Bloukrantz se pens. Die druk wat ek op die stiebeuels moes uitoefen om vir my passasier se geklou aan my rug te kompenseer was net te veel. Die saal sak skeef en ek kan niks anders doen as om links van die perd af te duik nie.

Asof in stadige aksie sien ek tot my skok dat ek op 'n klipharde grondwal gaan beland. Dit verhoed dat ek my ou truuk vir wanneer ek van 'n perd af val – om om te rol sodra ek die grond tref – kan uithaal. Om sake te vererger val volstruisveerman bo-op my, en my linkerbeen tref die wal met ons gekombineerde gewig.

Die impak op my linkerdy is geweldig en ek weet ek is ernstig beseer. Ek stoot volstruisveerman van my af – hy makeer niks, aangesien hy my

IS DIT JÝ?

Sloet en dominee Theo Bloemfontein, vertolk deur Albert Maritz.
Foto: Barry Lucas

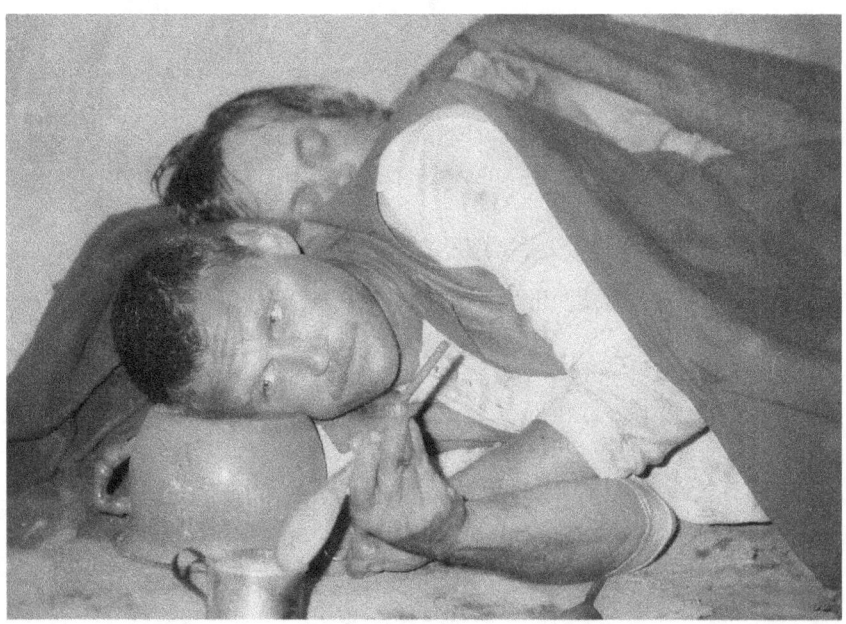

Sloet en 'n ander krygsgevangene, gespeel deur die akteur Neels Coetzee.
Foto: Barry Lucas

as 'n landingstrook gebruik het – en voel aan my been. Ek is verbaas dat dit nie gebreek is nie, steier orent en skud die stof, grond en droë gras van my klere af.

"Jammer, meneer," sê hy terwyl hy hom afstof. Ek antwoord nie, want my aandag word afgelei deur dit wat by die kameraspan gebeur. Ek kan sweer ek hoor 'n gelag. Selfs al kon dit baie snaaks gelyk het vir mense 20 meter weg, is "snaaks" die laaste woord waaraan ek dink terwyl ek sukkel om regop te staan.

Toe hoor ek Dirk roep: "Haai, is julle oukei?"

Ek het te veel pyn en is te geskok om te praat, draai net om en hink weg. Ek is gekwets en kwaad dat ek gedwing is om 'n truuk uit te haal waarvoor ek nie opgelei is nie. Dirk roep weer agter my aan en ek besef hy volg my. Ek versnel my pas so veel as wat ek kan.

"Meneer Roberts!"

Ek hou net aan met loop. Soos ek nou voel, kan ek dwarsoor die berge loop tot by die Atlantiese Oseaan, omtrent 60 kilometer verder, en gaan swem.

"Sorry, man!" Ek kan hoor Dirk haal swaar asem. "Stop nou, jong, asseblief!"

Ek gaan staan en draai om. Hy kom 10 meter van my af tot stilstand.

"Fok jou movie in sy hele militêre moer in, Dirk!" brul ek.

Ek draai om en loop verder, nou definitief op pad na die einder. Dirk hyg en blaas nog steeds agter my. Ná 'n halwe kilometer sou die meeste regisseurs omgedraai het, die verfilming vir daardie toneel opgeskort en 'n eerste-assistent-regisseur gestuur het om die wegloper-akteur te gaan haal. Nie Dirk nie. Hy weet ons deel iets: die stelreël dat die movie eerste kom.

"Stop nou, jong, ek word moeg," sê hy nogal uitasem.

Ek gaan staan en draai om. Ons kyk na mekaar. Dit is 'n toneel wat herinner aan 'n skietgeveg in 'n cowboyfliek.

"Sorry, man. Is jy oukei?"

"Nee, Dirk, ek's glad nie oukei nie."

"Ek's regtig jammer. Waaghalse is baie duur."

"Ag, man, ek sal darem seker leef."

Dirk verskuif sy gewig van die een been na die ander. Hy weet wat hy nou gaan vra, is meer as vermetel, dit is bespotlik. "Sal jy dan nog 'n take kan doen?"

IS DIT JY?

Ek glo nie wat ek hoor nie. My been is klaar op twee plekke aan die swel. Dit is heeltemal onvanpas om die toneel sonder 'n waaghals te skiet. En tog, hier vra hy my om weer in Bloukrantz se haastig herstelde saal te klim en alles oor te doen ...

Dirk is heeltemal gek! Maar ek ook. Ons is albei effe gek. Om die waarheid te sê is die hele span 'n bietjie mal in die kop. Welkom op die stel van *Arende II* – 'n gevaarlike plek – en welkom by die Suid-Afrikaanse manier om 'n rolprent te maak.

"Ja, sure, Dirk, kom ons gaan skiet daai toneel in sy glory in!"

"Nou praat jy, my maat!" sê hy en glimlag triomfantelik. En ons loop terug na die stel.

12

Wanneer 'n Afrikaanse meisie jou haar kêrel noem

ARENDE WAS NIE NET 'N keerpunt in my loopbaan nie, maar het ook 'n omwenteling in my persoonlike lewe bewerkstellig toe Michelle Botes op die stel aanland. In 'n toneel in die eerste seisoen klim Sloet teen 'n steil rotswand na die see af, in 'n desperate poging om kaptein Kerwin en sy manne te ontduik wat hom te perd jag. Hy gly, val en beseer homself sleg. (Soos gewoonlik moet ek die waagstuk self uithaal teen die kranse naby Hermanus.) Dit is so te sê verby met Sloet. Sy been is erg beseer en hy kan skaars beweeg, maar hy word deur 'n plaaslike visserman van St. Helena gered. Dié het 'n bootjie, baie moed, 'n groot hart en selfs nog groter haat vir die Britte. Sy naam is Sam Gobbler, uitstekend gespeel deur die Kaapse akteur David Pieters.

Sam kom op die fisiek gebroke Sloet af wat halflyf in 'n getypoel lê, met die aanstormende branders wat dreig om hom te verswelg en vir goed uit te wis. Hy sleep Sloet na sy houthut wat romanties tussen die kranse aan die rand van die see geleë is. Sam het 'n beeldskone jong dogter wat hy Prinses noem, betowerend gespeel deur Michelle Botes. Prinses is geweldig aangetrokke tot kaptein Kerwin en hy tot haar, selfs al kan hy dit nie werklik laat blyk nie vanweë sy Engelse obsessie met klas, die stywe bolip en al daardie ingewikkelde, saamgekoekte onsin.

Wanneer Prinses se pa 'n groot, woeste en beseerde Boer na hul hut bring, is sy baie ongelukkig ("Hulle sal ons in die tronk gooi omdat ons 'n gevangene versteek!"). Maar haar pa is vasbeslote. Hy gaan Sloet versorg tot hy gesond is en hom dan op 'n skip smokkel met behulp van sy konneksies in Jamestown se hawe. Sloet herwin sy kragte terwyl Prinses haar pa se domheid verdra, totdat Sloet laat een nag die "badkamer" binnestrompel waar Prinses in 'n groot sinkbad sit. Sy is kaal. Al is Sloet totaal oorgehaal om terug te gaan na Suid-Afrika waar sy geliefde vrou vir hom wag, kan hy homself nie keer om na Prinses se skoonheid te staar nie. Hoe dit ook al sy, die toneel "Sloet Steenkamp staar na Prinses" is terselfdertyd "Akteur Ian Roberts staar na aktrise Michelle Botes".

Ek het Michelle een keer tevore ontmoet as die vriendin van Anton van der Linde, klankman en medewerker aan talle van Manie van Rensburg se movies. Ek het by Anton in sy blyplek in Woodstock in Kaapstad gekuier toe hierdie pragtige verskyning inkom: sy meisie, Michelle.

Ek het nog nooit so 'n skoonheid teëgekom in my rondjakkertyd nie. Sy het 'n bos skitterende, donker krulhare, 'n sterk dog delikate kaak en vierkantige skouers. Sy het pragtig vloeiende hippieklere aan – soos 'n sigeuner – met stukkies silwer en goud wat in die sonstrale van Anton se huis blink. Sy haal 'n pakkie Franse Gitanes-sigarette uit en steek een aan. Ek is betower en hou haar dop terwyl sy die sigaret tussen duim en wysvinger vashou en die heerlik aromatiese mengsel van burley, Turkse en 'n bietjie Virginiese tabak uitblaas. Ek asem so veel as moontlik van die rook in. Sy praat Afrikaans met 'n diep, hees stem. Boonop vertel sy my sy is 'n aktrise.

Met die verfilming van *Arende* plaas Pieter, die produksiebestuurder, in al sy wysheid vir Michelle in dieselfde strandhuis saam met my en Jocelyn Broderick. Ons kry 'n afnaweek en almal is opgewonde om terug te gaan na Kaapstad, maar die voorstede is die laaste plek waar ek wil wees. Ek besluit om aan te bly in Pringlebaai om in die berge rond te loop of om die branders te gaan vang in Koeëlbaai. Saans wil ek gaan eet en drink by Otto in die Hangklip Hotel. Maar dié Vrydagaand sê Otto hy het ook 'n ruskans nodig en gaan die hotel vir die naweek sluit. Ek is baie afgehaal, maar gelukkig neem Hansie, die kroegman, my na al sy gunstelingdrinkplekke in Kleinmond.

Ek, Hansie en sy vriende hou van Saterdag- tot Sondagaand partytjie voor ek teruggaan na Pringlebaai. En daar word ek geseën met die verskyning van Michelle wat van haar besoek aan Kaapstad terugkom. Twee dae het haar nog mooier gemaak. Sy fladder soos 'n vlinder en het 'n groot rottangmandjie by haar vol koffie, koekies en dinge vir die huis wat sy in die kombuis uitpak.

Vir 'n alleenloper is daar 'n vreemde aantrekkingskrag in 'n vrou met 'n mandjie vol eetgoed wat sy wil deel in 'n knus cottage terwyl die storms

Dirk de Villiers en Michelle Botes, wat die rol van Prinses Gobbler vertolk het.
Foto: Barry Lucas

buite woed. Ons is albei nog jonk, sorgeloos en dalk 'n bietjie mal.

Een dag toe daar nie tonele met Sloet geskiet word nie, loop ek in die omliggende fynbos rond en is verbaas om verskillende soorte blommetjies teë te kom. Ek pluk 'n klompie, want ek weet Michelle sal daardie aand op die stel wees. Die vriendskap tussen my en Michelle het intussen ontluik tot iets spesiaals. Ek weet sy hou baie van hierdie blommetjies wat rondom die stel groei en wat min mense klaarblyklik raaksien. Aangesien ek 'n teruggetrokke Kreef is, wil ek nie hê enigeen moet weet dat ek mal is oor die meisie nie. Ek tel 'n weggegooide goiingsak aan die rand van die kamp op en sit die blomme daarin. Toe ek weer vrye tyd kry, gaan pluk ek nog blomme. Ná die aand se verfilming gee ek ongeërg die sak vir Michelle.

In die huis het ek, Jocelyn en Michelle in dieselfde bed begin slaap – die groot matras wat ek op die vloer van die ruim boonste vertrek met die enorme venster neergesit het. Ná 'n partytjie by die Hangklip Hotel lê ons in die donker en kyk na die woelige see in die maanlig en raak aan die slaap, gesus deur sy dreuning en geruis op die rotse daar onder, vergesel van die klanke van Fleetwood Mac.

Ons lewens wissel soos die getye, en dit is goed. Dit is hierdie vibrerende lewenslus – hierdie magie – wat die tonele besiel waarin ons elke dag optree. Maar in die lig van my spreuk "die movie kom eerste" besluit ek en Michelle om ons verhouding nie formeel te maak tot die eerste seisoen van *Arende* voltooi is nie.

Soos die einde van die eerste seisoen naderkom, is daar vir my en Michelle al hoe minder om op die stel te doen. Op dié stadium is dit al 'n ernstige verhouding. Ek kan nie onthou presies wanneer en hoe ons besluit het om te trou nie. Daar was beslis nie 'n diamantring in 'n fluweelboksie nie; ek het nie op een knie afgesak nie en Michelle kan nie onthou dat sy "ja" gesê het nie. Dit was asof deur 'n magiese ingewing van die heelal ons albei geweet het ons gaan trou. Ons het nie eens die moeite gedoen om verloof te raak nie. Sy bel haar ma, Suzie, in Windhoek en sê: "Ek het my kêrel gevind, Ma. Ons gaan trou."

Ek hoor toevallig dié gesprek. As 'n Afrikaanse meisie sê "my kêrel" moet jy weet sy het haar man gekies. Ek besluit dat ek maar my ouers ook moet inlig.

"Ek het die meisie van my drome ontmoet, Ma. Ons gaan in daardie kerkie in die Hogsbackberge trou," sê ek op 'n dag aan die einde van Junie 1988 vir my ma. Dit is drie weke ná die voltooiing van *Arende 1*.

"Goeie hemel, seun, dis wonderlike nuus. Wie is die meisie?"

"Haar naam is Michelle Botes, sy's 'n aktrise," sê ek.

"Gottatjie, my seun … sy klink Afrikaans."

"Ja, sy is, Ma."

Selfs al is my ma van Ierse afkoms, is sy iets van 'n rojalis en volg gretig alle dekking wat die Britse koningshuis op televisie kry. Een van haar McWilliams-voorvaders het ook teen die Boere tydens die Anglo-Boereoorlog geveg en ek veronderstel dat sy gedink het die Afrikaners is eintlik uitlanders, ten minste vir ons familie.

Ek vertel my ma 'n bietjie meer van Michelle en hoekom ek op haar verlief geraak het. Al het sy Michelle nog nie ontmoet nie, bevraagteken sy nie my besluit nie. My ma het my al 'n paar jaar lank dikwels gevra hoekom dit my so lank neem om te trou, waarop ek geantwoord het: "Kyk na Prins Charles … hy's nie getroud nie." Dit het haar 'n rukkie lank tevrede gestel, maar toe gaan trou Charles in 1981 op ses-en-dertigjarige ouderdom en nou is ek ook so oud. Ek vermoed sy was baie verlig toe ek haar van Michelle vertel het. Sy het altyd gesê: "Seun, ek gee nie om met watter vrou jy trou nie, so lank sy net gaaf is." En Michelle is gaaf.

"Wanneer wil julle dan trou?"

"Gou! Op die negende Julie."

Ek en my pa het 'n gesprek van 'n ander aard. Hy is altyd bekommerd oor die praktiese sy van sake, soos geld. Selfs al vertel ek hom ek verdien goed met die TV-reeks wat ons maak, dring hy daarop aan om 'n groot bedrag te bewillig vir die troue.

Intussen het my formidabele agent, die legendariese Moonyeenn Lee – ek het oorgeskuif na haar agentskap, MLA, met die instemming van my vorige agent, Sybil Sands – vir my 'n rol gekry in 'n ander movie wat in Johannesburg geskiet word. Dit was 'n verhaal oor die gevolge van die Ontugwet, wat seksuele verhoudings tussen mense van verskillende rasse verbied het. Die hoofrolle word deur Jana Cilliers en Bill Flynn gespeel; ek speel 'n polisieman. Die tonele waarin ek is, sal in Braamfontein geskiet word, in die nag, maar ek is geskeduleer om die volgende oggend op die stel van *Arende* te wees vir die eerste tonele van die reeks. Ek moet op Matjiesfontein in die Karoo wees, ongeveer 'n duisend kilometer daarvandaan. Toe die Johannesburg-opnames afgehandel is, spring ek in die pad suidwaarts met my VW Kombi-paneelwa en ry dwarsdeur die yskoue nag. Ná daardie laaste tonele op Matjiesfontein geskiet is, wag my kamer op Laingsburg vir my, maar ek het 'n meisie in Kaapstad met wie ek gaan trou en ek val weer in die pad, Kaapstad toe.

Ek gaan bly by my suster Jane wat, ongeag haar omstandighede, my altyd in haar huis verwelkom. Ek en Michelle sal binnekort na die plaas vertrek waar my ouers koorsagtig besig is om die seremonie te beplan. My ouers is twee van die mees tegemoetkomende mense wat ek ooit geken het. Selfs al het hulle nie altyd mooi verstaan waarom hul kinders dinge op 'n sekere manier gedoen het nie, het hulle ten slotte tog begrip daarvoor gevind.

Ek was, daarenteen, nog nie ten volle oortuig van die trou-ding nie. Ek sê vir Michelle ek moet alleen die wildernis in om antwoorde te kry op sekere lewenskwessies, spesifiek of ek moet trou of nie. Die meeste vroue sou uitgemaak het by die geringste suggestie van twyfel, maar Michelle is nie daardie soort vrou nie en sy laat my gaan met haar pragtige glimlag.

Ek koop 'n stofie met 'n klompie gasbottels, 'n rugsak, 'n slaapsak, 'n potjie, kos – insluitende tee, koffie, suiker en poeiermelk – en vertrek na die wildernis, net soos in my Jagter-Versamelaardae. Ek ry na Elandsvlei in die Tankwa, die halfwoestyn wat tussen die Cederberge en Sutherland lê, en gaan oornag by dieselfde mense waar ek gebly het tydens die verfilming van *Verspeelde Lente*. Die volgende dag begin ek weswaarts stap in die voetheuwels van die Cederberge.

Sedert ek vir die eerste keer in 1982 op Elandsvlei gekom het, was ek betower deur die Tafelbergpiek – die hoogste punt van die bergreeks – wat grimmig en sneeubedek is in die winter. Ek stap na dié magiese berg, want ek glo dat die geeste wat op dié plek woon in staat sal wees om sommige van die vrae te beantwoord wat gewone sterflinge nie kan nie. Op die eerste dag maak ek goeie vordering, maar besef gou die berg is baie verder weg as wat dit lyk.

Daardie nag waai 'n bitter koue wind en ek is bo-op 'n boomlose plato. Soos wat dinge hagliker word, het ek al dringender skuiling nodig – 'n groot rots, 'n digte boskasie, enigiets. Ek kan nie goed sien in die skemer nie en het vergeet om 'n flits saam te bring. Die enigste uitweg is om bergaf terug te gaan waar ek weet 'n kloof met bosse en vuurmaakhout is … maar dit sal 'n nederlaag beteken.

Ek is op die punt om om te draai toe ek skape hoor blêr. Skape = wol = hitte, dink ek terwyl ek na die geluide toe loop. Ek kom op 'n klipkraal vol skape af. Aan die een kant is 'n soort tent vasgemaak – net 'n stuk seil om 'n windskerm te vorm. Binne is twee tienerskaapwagters. In Afrikaans vra ek of ek die tent met hulle mag deel – ek het koffie, tee, suiker en poeiermelk as ruilmiddels. Hulle stem in en ons drie deel die klein ruimte, ons gekombineerde liggaamshitte 'n vertroosting teen die vrieswind.

Ek het dikwels saam met Pese en Kununu Piet, Djonni Kieghlaar en Pieter Trompetter in 'n tentjie in die Oos-Kaapse bosse geslaap, maar ek ken hierdie outjies van g'n kant nie en ek is bang om aan die slaap te raak. Wat keer hulle om my oor die kop te slaan, al my goed te vat en in die nag te verdwyn saam met hul skape? My verbeelding hou my lank wakker tot een van hulle begin snork. Getroos raak ek aan die slaap.

Die volgende oggend terwyl ons koffie maak, besef ek my wilde verbeelding het die onskuldige siele van my kamerade aangetas. Ek vertel hulle ek wil Tafelberg uitklim, maar hulle sê dis onmoontlik. Drie dae is te min, dis te ver en daar is te veel ander berge op pad daarheen. Ek verander daarom van rigting en loop suidwaarts na 'n riviertjie tussen die kranse. Laatmiddag kom ek daar uit en begin die steil, rotsbesaaide helling afklim na die stroom. Daar het ek ten minste water. Langs die stroom is 'n groot rots en daaronder is 'n plek waar ek kan inkruip om te slaap. Dit is my geluk, want die nag daal vinnig en ek het nie 'n tent of 'n veilige plek om te slaap nie.

Ek skrop nes en kook water vir tee op my Italiaanse gasstofie (wat ek, moeilik om te glo, vandag nog het en gebruik). Die skaapwagters het my gewaarsku om versigtig te wees: Daar is honger luiperds in dié berge. Ek kruip verder onder die rots in en lê daar. Ek kyk uit na die landskap wat deur die helder maan verlig word en luister na die geklater van die water wat oor die rotse vloei.

In die middel van die nag word ek wakker en hoor iets wat by my vuurmaakplek beweeg, maar die maan is onder en dis te donker om

IS DIT JY?

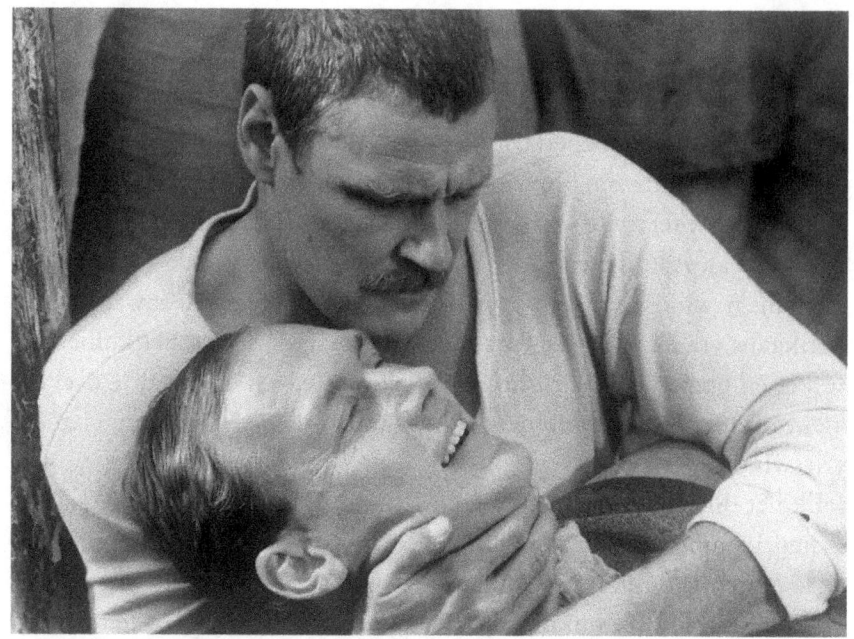

Sloet in die laaste oomblikke saam met die karakter Paul Johnson, vertolk deur Gert van Niekerk. Foto: Barry Lucas

te sien. Toe ek die volgende oggend wakker word, sien ek 'n luiperd se spoor in die sand rondom my rots. Al wat hy gekry het, was 'n klompie teesakkies en 'n leë sardientjieblik. Terwyl ek langs die riviertjie sit en koffie drink, dink ek dat die luiperd se besoek dalk 'n teken is dat ek moet voortgaan met my trouplanne.

Op daardie oomblik hoor ek 'n gesuis in die lug. Ek kyk op en sien 'n reuse-arend wat bo my vlieg. Hy land anderkant die stroom op 'n krans regoor my en sit daar in die vroegoggendson in al sy glorie. Ek stel my verkyker in op hom. Dit is 'n pragtige, sterkgeboude swart arend en ek is oortuig daarvan hy hou my met sy vurige oë dop.

In die finale toneel van *Arende 1* bring Paul C Venter al die drade van die verhaal bymekaar om die seisoen af te sluit. 'n Sportdag word tussen die Britse soldate en die Boere gehou en dié speelse konfrontasie word versuur toe die Boerepasifis Paul Johnson teen 'n watertoring opklim, met 'n rewolwer as die simbool van die geweld wat hy verafsku. Die Britse troepe verstaan Paul se optrede verkeerdelik as 'n daad van aggressie en 'n skoot weerklink. Die koeël tref Paul en hy val hom te pletter.

Terwyl hy sterf, kyk hy op na Sloet en sê sy laaste hartverskeurende woorde: "Ek sien 'n arend, Sloet! Hy vlieg hoog in die lug. En hy's vry, Sloet. Hy's vry!"

Ek is in verwondering. Hier reg voor my, in die Tankwa-woestyn, is Paul se arend. "Sloet," sê hy klaarblyklik, "gaan haal daardie prinses in Kaapstad en trou met haar!" Skielik, asof dit my gedagtes benadruk, lanseer die enorme voël hom van die krans af en vlieg op. Hy sirkel bo my, al hoër en hoër. Ek volg hom met my verkyker totdat hy uit sig verdwyn. Ek haal my notaboek uit, vat my balpuntpen en skryf: "The eagle has risen, taken up its thermal and left."

Twee weke later is ek en Michelle toe getroud. Die seremonie is in 'n kerkie in die Hogsbackberge gehou en die onthaal was by die King's Lodge Hotel. Talle spesiale vriende en Oos-Kaapse boere het dit bygewoon. Aan die einde van die aand het ek en Michelle onderdeur 'n laning van mensearms geloop terwyl 'n sesstuk-jazzband van Oos-Londen gespeel het.

Ons ry weg in 'n wit wêreld wat in die motorligte glinster van suiwerheid en volmaaktheid. Dit het gesneeu op die Hogsback en ons spore strek agter ons uit, donker in die witheid. Ons ry deur die donker asof ons in die buitenste ruim is op 'n eenrigtingreis die ewigheid in.

13

Camel Man

TUSSEN DIE VERFILMING VAN DIE eerste en tweede reeks van *Arende*, stel Moonyeenn my voor as 'n kandidaat in die wêreldwye soektog na 'n nuwe Camel Man (die verteenwoordiger vir die Camel-sigarethandelsmerk). Daar is 'n gerug dat die huidige Camel Man longkanker gekry het (dalk van te veel Camels rook?). Uiteindelik word ek gekies as Afrika se inskrywing.

Hierdie opwindende kans volg kort op die geboorte van my eerste kind, Cara, 'n ervaring wat 'n mens nederig maak, wat jou jou plek in die heelal laat herbedink. Ná agt ure van kraam in die manjifieke watergeboorte-eenheid van die Johannesburgse Algemene Hospitaal (vandag die Charlotte Maxeke Johannesburg Akademiese Hospitaal), kom die suster na my met 'n bekommerde uitdrukking op haar gesig. "Die baba verduur stres, ons moet jou vrou 'n epiduraal gee."

Ek sê vir Michelle wat die suster voorgestel het. "Ek het nie 'n epiduraal nodig nie, ek kort 'n Camel Filter!" is haar ferm reaksie.

Ek dra haar na die rookkamertjie, met 'n verpleegster wat saamtrippel met 'n drup op wiele. (Destyds was ons nie bewus van die skadelik gevolge van rook tydens 'n swangerskap nie.) Met haar ouwêreldse, donker oë kyk Michelle na my terwyl sy die Camel tot by die filter rook en die stompie dooddruk. "Gee my nog een …" Ek kyk hoe sy die tweede sigaret rook, maar omtrent halfpad druk sy dit dood. "Ek's reg," sê sy en ons gaan haastig terug na die watergeboorte-eenheid.

'n Paar minute later maak Cara haar opwagting in die wêreld. As die enigste man staan ek daar met bewende bene toe die vroedvrou die baba uit die water lig. Dit is asof die aarde sidder. Niks kan jou op dié oomblik voorberei nie. Ek herinner my aan Manie van Rensburg se reaksie toe ek hom vertel ek gaan trou. Hy het veelseggend geknik en gesê: "Trou is fokkol, Ou Grote. Maar as jy 'n kind kry, gaan jou lewe nooit ooit weer dieselfde wees nie."

Dit sal 'n groot uitkoms wees vir ons jonggetroudes met 'n pasgebore baba as ek die nuwe Camel Man word. Ek vlieg na Los Angeles sodat die Amerikaanse agente my van naderby kan beskou. Dit is die eerste keer dat ek eersteklas vlieg. Daardie tyd kon jy nog op vliegtuie rook. Toe die passasiers tot rus kom en aan die slaap raak in hul luukse sitplekke met hul oogmaskers aan en oorproppe in, gaan ek na die sitkamer op die boonste vlak. Ek skuif van venster tot venster en staar verruk na die weerlig in die reusagtige cumulonimbus-wolke in die nag bokant Kilimandjaro. Ek was nog altyd 'n naguil en dink nie ek het enigsins gedurende daardie magiese nag geslaap nie.

Die volgende oggend gaan ek op Heathrow-lughawe aan boord van 'n TWA-vliegtuig. Ons vlieg oor die stormagtige Noord-Atlantiese Oseaan na "the land of the free". Ek kyk gefassineer hoe reusedeinings ver daar onder oor die diepsee rol, met massiewe kamme van tuimelende wit skuim. Ons bereik die Noord-Amerikaanse kus en vlieg oor die sneeuwit binneland wat uitgestrek lê en eindeloos lyk.

Ek is op pad na die beroemde Hollywood, maar terwyl my opwinding begin bou, raak ek ook al hoe meer bekommerd. Ek gaan teen akteurs en modelle van dwarsoor die wêreld meeding. Ek voel die vlinders van onsekerheid in my maag rondfladder, maar mettertyd begin 'n kalmerende gedagte in my kop vorm: Dit maak nie saak hoe belangrik 'n buitelandse ster is nie, die kameraskoot wat hom omraam is presies dieselfde as die een wat my gaan omraam. Ek onthou ook wat ek geleer het van kameralense en raamgroottes uit my Fotografie-studie in die 1970's en neem my voor om dié kennis tot my voordeel te gebruik.

Niemand daag op om my by die Los Angeles-lughawe te kom haal nie, maar dit ontstel my nie so veel as die feit dat ek nie my Franse Opinel-sakmes kan terugkry wat ek by die lughawe-sekuriteit in Suid-Afrika moes inhandig nie. Dit het êrens tussen Jan Smuts-lughawe en Los Angeles Internasionaal verdwyn. Terwyl ek wonder wat om volgende te doen en hoe ek Moonyeenn kan kontak, kom 'n man wat ek op die vliegtuig ontmoet het na my toe. "Is everything okay there, son?" vra hy. Dit is James Retty, 'n spesialisagent in Hollywood. Hy gaan inspekteer vooraf die hotelle of woonstelle waar groot sterre soos Clint Eastwood en Meryl Streep gaan bly.

"Nee, James," antwoord ek. "Ek was veronderstel om opgelaai te word."

"Weet jy waar jy bly?"

Ek wys vir hom 'n papiertjie met my hotel se besonderhede.

"Santa Monica – geen probleem. Ek woon daar naby. Ek sal jou neem."

Ek is verbyster om dié soort vriendelikheid en behulpsaamheid te ervaar wat 'n mens eerder in die Oos-Kaap as op Los Angeles se lughawe sou verwag. Terwyl ons in James se geel Cadillac op 'n breë snelweg na Santa Monica ry, bedank ek hom uit my hart. Hy maak selfs seker dat ek by die hotel ingeboek is voor hy wegry.

Die hotel is nogal vreemd. Deur die dun houtmure kan ek die mense in die kamer langsaan hoor. Dit is baie on-Suid-Afrikaans.

Selfs al het ek liggies dronk geword terwyl ek kreef geëet het tydens my eersteklasvlug, red dit my nie van 'n ernstige aanval van vlugvoosheid nie. Teen omtrent drieuur die oggend gee ek op om te probeer slaap. Ek trek aan en loop deur die foyer tot in die verfrissende naglug. Ek loop in 'n breë, goedverligte straat af met op die oog af fatsoenlike huise weerskante, toe ek agterkom 'n groot polisievoertuig volg my. Ek hou net aan loop. Uiteindelik stop hulle langs my.

"Goeienaand, meneer. Waar kom jy vandaan?"

"Van Suid-Afrika."

"Afrika?"

"Ja, eintlik Suid-Afrika."

"Oukei, wel, selfs al is jy van Afrika, is daar geen manier waarop 'n man soos jy verder in hierdie straat behoort af te loop nie. Jy beter omdraai en so gou as moontlik hier wegkom."

Ek het lank genoeg in Johannesburg gebly en hoef nie twee keer vertel te word van plekke waar jy moet wegbly nie. Ek loop terug na die hoofpad en kry 'n deurnag-pizza-plek. Ek is nog steeds vol van die kreef en het nie soseer 'n pizza nodig nie as die warmte van die plek. Ek hang daar rond en hou die mense dop. Sommige kom van partytjies af terug, meestal 'n bietjie dronk of bedwelm of beide, op soek na iets om te eet.

Ek is nog besig om die movie van werklike mense dop te hou toe daar 'n woordewisseling plaasvind. Ek hoor 'n man wat onbeskof op die jong Spaans-Amerikaanse kêrel agter die toonbank skree en herken onmiddellik sy aksent. Die sleggemanierde man is 'n Suid-Afrikaner en praat Engels deurspek met Xhosa. Het ek 16 000 kilometer gevlieg om gekonfronteer te word met die dronk onbeskoftheid van 'n landgenoot?

"Mamela umnqundu wakho," wil ek hom toevoeg. "Thula! Uyanxola njenge isidenge!" (Luister na my, poephol! Bly stil! Jy raas soos 'n idioot!) Ek is stomverbaas: die kanse dat so iets op my eerste nag in Amerika kan gebeur, is omtrent vyftig triljoen uit een.

Ek raak moeg daarvoor en besluit om liewer pad te gee as om betrokke te raak. Terug in my hotelkamer slaap ek lekker, ten spyte van die geluide wat deur die mure dring. Die volgende dag laai 'n netjies geklede jong drywer in 'n groot Yank-tank my op en ons ry deur die legendariese LA-mis na die Los Angeles County Arboretum and Botanic Garden. Drie enorme *Aloe ferox*'e rys langs die toegangshek op, met hul stekelrige blare grimmig teen die grys mis.

"Hoesit, ouens, dis goed om julle in hierdie vreemde bleddie plek te sien, my broers uit Afrika," sê ek half hardop.

"Wat sê jy daar, *my man*?" vra die drywer terwyl hy na my in die truspieëltjie kyk.

"Nee ... ek oefen net 'n bietjie dialoog." Daar is natuurlik nie dialoog in 'n oudisie vir Camel Man nie, want hy sê nooit iets nie, maar ek wil nie hê die drywer moet agterkom ek praat met die plante nie.

Ek word afgelaai by grimering wat in een van daardie blink, vaartbelynde karavane is wat 'n mens oral in die Verenigde State sien. Op die stel is daar 'n hete gesprek tussen 'n jong Amerikaanse akteur se agent en die regisseur. Die agent sê vir die regisseur sy kliënt, wat langs hom staan en vir my nogal sterk lyk, "gaan beslis nie in daardie donderse boom klim nie, dit was in elk geval nie in die instruksies nie!"

"Ek sal dit doen," sê die mal rooikop-Ier uit my mond.

Almal kyk na my.

"Waar's jou agent?" vra die regisseur.

"Sy is in Suid-Afrika."

Hy lyk baie in sy skik dat ek nie 'n agent by my het nie. Hy laat die kamera rol en ek begin klim. 'n Ent boontoe vra hy my om met 'n tou van dié boom na die volgende een oor te swaai. Halfpad vra hy of ek kan afspring grond toe. Vir 'n Jagter-Versamelaar wat op 'n tyd tot in die top van reuse-pekanneutbome geklim het om sakke vol neute te pluk, is dit maklike Mickey Mouse-dinge om te doen. Nadat ek 'n verskeidenheid scenarios op verskillende plekke uitgespeel het, kom ons by 'n groot meer in die botaniese tuin.

IS DIT JY?

In die volgende skoot moet ek 'n teug vat aan 'n Camel-sigaret en die rook uitblaas terwyl ek doodtevrede uitkyk oor die water. 'n Kameraman gee my 'n sigaret aan, maar dit is die swakste Camel op die mark – iets wat ek net in die ergste noodgeval sal rook.

"Jammer, man, maar het jy nie 'n behoorlike sigaret nie?" vra ek.

"Wat? Moenie vir my sê jy's regtig 'n donnerse roker nie!"

"Ja, ek is, en ek verkies op hierdie oomblik 'n Camel Plain. Dit was 'n lang dag."

Die man soek deur die boks Camel-produkte en, sowaar, hy gee vir my 'n onoopgemaakte pakkie heerlike Camel Plains.

"Jy's die eerste man wat vandag hier rook."

Ek vat 'n diep teug en blaas die rook uit oor die meer. Dis nie eers vir my nodig om die tevredenheid te speel nie.

Terug in die aluminiumkaravaan, terwyl my grimering afgehaal word, begin die parmantige jong grimeerkunstenaar met my gesels. "You're the guy, man. You're the guy," sê sy opgewonde. "Die res van hierdie queens sal nie 'n kameel aan 'n kameelhandelaar in Bagdad kan verkoop nie."

Vyf dae later moet ek 'n klompie agente in LA gaan ontmoet. In die groot foyer van 'n gebou naby die Warner Brothers-ateljees, kom 'n agent in 'n pak klere my hand skud. Hy stel homself voor as Mr Fenton.

"Meisies," roep hy, "kom kyk wie het ons hier. Hy kom van Afrika."

Talle goedversorgde, glimlaggende dames kom bekyk my. Ek voel nogal blootgestel, maar dit lyk of Mr Fenton hou van hul reaksie op hierdie klaarblyklik eksotiese kuriositeit uit die songebakte velde van Afrika. Toe begin ek en hy gesels.

"What's your box office?" vra hy.

Ek het dié vraag nog nooit voorheen gehoor nie, maar neem aan hy bedoel wat is die laaste movie waarin ek gespeel het en wat het dit by die loketkantoor verdien.

"Die laaste movie waarin ek gespeel het, het vier miljoen rand verdien," antwoord ek.

Dit lyk of hy daarvan hou, want die rand en die dollar het op daardie stadium min of meer dieselfde waarde gehad. Hy sê as ek na Amerika verhuis, hy seker is daarvan dat sy maatskappy vir my werk sal kry.

Toe ek terugkom in Johannesburg, vertel Moonyeenn my die Camel-mense het baie van my gehou en hulle wil 'n bedrag onderhandel dat ek 'n reeks advertensies in die oerwoude van Borneo kan gaan skiet. Sy het reeds 'n eerste kwotasies ingestuur vir $750 000. Dit is 'n huil-van-vreugde-belofte vir toekomstige finansiële sekuriteit. As ek suksesvol is in La-La-land, sal ek waarskynlik nooit weer hoef te werk nie.

Maar my gewete ry my. Gedurende my vroeë jare in die teater het ek oor die algemeen min verdien. Ek en my mede-akteurs het sterk gevoel dat ons kuns belangriker is as geld. Ek herinner my hoe een van my KRUIK-kollegas, Marthinus Basson (wat later 'n beroemde verhoogregisseur geword het), een keer die kans om goeie geld in 'n TV-advertensie vir 'n wynhandelsmerk te verdien van die hand gewys het.

"Hoe de moer sal ek voel as ek die advertensie doen en dan verby 'n klomp dronk bergies loop?" het hy gesê.

Ek het nooit vergeet hoedat Marthinus die etiese opsie gekies het nie en bly dink aan die miljarde nie-rokers oor die wêreld heen wat ek moontlik kan aanmoedig om te begin rook, en aan die rokers wat 'n rede sal kry om nog meer te rook. Ek het self 'n liefdesverhouding met tabak gehad en weet wat die mag van tabakbemarking is.

As ek nog 'n alleenloper was, sou ek dalk na LA gegaan het, maar ek weet ek sal vroeër of later daardie etiese besluit moet neem. En ek moet dit doen voor Moonyeenn se onderhandelinge vorder, anders sal ek haar vertroue verloor. Die spanning begin my onderkry terwyl ek worstel met die moontlikheid om te swig voor geld.

Uiteindelik besluit die politiek van die dag namens my. Weens die regering se apartheidsbeleid word ek 'n visum geweier om na Borneo te gaan en daar te werk. Die Amerikaners trek hul aanbod terug en ek hoef nie 'n sigaret aan 'n enkele siel te verkoop nie. Dank die hemel daarvoor!

Die tweede seisoen van *Arende* word in 1990 op Barrydale in die Klein-Karoo geskiet. Ek bly in die Barrydale Hotel – die enigste hotel op die dorp. Ek word vroeg reeds op die stel benodig en Michelle sou 'n bietjie later uit Johannesburg aankom. Ek is nuuskierig hoe Paul C Venter die storie van St. Helena na Suid-Afrika gaan verplaas en begin dadelik die draaiboek lees. Ek het egter nie ver gelees nie, want die begin gee my 'n geweldige skok. Die vervaardigers raak in die heel eerste episode van Prinses ontslae! Noem my bevooroordeeld aangesien ek met die aktrise getroud is wat Prinses speel, maar ek voel hulle maak 'n kardinale fout.

Dit druis beslis in teen al my storievertelinstinkte.

Daar word beweer dat akteurs nie ernstig opgeneem moet word wanneer hulle oor draaiboeke praat nie, maar teen dié tyd het ek reeds drie teaterstukke geskryf, benewens die feit dat ek die antieke kuns van storievertel om die Jagter-Versamelaars se kampvure aangeleer het. Ek gooi die draaiboek op die vloer en gaan na Dirk de Villiers se huis waar 'n byeenkoms van die akteurs en vervaardigers in volle swang is.

Voor ek aan die bier begin drink wat in my hand gestop word, gaan ek na Paul self, wat ook op die partytjie is. Hy staan langs die opdraggewende vervaardiger en ander grootkoppe van die SAUK. Ek sê wat my pla, maar die stem wat uit my mond kom, het die skerp klank van die mal rooikop-Ier s'n.

"Ek hou niks van die eerste episode nie!" sê ek hard genoeg dat almal kan hoor.

"O, nie?" sê Paul kalm. "Hoekom nie?"

"Julle maak 'n groot fout. Julle kan nie vir Prinses doodmaak nie!"

Toe praat Dirk: "Die draaiboekskrywer weet die beste, meneer!"

"Maar julle mag nie mors met die *ménage à trois* nie!"

Ek stel my saak. Die romantiese hoofrolle word gespeel deur kaptein Kerwin en Sloet Steenkamp, met Prinses wat tussen hulle vasgevang is. Haar natuurlike skoonheid en ongetemdheid is perfek vir die ontvouende verhaal, maar nou raak hulle van haar ontslae.

Ek weet nie presies hoe die situasie ontlont is nie, maar voor die son die volgende dag opkom, daag Paul by my hotel op om privaat met my te praat. Hy vertel my hy het die hele nag geworstel met wat ek gesê het en het tot die gevolgtrekking gekom dat ek reg is, maar dit is ongelukkig te laat om iets aan die saak te doen.

Later het ek die ware rede gehoor waarom Prinses se karakter gesny moes word. Michelle sou 'n hoofrol in 'n ander televisiereeks speel en die owerhede by die SAUK het gevoel dat as sy voortgaan om in *Arende* te verskyn, sy oorbelig sal word. Dit het vir my geen sin gemaak nie. Word 'n Hollywood-ster ooit as oorbelig beskou? Maar dit was die amptelike rede waarom Paul gedwing is om haar karakter uit te skryf.

In 1992 skiet ons die laaste episodes van *Arende* se finale seisoen op Douglas in die Noord-Kaap. Afdae gee my die geleentheid om dié klein boeregemeenskap en die omgewing tussen die samevloeiing van die Vaal- en Oranjerivier te verken. Ek weet dat dit op 'n plaas in dié distrik, en spesifiek êrens op die oewer van die Vaalrivier, was waar my oupagrootjie Llewellyn erg verbrand het toe hy 'n waterpomp geïnstalleer het. Sy toestand was kritiek en tien dae later het hy in Kimberley se hospital beswyk.

In Hoofstuk 1 het ek vertel dat ek verlangse familie het, die Jacksons, wat op die noordelike oewer van die Vaalrivier geboer het. Ek het vir hulle gaan kuier en hulle verwys my toe na die buurplaas. Terwyl ek die verlate plek van die ongeluk besoek, kom dit by my op dat ek, as 'n akteur, moet probeer om dié gevoel van verlatenheid te deurgrond. Eendag sal ek dit dalk kan gebruik in my toneelspel.

Die Jacksons het nog 'n plaas aan die suidekant van die rivier gehad waar hulle 'n soort cowboy-hut gebou het. Daardie middag word ek genooi om saam met hulle by die hut te braai. Die Jacksons was goeie ruiters en hulle het daarvan gehou om die era van Jesse James of Wyatt Earp na te boots met hul handskoene, leerbroeke met fraiings, stewels met spore en in die wyse waarop hulle hul gewere dra. Gedurende die braai oordink ek tevrede wat ek dié dag gedoen het: Ek het hulde gebring aan my oupagrootjie.

Arende is uiteindelik in 'n klomp tale oorgeklank en regoor die wêreld uitgesaai. Op 'n dag kom ek toevallig in 'n klankateljee en hoor hoe Sloet Steenkamp se stem in Sjinees oorgeklank word! Al ses en dertig episodes is oor die wêreld heen gekyk, onder die titel *Cape Rebel*, en in Suid-Afrika is dit in sy geheel vier of vyf keer uitgesaai. Alhoewel ons verheug was oor die sukses van die reeks, het nie een van die akteurs 'n sent tantieme ontvang nie. Patrick Swayze het my vertel dat as *Arende* in die Verenigde State vervaardig is, al die hoofrolspelers so ryk sou gewees het dat hulle nooit weer hoef te gewerk het nie. Maar ek dwaal af.

In Desember 2019, een-en-dertig jaar nadat ek die eerste keer op Pringlebaai gekom het vir die verfilming van *Arende*, besoek ek weer dié kusdorp. Ek is daar vir 'n konsert in die Hangklip Hotel. Ek is vroeg en besluit om met die paadjie af te ry om te sien of die huisie nog bestaan waar ons gebly het toe die eerste tien episodes geskiet is. Die huisie is nog daar, hoewel die kleur verander is van 'n helder en treffende pienk na 'n stemmige en vervelige roomwit. Dit is hartseer om te sien dat die grondpad na die hotel, een van die min oorblywende afgeleë plekke met 'n mistieke kwaliteit, geteer is. Soveel dinge het verander.

14
Om vanuit jou binnegoed toneel te speel

GRETIGE JONGMENSE VRA MY DIKWELS wat hulle moet doen om akteurs te word. Ek sê altyd dieselfde ding: "Gaan kry 'n werk in die regte wêreld." As hulle verbaas lyk, voeg ek by: "Gaan doen enigiets, maar werk met mense. Verdien geld. Geniet dit. Gaan studeer daarna ... en *dan* sal jy gereed wees om die kuns van toneelspel te leer."

Ek het 'n smorgasbord van dinge gedoen voordat ek uiteindelik gaan studeer het: diensplig, deur-tot-deurverkoopsman gespeel en 'n klerewinkel bestuur. Tóé eers het ek vir 'n BA ingeskryf aan die Rhodes Universiteit, met Spraak en Drama as hoofvak. Ek is daarvan oortuig dat al dié ervarings my beter toegerus het om die beste uit my studies te put. As ek nie die harde werklikheid aangedurf – en dikwels gefaal – het nie sou ek nie dié voorreg na waarde kon skat nie.

Ek het talle waardevolle lesse uit my jare van toneelspel – op die verhoog sowel as in films – geleer. Een van hulle is dat 'n akteur se Groot Optrede slegs kom ná genoeg lewenservaring.

Terwyl ek my vaardighede as akteur geslyp het, het ek tot die gevolgtrekking gekom dat daar, myns insiens, vier soorte akteurs is: muile, donkies, perde en renperde. Muil-akteurs is solied en betroubaar. Hulle bied elke aand dieselfde vertoning, maar dit kan voorspelbaar en vervelig wees. Donkies bied ook elke aand dieselfde vertoning, maar hulle is in staat om weg te breek uit die vervelige rompslomp van hul optrede; dit gebeur egter selde. Perde se vertonings is kragtiger en boeiender vir gehore. Dié akteurs is meestal aantreklik en besonder vaardig, en die kritici beskryf hulle as "uitstekend" in hul rolle. Ten slotte is daar die renperde. Hulle is senuweeagtig, wispelturig en weerloos, en bied soms afgryslike vertonings, maar het tog die vermoë om 'n buiteruimtelike dimensie binne te gaan wat nie met woorde beskryf kan word nie. In sulke oomblikke skep hulle daardie uiters gesogte magie.

Ek glo as akteurs gepamperlangde, beskermde lewens lei, hulle nooit in staat sal wees om "buiteruimtelike" vertonings te bied of om karakters uit te beeld wat ekstreme emosies vertoon of ekstreme dinge doen nie. Teach in *American Buffalo*, byvoorbeeld, is so 'n karakter. Om sy ineenstorting aan die einde van die stuk te bewerkstellig en 'n renperdvertoning te lewer, moes Sean Taylor talle persoonlike hartseerdinge uit sy verlede ontbloot. Hy het grootgeword in 'n tyd toe seuns nie gehuil het nie, want dit was 'n teken van swakheid en 'n gebrek aan manlikheid. Om voor 'n gehoor 'n ineenstorting te kon speel, moes hy sy verborge weerloosheid openbaar maak. Hy moes die verste uithoeke van sy persoonlikheid opsoek om dit te kon regkry. Dit is waarom jy nie van renperd-akteurs kan verwag om altyd mak, goedaardige muile in hul alledaagse lewe te wees nie.

Die volgende vraag is dan: Waar vind 'n akteur die inspirasie om 'n karakter uit te beeld wat ekstreme emosie ervaar? Vincent van Gogh sou waarskynlik buitentoe gegaan het en die landskap of ligval skilder wat sy aandag trek. 'n Akteur het slegs 'n teks met 'n karakterbeskrywing wat moontlik net enkele fisieke eienskappe aandui. Die uitdaging is om daardie karakter 'n mens van vlees en bloed te maak.

Gedurende my loopbaan het ek meestal my karakteriserings gebaseer op mense wat ek geken het – dié wat volgens my 'n skakel met die karakter in die teks gehad het. Maar dit sou nie gewerk het om bloot daardie persoon na te boots nie. Daar is talle geniale mimiekkunstenaars, maar hulle kan nie hoofrolle speel nie. As akteur moet jy jou eie weergawe van daardie karakter bied. En selfs dít is nie noodwendig genoeg nie, want jy moet ook geseën wees deur die geluksgodin, soos om met 'n uitstekende groep akteurs en 'n buitengewoon begaafde regisseur saam te werk. Ek het ook ontdek dat die geluksgodin respek het vir harde werk.

Toe ek in die 1970's fotografie gestudeer het, het ek vir die eerste keer dié openbaring gehad ten opsigte van musiek. Dollar Brand – die aanvanklike verhoognaam van die beroemde pianis en komponis Abdullah Ibrahim – sou 'n konsert by die Veremarksaal in Port Elizabeth hou. Ek en Rob Pollock, 'n my vriend en medestudent, het kaartjies gekoop, maar toe kanselleer Dollar Brand die uitvoering omdat slegs blankes toegelaat sou word om dit by te woon. Hy het die konsert verskuif na St Stephen's Hall in New Brighton, 'n swart township. Destyds was dit 'n gevaarlike plek vir twee jong wit ouens. Ek en Rob is byna weggejaag, maar ons het ons nie daaraan gesteur nie.

Die oomblik toe Dollar Brand op die verhoog verskyn, het 'n wonderbaarlike kalmte en vrede met hom saamgekom. Hy het begin deur brandende wierookstokkies in die krake van die verhoog se vloer te plaas. Gedurende sy briljante uitvoering het dit gelyk of hy sy krag en inspirasie van 'n plek buite die saal kry. Vir die eerste keer het ek gesien dat as jy jou oopstel, jy besiel kan word met kreatiwiteit. Ek het geen idee gehad dat ek eendag 'n akteur gaan word nie, maar jare later was dit presies daardie inspirasie wat my gehelp het om nader aan my karakters te kom, veral aan Sloet Steenkamp.

In die tweede seisoen van *Arende* kom Sloet uiteindelik, ná 'n veelbewoë reis, teen skemeraand op sy plaas aan waar sy doodsvyand, kaptein James Kerwin, hom inwag. Sloet kyk na Kerwin met haat in sy oë. Hoe wys jy as akteur dié woede? In my dramastudies het ek geleer dat om 'n emosie soos haat eg te laat oorkom, dit in jou binnegoed – jou krop – gesetel moet wees. Daardie tyd het ek geen idee gehad hoe om sulke ekstreme emosies uit te beeld nie, maar ek het gou besef dat ook niemand anders weet nie. Selfs al het die regisseur op 'n stadium in sy lewe met haat na iemand gekyk, hoe sou hy dit enigsins aan my, die akteur, kon kommunikeer? Die waarheid is dat 'n akteur op sy eie is.

Destyds was ek desperaat; mens sou kon sê ek het na strooihalms gegryp. Ek het besluit om Sloet se emosionele staat te interpreteer as gegrond op mislukking. In daardie oomblik van suiwer haat, is al Sloet se drome van sukses verpletter. Hy is totaal verslaan en dit is 'n gevoel wat die meeste mense ken en waarmee hulle kan identifiseer. In my dilemma het die gode van toneelspel my herinner aan 'n wenk wat Richard Haines, die uitstekende Suid-Afrikaanse verhoogakteur, my 'n keer gegee het terwyl ons saam aan *Auf Achse* gewerk het, 'n Duitse TV-reeks. Vir 'n manlike akteur, het hy gesê, is die uitbeelding van woede voorspelbaar en vervelig. Daarom moet jy 'n mate van weerloosheid behou, want dit maak jou optrede aantreklik vir die gehoor. Dit is veral belangrik vir jong akteurs wat dikwels gemotiveer word deur strydlustige manlikheid wat hul optrede eendimensioneel en geyk maak. Aktrises ontsnap meestal aan dié kwaal, want hulle is oor die algemeen meer bewus van hul emosies.

OM VANUIT JOU BINNEGOED TONEEL TE SPEEL

Ek glo dat 'n akteur baie van sy vaardighede op die verhoog leer. Dit is waarom ek dikwels verhoogwerk die enjinkamer en leerskool van die akteur noem. In die teater mag jy nooit ophou om aan jou spel te werk nie. Jy moet voortdurend probeer om te verbeter, aand ná aand.

Ek het die volgende raad vir akteurs wat aan 'n stuk werk: Wanneer die gedagte aan nog 'n repetisie jou wil laat kots, is jy baie na aan gereed om voor 'n gehoor op te tree. Dan kom die uitdaging nie net om die karakter eg te hou nie, maar ook om verskillende dimensies aan jou optrede toe te voeg. Dink aan die volgende vergelyking: Hou jou hand voor jou uit en stel jou voor jou voorarm is jou spel en dit eindig in 'n ontspanne hand. Dié vertoning sal jou deurdra. Maar as jy 'n gehoor wil boei, moet jy hul verwagtinge op 'n manier ondermyn. Maak nou 'n vuis en kyk na die spiere wat onder die vel van jou voorarm beweeg. Daardie rimpelende spiere wat van vorm verander, is die spel waarna jy moet streef.

Nog 'n tegniek wat ek mettertyd vervolmaak het, is die vermoë om die toneel wat gaan volg heeltemal uit my gedagtes te sit. Ek het geleer dat akteurs nooit 'n gedeelte van die teks moet "oorwerk" wanneer hulle vir 'n toneel in 'n movie voorberei nie. As jy te diep delf tydens jou voorbereiding, aanvaar jy in die eerste plek te veel van hoe die toneel deur die regisseur opgestel gaan word – wat 'n fout is, want in movies is daar te veel veranderlikes. Met ander woorde, hoe beter jy voorberei en seker van jou saak is, hoe minder aanpasbaar sal jy op die stel wees en hoe meer sal dit jou ontwrig as daar nie aan jou onmiddellike verwagtinge voldoen word nie.

Tweedens, as jy 'n toneel "oorwerk", loop jy die gevaar dat jy jou karakter op sigwaarde speel en nie van waar dit werklik moet kom nie, naamlik uit jou binnegoed. Natuurlik is daar uitsonderings, soos wanneer jy 'n lang monoloog moet voorberei. Dit kom selde in movies voor, maar as jy een in 'n draaiboek teëkom, moet jy lank en hard werk om baie seker van jou saak te wees. Dan kan die regisseur maar enige eis stel en jy sal dit kan hanteer.

Ek het gevind dat soms, as ek probeer om 'n karakter tot lewe te bring, instink my dwing om my aan die wêreld van die stel te onttrek. Meestal is 'n movie-stel 'n wonderlike plek vir 'n akteur. Almal is opgewonde om aan 'n nuwe projek te kan werk wat sal help om jou rekeninge te betaal, en ou vriendskappe word hervat. Maar soms voel ek tog die drang om afstand te skep.

Ek word dikwels beskryf as "daardie gek akteur wat in die bos uitkamp". Om 'n buitestander te wees was 'n doelbewuste besluit. Ek wou nog altyd 'n bietjie van 'n vreemdeling op die stel bly, want sodoende kan ek kies wat my wisselwerking met die akteurs en filmspan sal wees – as 'n deel van die opset, maar terselfdertyd apart daarvan.

Gedurende die ses jaar wat dit geneem het om die ses-en-dertig episodes van *Arende* te skiet, het ek onbewustelik my verhouding as akteur met movie-stelle verken en die idee ontwikkel om 'n mate van afstand te behou. Dit het baie ure in talle kroeë met verskillende soorte vreemdelinge en die uitklim van vele nabygeleë berge gekos om dié terughoudendheid van die filmwêreld te kon handhaaf. Ek moet al daardie knoffelboere, handelsreisigers en geleentheidsdrinkers in die Hangklip Hotel, Froggy's Barrydale Hotel, die Royal Hotel in Douglas en die Pofadder Hotel bedank vir hul geselskap. Hul stories oor die werklikhede van hul bestaan het verhoed dat ek heeltemal ingesuig raak deur die mini-wêreld wat deur die akteurs en filmspan op die stel van *Arende* geskep is. Dit het my gehelp om die integriteit van Sloet Steenkamp se karakter te behou.

Van jongs af, lank voor ek 'n akteur geword het, het ek altyd *anders* gevoel. Tydens die feesseisoen, byvoorbeeld, wanneer almal veronderstel is om in 'n partytjiebui te wees, het ek altyd 'n bietjie bedruk gevoel, 'n bietjie verwyderd. Ek onthou 'n voorval uit my kinderdae toe my ouers my na die huis van 'n vriend in Fort Beaufort geneem het om daar te gaan speel. Ná 'n rukkie ontdek ek dat ek nie van hom of sy vriende en die speletjies wat hulle speel hou nie. Ek verdwyn dus. Toe hulle agterkom dat ek weg is, soek hulle oral en kry my uiteindelik in 'n kas waar ek die stilte en die geur van die eksotiese hout geniet. Hulle het hul koppe geskud, want hulle het gedink ek is maar bietjie van 'n frats. Terugskouend stem ek saam.

Met die verloop van jare het ek besef daar is tye dat ek nie inpas by die mense om my nie, wat my nog moedeloser gemaak het in my pogings om 'n "lekker ou" te wees. Ek het altyd geweet ek is 'n buitestander en ek glo elke akteur moet op daardie magiese eiland aankom waar dit oukei is om anders te wees en 'n winkeltjie op die strand oop te maak.

Google kan jou baie dinge leer, maar sekere akteurstruuks kom slegs met ervaring. Tydens die verfilming van die TV-reeks *Heroes* in 1984, is Manie van Rensburg ongelukkig met die spel van een van die akteurs. In movie-taal beteken om 'n ander akteur te "voer" dat jy jou dialoog in 'n toneel lees sodat hy of sy in 'n nabyskoot kan reageer, maar jy is nie op kamera nie. Om dié spesifieke akteur te "voer", plaas Manie my so naby aan die kamera dat my oor aan die lens raak.

"Jy moet my hier help, Ou Grote. Blaas hom uit die water," sê hy saggies in my oor en knipoog samesweerderig.

Ek het die flou vertoning van dié akteur tydens die vorige opnames aanskou en weet presies wat Manie bedoel. Ek oorreageer daarom so erg as wat ek kan. Die ander akteur is so verras dat hy geskok word tot aanvaarbare spel wat ingesny kan word.

Vyftien jaar later speel ek in 'n groot internasionale rolprent in Zoeloeland en moet ek weer dié truuk uithaal om die spel van 'n beroemde Amerikaanse aktrise en smeulende blondine, wat die hoofrol vertolk, aan te help. Sy is só 'n groot naam dat die totale begroting vir die rolprent op grond van haar status bekom is. Sy is die koningin van die stel en jy kry die gevoel dat as sy nie van jou hou nie, jy op die volgende bus huis toe gaan wees.

Maar op 'n dag terwyl ons 'n sleuteltoneel skiet, die sogenaamde "money scene", sukkel sy om dit reg te kry. Die regisseur is 'n wonderlike man, maar hy weet nie hoe om met akteurs te werk nie. Ek en die jong akteur Nick Boraine is ook in die toneel. Ons speel twee ouens wat vir die aktrise die verskriklike nuus moet bring dat haar man deur 'n buffel doodgegaffel is.

In die toneel kom ek en Nick om die hoek van die stoep waar ons in haar vasloop. Met die eerste opname (vir ons Suid-Afrikaners 'n geweldige duur een, met drie kameras wat 35-mm-film gebruik) staar sy net uitdrukkingloos na ons, nadat ons haar die nuus van haar man se dood meegedeel het. Aanvanklik dink ek ons Suid-Afrikaanse akteurs is te swak vir haar, dat ons spel nie op standaard is nie. Sy het al teenoor talle Hollywood-sterre opgetree en dalk kan hulle dinge doen wat ons nooit geleer het nie.

Maar ná die tweede opname, toe sy weer niks anders doen as om na ons te staar nie, besef ek die probleem lê by haar en nie by ons nie. Die regisseur staan agter my in die skaduwee van 'n doringboom wat hom teen die skroeiende Zoeloelandse son beskut. Toe hy "Cut!" roep, kyk ek om en sien 'n uitdrukking van hopelose verslaenheid op sy gesig.

Ek en Nick gaan terug na ons oorspronklike posisie om die hoek van die gebou en wag vir die derde opname. Ek onthou Manie se raad aan my op die stel van *Heroes* en sê vir Nick: "Weet jy wat ons nou moet doen?"

"Nee, wat? Die vrou is so leweloos soos 'n versuipte kat."

"Presies, Nick. Ons moet haar uit die water blaas!"

"Hè? Hoe de hel gaan ons dit doen?"

"Met die slegste, mees oordrewe strontspel wat jy al ooit gelewer het," sê ek.

"Soos wat?"

Ek sien Nick, wat 'n sensitiewe jong man is en van nature gekant is teen grofhede, sukkel met my voorstel.

"Soos kru, onbeheersde *commedia dell'arte*-spel."

"Nooit, man, ek kan dit nie doen nie!" sê hy grootoog. "Wat van my spel?"

"Jou deel was ná die eerste take reeds suksesvol afgehandel, boet."

"ACTI-O-O-O-N!" word daar geroep en ons is weer op pad na ons ontmoeting met die Amerikaanse ster.

Sy loop teen die stoeptrappies op en gaan staan toe sy ons sien. Die Panavision-kamera op die lang spoor stop. Almal stop. En toe skree Nick: "Your husband's fuckin' D-E-E-A-A-D! He was gored by a fucking buffalo bull!"

Egte skok verskyn op haar gesig. Haar mond beweeg byna onsigbaar, maar geen klank kom uit nie.

Ek sê toe my dialoog so simpatiek as wat ek kan: "It all happened very suddenly and quickly. He did not suffer at all."

En sy bars in trane uit. Almal is diep geroer. Agter my hoor ek 'n asemrige "Yes, yes, yes!" Dit is die regisseur; hy spring op en af.

'n Paar maande later vaar ek na Japan op 'n Safmarine-houerskip wat ook passasiers teen betaling vervoer. By Port Klang in Maleisië gaan ek aan wal. In die hawe sit 'n maer man langs 'n stapel DVD's wat hy verkoop. En daar, lank voor die film se vrystelling in Hollywood, is 'n rowwe kopie van die movie. Ek koop dit en kyk daarna toe ek terug is op die skip. Ek speel dit vinnig vorentoe en daar is die toneel, 'n bietjie dof aan die kante en met slegte klank, maar die ware Jakob. Dit sal jou skoon uit die water blaas.

As dit kom by liefdesverhoudings met mede-akteurs op movie-stelle is my riglyn: Wag met die intimiteit tot die movie klaar geskiet is. Maar ek het dikwels aan films gewerk waar daar bykans geen afstand tussen die akteurs is nie, waar almal vrééslik lief is vir mekaar, waar die regisseur alte cool en aangenaam is en die hofrolspeler by die hoofrolspeelster slaap. Op sulke stelle voel ek soms daar is iets verkeerd met my, dat ek nie genoeg "looove" in my het nie of dat ek nie in staat is om betekenisvolle verhoudings te hê met al die mooi mense op die stel nie.

Ek het wel agtergekom dat daardie movies dikwels vervelig is wanneer hulle vertoon word. Dit voel of hulle geen vuur, geen snykant het nie. Ek glo vas dat goeie storievertelling konflik nodig het. Dit verg wrywing in die draaiboek én tussen die mense wat betrokke is daarby om die verhaal te vertel. Filosowe en psigiaters sal jou kan vertel waarom, maar ek weet net dat dit so is.

Seksuele spanning is 'n taal wat alle gehore instinktief verstaan, sonder om daaroor na te dink. Woorde kan die gevoel beskryf, maar die essensie daarvan is onbeskryfbaar. Ek het nog altyd geweet dat as die romantiese hoofrolspelers in 'n movie nie hul seksuele aangetrokkenheid tot mekaar in hul spel volvoer nie, is dit 'n groot fout om dit van die stel af te doen. Dit is dan wanneer jy jouself daaraan moet herinner dat die movie eerste kom.

Soos wat die produksie van *Arende* gevorder het, het dieselfde met my en Michelle Botes se verhouding gebeur. Ons het geweet daar is iets baie spesiaals tussen ons, maar om een of ander rede het ons die verhouding platonies gehou. Dit het ons – en ons karakters – gehelp om in 'n atmosfeer van verwagting te leef. Dit is 'n energieskeppende wyse van bestaan en akteurs kan dit gebruik om intenser te leef. Dié onbeskryfbare ding spreek tot gehore se onderbewuste en wek hul nuuskierigheid. Dit is ook van wesenlike belang om dit vol te hou, veral as die movie daardie seksuele spanning nodig het om die kykers tot die einde te boei.

Soos ek voorheen genoem het, is "die movie kom eerste" 'n nuttige riglyn vir wanneer destruktiewe emosies op die stel die oorhand begin kry. En sulke emosies kan ook op die verhoog tydens teaterproduksies kop uitsteek. Ek weet baie goed hoe emosioneel akteurs, regisseurs, verhooghulpe en dramaturge kan word aan die einde van 'n loopvlak. Ek het selde meegedoen wanneer die kleedkamer weergalm van liefdesverklarings en uitroepe van hoe desperaat almal mekaar gaan mis. Ek was maar net te bly om te kon wegglip ná 'n finale opvoering. Om aand ná aand dieselfde karakter op dieselfde verhoog te speel, kon 'n soort gevangenskap word en ek het uitgesien daarna om daarvan bevry te word. Ek sou meestal alleen die nag inry, in watter rigting my kar se neus ook al gewys het – solank dit uit die stad uit is. Soms was die bestemming onbekend, maar daardie ontsnappings het na 'n paar groot eskapades gelei.

Akteurs het dikwels moeilikheid met die gehoor, veral as hulle karakters uitbeeld wat die verbeelding aanvuur. Akteurs wat die slegte ouens in sepies speel, kan wonderlike stories vertel van hoe kykers sukkel om te onderskei tussen hulle as individue en die karakters wat hulle uitbeeld.

Dit het met my gebeur op 'n dag in 1984 toe ons op Paternoster aan die Weskus 'n TV-reeks met die titel *Seeduiker* vir die SAUK gemaak het. Dié dag rol die legendariese Weskus-mis uit die ysige Atlantiese Oseaan in. Uiteindelik word dit so dik dat ons nie meer die vuurtoring kan sien nie. Ons hang 'n ruk lank rond, maar toe dit duidelik word dat die mis nie gaan opklaar nie, besluit die regisseur, Jan Engelen, om halt te roep vir die dag.

Ons kry 'n dag af! (Dit was baie ongewoon tydens 'n SAUK-verfilming, want die begrotings was so klein.) Die meeste mense klim in hul karre en gaan terug na Saldanha waar ons tuisgaan. Skielik staan die waaghals Jannie Wienand voor my met 'n stout glimlag op sy gesig en 'n vonkel in sy helderblou oë.

"Ja, ou Ian'ie Wat's jou planne? Jy weet, binnekort is dit tienuur en dan maak die bar oop. Kom ons gaan drink 'n dop."

Die kroegdeure van die Paternoster Hotel swaai oop en ons stap in. Die eienaar, 'n blas man met donker hare en 'n Italiaanse naam (Carosini), is nog besig om die gemors van die vorige aand op te ruim, maar hy gee ons twee koue biere. In die kroeg is goeters wat oor die jare se partytjiehou opgegaar is, insluitende 'n versameling "honeymoon panties" wat van die plafon af hang.

As kaptein Ben Stals in die TV-reeks *Seeduiker*.

Ek en Jannie bevind ons baie gou in 'n plesierige plek waar die tyd verbygaan sonder dat iemand dit agterkom. Ander mense daag op en dit raak 'n groot jol. Maar om en by eenuur kom 'n groep manne in wat 'n donker, negatiewe gees uitstraal. Hulle is sterkgeboude ouens, almal in hul middel-twintigs. Selfs in my vrolike, dronk toestand sien ek hulle dra 'n soort uniform, wat my op my hoede maak. Ter wille van ongestoorde vrolikheid besluit ek om hulle te vermy. Maar nie Jannie nie; hy is volstoom aan die gang.

"Hallo, manne! Weet julle wie dié ou is? Hy is die famous akteur Ian Roberts."

Ag, los dit, Jannie, dink ek, hoekom verklap jy my naam? Kan jy nie sien hulle is vol nonsens nie?

Maar dis te laat. Jannie roep my nader om die manne in uniform te ontmoet. "Hierdie ouens is polisie-reserviste. Dis presies die soort ouens met wie jy bevriend wil wees as die pawpaw die fan tref," sê Jannie en klink baie in sy skik met homself.

Ek skud hand met vier van hulle. Maar die vyfde een, 'n groot man, besluit – anders as die ander – om nie op te staan om my te groet nie.

Die groot ou lê in sy stoel soos 'n lui beer en glimlag skeef vir my. Soos wat enige goedgemanierde St Andrew's College-outjie sou doen, leun ek vorentoe om sy hand te skud – dié hand is so groot soos 'n sopbord. Sy vingers lyk soos stringe boerewors, met bosse swart hare tussen die kneukels. Sy hand vou om myne, maar in plaas daarvan om dit weer te los, hou hy vas en trek my effens van balans af. Ek verskuif dadelik my voete in 'n ewewigtige boksershouding sodat ek gereed is vir in geval hy weer aan my hand pluk ... presies wat hy toe doen.

Hy kyk my reguit in die oë.

"Sê my net een ding, boetie ... het jy vir Pop genaai?"

Pop le Roux was die vroulike hoofkarakter in die gewilde TV-reeks *Verspeelde Lente* wat in 1983 deur die SAUK uitgesaai is. Ek was Pop se minnaar, Hermaans Cronjé, terwyl Elize Cawood die rol van Pop gespeel het.

Elize was verleidelik in die rol, met haar rooibruin hare en eenvoudige, verslete klere wat 'n ontluikende sensualiteit skaars bedek het. Sy het die testosteroonvlakke van baie kykers (én spanlede op die stel) opgejaag tydens die reeks van dertien episodes wat weekliks uitgesaai is. In daardie dae was sekstonele taboe op televisie, maar die seksuele spanning tussen Pop en Hermaans was tasbaar en een van die tonele het sterk daarop gedui dat die daad wel plaasgevind het.

Ek veronderstel ek moes myself gelukkig ag, want duidelik het ek en Elize as akteurs sukses behaal. Die reus hier voor my is immers oortuig deur ons toneelspel, maar ek weet dit is 'n gelaaide vraag, sonder 'n maklike uitweg. As ek "ja" sê, gaan hy my met sy groot linkerhand donder, want *hy* is verlief op Pop en ek het dan met *sy* meisie gelol. As ek "nee" antwoord, gaan hy my nog steeds donder omdat ek volgens hom 'n "fokken moffie" is.

Teaterwerk leer akteurs om blitsvinnig te dink wanneer iets verkeerd loop op die verhoog en, dank vader, my ervaring help my op daardie oomblik.

"Kyk, meneer," sê ek, "Pop is nie eintlik Pop nie ... sy is net 'n karakter gespeel deur die aktrise Elize Cawood. En Hermaans Cronjé is nie eintlik Hermaans nie. Hy is 'n karakter in 'n teks wat ek vertolk het. En Ian Roberts het nooit seks gehad met Elize Cawood nie ..."

Boereworsvingers kyk lank en indringend na my asof hy verneuk is.

"Jy dink jy's fooo-kin slim, nè?" sê hy terwyl hy my hand los, tot my groot verbasing.

Ek beweeg so ver as moontlik van hom af weg. Ek beduie vir Jannie dat ons dadelik moet padgee, maar Jannie geniet die partytjie. Ek is in 'n penarie, want hy het die kar en Saldanha is te ver om te loop. Ek bly dus, maar hou onmiddellik op met drink. Ek wil vlugvoetig wees indien daar iets gebeur. Ek besef die "sekstoneel" in *Verspeelde Lente* het sulke hewige gevoelens by die polisie-reservis opgewek dat hy my nou as 'n bedreiging beskou.

Terwyl ek nugter word, raak almal in die kroeg al hoe dronker. Op 'n stadium sien ek die onblusbare Jannie is besig om vinger te trek met die reus wat aan die ander kant van die kroegtoonbank by die eienaar staan, blykbaar 'n vriend van hom. Arme Jannie se maer vingers is nogal krom van al die vallery met motorfietse en misberekende kamma-vuishoue. Die volgende oomblik hoor ek sy wyswinger maak 'n aaklige klakgeluid soos wat die reus se boereworsvingers dit reguitrek.

"Oukei, jy't hierdie een gewen, ou pel, maar nou challenge ek jou vir armdruk!" sê Jannie met 'n vrolike vreesloosheid.

Ek is verstom oor sy waaghalsigheid.

"Ag nee, man, lossit," sê die reus en draai sy rug op Jannie.

"Komaan!" sê Jannie. Hy wil vergoed vir sy vinger wat so gewelddadig reguit gemaak is. Maar die reus hou hom doof vir Jannie se uitdaging en loop weg.

Ek wonder nog wat om te doen toe die mal rooikop-Ier in my besluit om te praat.

"Lafaard!" sê my mond met minagting. Boereworsvingers hoor dit. Maar erger nog, almal in die kroeg hoor dit ook. Die vertrek raak grafstil. Boereworsvingers draai stadig om na my.

"Wat de duiwel het jy gesê?" Hy gee my 'n vernietigende kyk.

"Bly stil, jou Ierse poepol!" pleit ek by die mal rooikop binne my. "Dis 'n baie gevaarlike situasie!" Ek besef ek is in 'n hoek van die kroeg vasgekeer. Die toilette is agter my, maar ek onthou dat die vensters hoog is en moeilik om deur te ontsnap. Ek sien reeds die opskrif in die koerante: "Akteur papgeslaan op Paternoster."

Die Ier is egter glad nie bang nie. Hy hou aan praat: "Ek het gesê jy's 'n lafaard. Jy't nou net die man se vinger getrek, hoekom is jy nou bang om sy arm te druk?"

Die reus brul van woede. Hy spring bo-oor die toonbank en storm op my af om my 'n dodelike regterhou teen die kop te gee. Maar ek is doodnugter en in my are bruis die adrenalien. Ek is te vinnig vir hom en koes onder sy hou deur. As dit my getref het, sou dit my reguit die hiernamaals in gelanseer het. Terselfdertyd doen ek slim voetwerk om hom te ontwyk en beweeg vinnig links in die rigting van die beloofde land: die uitgang.

Skielik, asof met 'n towerslag, staan Jannie tussen ons.

"Ek sê jou wat: Ek speel jou 101 en as ek wen dan los jy my vriend uit, oukei?"

Ek sit in 'n strik. Jannie die Waaghals is nou die sirkusbaas van sy eie, gevaarlike skouspel terwyl hy 'n pot veerpyltjies speel met my as prys. Nóg Boereworsvingers nóg Jannie is vas op hul voete en tog, wonder bo wonder, gooi Jannie die dubbel wat veronderstel is om my vryheid te beteken. Ek is verlig dat ons uiteindelik daar kan wegkom, maar dit gebeur nie.

"Kom uit my pad uit, dwerg!" brul die reus en stamp Jannie so hardhandig uit sy pad dat hy al sy waaghals-ervaring moet gebruik om ernstige beserings te ontduik.

Met moord in sy oë kom Boereworsvingers op my af. Nou gaan hy my doodmaak, dink ek hartseer. Maar Jannie rys van die vloer af op. Hy beweeg so vinnig soos net 'n waaghals kan en kry die polisieman aan die lapelle van sy baadjie beet.

"Nee, nee, nee, boetie! Wat maak jy nou? Ons het mos 'n deal gehad!" Hy begin om hom terug te stoot na die muur, wat gelukkig naby die uitgang is.

Dit lyk soos 'n Charlie Chaplin-komedie. Jannie is letterlik helfte sy size, maar Boereworsvingers kan nie sy toenemende momentum agteruit stuit nie. Hy bots teen die jashake teen die muur en gly af vloer toe, terwyl hy kreun van die pyn.

"Kom Ian'ie, hardloop my maat!" skree Jannie. Ek het nie verdere aanmoediging nodig nie. 'n Verfrissende, koue motreëntjie sak op ons neer terwyl ons wild hardloop na Jannie se Toyota Corolla. Ons ruk die kar se deure oop en spring in, terwyl die dronk polisie-reserviste en sommige kroegklante agter ons aangehardloop kom. Hulle skree waarskuwings wat te doen het met afgryslike weerwraak.

Die Toyota se bande skreeu terwyl ons in die pad afjaag. Ek en Jannie kruip 'n paar dae lank in die kelder van die Saldanha Hotel weg totdat hulle ophou om na ons te soek.

Ons het later gehoor Boereworsvingers se werwelkolom het sleg seergekry. Hy was glo lank in die hospitaal.

"Too bad," sê Jannie met 'n smalende snuif toe hy die nuus hoor. "Hy't kak gesoek en kak het hy gekry."

En Pop le Roux het deur dit alles gekom met haar eer intak.

15
'n Ere-Afrikaner

OP 'N DAG IN DIE vroeë 1980's op die stel van *Dokter Con Viljee se Overberg* drink ek koffie saam met twee bekende Afrikaanse akteurs, Jannie Gildenhuys en Limpie Basson.

"Jy weet, seun," sê Jannie vir my in sy rustige, gesofistikeerde stem, "soos hulle sê, jy's Ingels gebore, maar eintlik is jy 'n Boer."

"Ja, Eend, in jou hart is jy eintlik 'n Boer," voeg Limpie by en knik.

My jare as movie-akteur het my laat besef nie net hoe 'n magtige medium televisie is nie, maar ook hoe belangrik dit is watter rolle jy speel en in watter produksies.

Die draaiboekskrywer Julia Cameron skryf oor wat sy die kunstenaar se "goudaar" noem. In die wêreld van die uitvoerende kunste het akteurs ook 'n goudaar – 'n tipe karakter wat hulle uitsonderlik goed kan speel en wat hulle soos 'n handskoen pas. As ek terugkyk op my beginjare as 'n professionele akteur, is dit egter presies waarteen ek en my mede-akteurs gerebelleer het. As jong verhoogkunstenaars wou ons nie aanvaar dat ons net een soort karakter moet speel nie. Een van die (dalk ironiese) voordele van 'n akteur in Suid-Afrika wees is dat jy dikwels geen keuse het as om die rolle te speel wat vir jou aangebied word nie. Weens finansiële oorwegings, bloot om te kan oorleef, moet jy rolle aanvaar wat jou nie altyd pas nie.

Tog, in baie opsigte, was Sloet Steenkamp my goudaar en gelukkig het dit nie daartoe gelei dat ek daarna dieselfde soort rol aangebied is nie. Ná my optrede in *Arende* het ek buitengewoon populêr geword in die Afrikaanse gemeenskap en dit was hoofsaaklik danksy Sloet dat ek op 'n manier 'n ere-Afrikaner geword het vir baie mense.

Met die verloop van jare het talle glimlaggende mense my genader, met blink oë, omdat hulle uiteindelik "Sloet" kon ontmoet. Barry Steenkamp, die baskitaarspeler in Die Radio Kalahari Orkes, sê dikwels vir my: "As jy tien rand gevra het vir elke foto wat mense saam met jou wou neem, was jy vandag 'n miljoenêr."

Dit is naby aan die waarheid, veral sedert die koms van slimfone met kameras. Ek is altyd tevrede om vir 'n foto te poseer, want as ek 'n bietjie vreugde of positiwiteit in mense se lewens kan bring, is dit in orde met my.

Die Oostenrykse digter en skrywer Rainer Maria Rilke het gesê: "Ek beskou hierdie as die hoogste taak om 'n band tussen twee mense te bewerkstellig: dat elkeen die ander se afsondering moet beskerm." In my lewe as akteur sien ek die ander persoon in die verhouding as die algemene publiek. Die akteur sit in 'n dilemma – om suksesvol te wees, het jy 'n gehoor nodig, en om finansieel suksesvol te wees is dit beter hoe groter die gehoor. Die nadeel hiervan is dat dit 'n mens se privaatheid en die geleentheid vir afsondering in gevaar kan stel.

Dit help ook dat beroemdheid in Suid-Afrika iets anders beteken as in, sê maar, die VSA. Toe ek in 1988 in Los Angeles was, het Sam Jones – wat kort tevore die hoofrol in *Flash Gordon* gespeel het – my na 'n kroeg geneem. Alles het vlot verloop tydens die eerste klompie Coronas, tot 'n meisie Sam herken het en ons as 't ware daar uitgejaag is deur aspirant-aktrises en aanhangers. In Suid-Afrika het ek 'n smakie gehad van groot beroemdheid toe ek op die stel van *King Solomon's Mines* gewerk en saam met Patrick Swayze in 'n restaurant by die V&A Waterfront gaan eet het. Ek moes 'n privaat vertrek vir ons kry om te verhoed dat ons oorweldig word nog voor ons die vissop kon proe.

In my geval was dit nooit so nie, hoofsaaklik omdat Suid-Afrikaners nie so behep is met glanspersoonlikhede nie. Afrikaanse mense, byvoorbeeld, vra dikwels eers verskoning omdat hulle my privaatheid binnedring. Ek waardeer hul beleefdheid en dit maak my beleef teenoor hulle. Dikwels kom 'n goedgemanierde jong man of vrou na my toe net om vir my te vertel hoe hulle die rolle waardeer wat ek vertolk. "En wat is jou naam?" vra ek dan. "Ag, ek is niemand." My reaksie is altyd: "Niemand is 'n niemand nie!"

Soos ek reeds vertel het, het ek tydens my navorsing vir die rol van Sloet Steenkamp baie oor die Anglo-Boereoorlog gelees. Ek het gefassineer geraak deur wat ek beskou as die Afrikaner se pioniergees en hul strewe na onafhanklikheid. Die volle ses-en-dertig episodes van *Arende* en al die wonderlike karakters wat vir die reeks geskep is, gaan oor een ding: die drang om vry te wees. Sloet kon dit nie verduur om ingehok te word nie, en so ook nie die Nederlandse boere of die Voortrekkers wat besluit het om die Britsbeheerde Kaapkolonie tussen 1835 en 1840 te verlaat nie. Hulle wou aan die tentakels van die Britse koloniale oktopus ontsnap deur die republieke van die Oranje-Vrystaat en Transvaal te stig.

Die Britte het hul hoogs ontwikkelde klassesisteem oral met hul saamgeneem en dit streng toegepas. Die blywendste voorbeeld van hul onversetlikheid is waarskynlik die netwerk blokhuise wat hulle regoor Suid-Afrika opgerig het in 'n poging om die Boerekommando's se bewegings tydens die Anglo-Boereoorlog in te perk.

Ek kan nie anders nie as om te dink dat die moderne ekwivalent van die ontsnappingsdrang deur onafhanklikheidsliewende Boere die emigrasiegolwe is van Afrikaners na Kanada, Australië, die VSA, Nieu-Seeland en selfs Engeland. Wat 'n verlies vir ons land.

'n Hele paar jaar gelede het my neef Dan Roberts na die Verenigde Koninkryk geëmigreer, maar ná ses jaar het hy teruggekom en saam met Rian Malan (ook iemand wat teruggekeer het) begin om liedjies in Afrikaans te skryf. Ek was baie verbaas en het hom gevra waarom hy nou skielik in Afrikaans skryf. "Wanneer ek as 'n tweetalige Suid-Afrikaner 'n liedjie in Engels skryf, sal dit 'n breë gesigspunt verteenwoordig en dit sou maklik geskryf kon gewees het deur iemand uit die groter Engelstalige diaspora regoor die aardbol," het Dan verduidelik. "Maar wanneer ek in Afrikaans skryf, is die gesigspunt onmiddellik dié van 'n Suid-Afrikaner, want Afrikaans bestaan slegs hier op 'n betekenisvolle wyse. Dié stem impliseer 'n perspektief wat dieper gegrond is in die land en is gemik op 'n gelokaliseerde gehoor met 'n spesifieke ervaring."

Die karakter van Sloet Steenkamp is ook gegrond in die land en dieselfde kan gesê word van Boet in die Castrol-advertensies. Ek dink dit is dié onderbeklemtoonde, aardse kwaliteit wat die verskillende Suid-Afrikaanse gehore gefassineer het – van petroljoggies in die vroeë oggendure op Aliwal-Noord, tot die kroegvlieë op Hopetown en die snobistiese besigheidsmense van Pretoria. Die aangetrokkenheid tot dié aardsheid oorspan ras en taal.

Die een ding waarvan ek oortuig is, is dat ek in Afrika gewortel is. In 1992 was ek 'n paar weke lank in Londen terwyl ons *The Power of One* vir Warner Brothers geskiet het. Ons het tuisgegaan in 'n deftige hotel in Guildford, 'n dorp suidwes van Londen, wat selfs 'n ou kasteel in die middedorp het. Op afdae het ek baie kilometers geloop om die omgewing en ander dorpe te verken. Ondanks my vermeende Engelse agtergrond, het ek sterk gevoel dat ek nie werklik daar hoort nie.

Vandag woon ek in Lydenburg saam met my Afrikaanse geliefde, haar familie en my jong tweeling wat Afrikaans as hul eerste taal praat. My ma het een keer vir my vertel hoe sy die wyse waardeer waarop Afrikaners uiting aan hul emosies gee in plaas daarvan om dit te verberg soos ons, die Engelse, doen. Afrikaanssprekendes is 'n diverse groep en om hulle te stereotipeer sal 'n ongelukkige fout wees. Daar is baie wat ek van Afrikaners waardeer; dit is waarom ek daarvan gehou het om hulle in verskeie reekse en movies uit te beeld.

Die waarheid is dat ek nog altyd 'n effense verkleurmannetjie was. Vir 'n seun wat wesenlik Engels grootgeword het en opgevoed is by 'n Anglikaanse kerkskool, was dit 'n groot tree vooruit om nie net Afrikaanse nie maar ook Xhosa- en Zoeloe-rolle te speel. Dit is alles moontlik gemaak deur my eerste stam: die Jagter-Versamelaars van Baddaford Citrus Estates.

Die apartheidswette het swart, bruin en Indiër-akteurs verbied om in blanke teaters op te tree. Dit het tot die ongelukkige en vreemde situasie gelei dat wit akteurs die rolle van swart akteurs moes speel. Die eerste ervaring wat ek daarvan gehad het, was in 1981 toe ek gekies is om 'n swart karakter te speel in KRUIK se produksie van *Die Swerfjare van Poppie Nongena*, wat gebaseer was op die bekroonde roman van Elsa Joubert (vir die verhoog verwerk deur Sandra Kotze). Die ironie is dat dié verhaal handel oor die lot van swart Suid-Afrikaners onder die Groepsgebiedewet.

Lida Meiring het die hoofrol van die huishulp Poppie gespeel, en Willem de la Querra, Marthinus Basson en ek was Poppie se swart familielede. Brümilda van Rensburg en Marko van der Colff het die wit karakters gespeel. "Hoekom moet ons nou hierdie swart mense se rolle vertolk? Laat hulle dit self doen," het Marthinus Basson gevra. Hy het meestal die politiek vermy, maar het 'n sterk morele kompas gehad. Ons het nie ons gesigte swart gesmeer nie, maar het in werklikheid Afrikaanssprekende swart mense geword.

IS DIT JÝ?

Al was ek altyd vlot in Xhosa, het my movie-betrokkenheid by die inheemse Afrika-tale eers in die middel 1980's begin. In 1986 het ek 'n Xhosa-rol gekry in die TV-reeks *Kwela Man*. Ek het die rol gespeel van die bokser Blood Steyn wat in die finale episode 'n groot professionele geveg het teen die hoofrolspeler, Joko Scott, wat intussen oorlede is. Teen daardie tyd het ek al baie verhoë met Joko gedeel, wat van Gugulethu in Kaapstad gekom het.

Op 'n dag toe ons besig was om dié episode te skiet, raak Joko ooropgewonde en hop van die een voet na die ander soos 'n professionele bokser. Sy hande is kort tevore vir die bokshandskoene verbind. Hy gluur my aan: "Today, umLungu! Haaaa! Today I am going to shaya you properly, ndiza kubeth' unye, jou fokken Boer!" (Vandag, Boer! Haaa! Vandag gaan ek jou behoorlik moer dat jy kak, jou fokken Boer!)

Hy sien duidelik daarna uit om Blood Steyn in die tiende ronde die ewigheid in te stuur. Dit was die eerste, maar nie die laaste keer nie dat ek 'n "fokken Boer" genoem is. Al het ek nie Afrikaner-bloed in my are nie, het ek Joko nie reggehelp nie. Ek het hom ook nie vertel dat ek baie bokservaring het nie.

Op 'n sekere stadium ontwyk Joko nie my hou nie. My regterhand tref sy kakebeen. Sy voete lig van die grond af op en hy val op die krytvloer, half bewusteloos. Maar kort daarna begin hy weer om my "mfondini bra Ian" (goeie vriend Ian) te noem.

My volgende betrokkenheid by 'n Xhosa-rol was in 1988 toe ek my eerste TV-reeks vir die SAUK geregisseer het, *Iliwa Libhek' Umoya* (letterlik, Die krans kyk na die wind). Dit is in 1989 gevolg deur *Inkom' Edla Yodwa* (letterlik, Die bul vreet alleen), waarin ek my eerste hoofrol in Zoeloe gespeel het. Ek was 'n offisier in die gevangenisdiens, luitenant Koot Laurens. Die ander hoofrolspeler was die toe reeds beroemde Henry Cele wat Saul Gumede, 'n gevangene, gespeel het. Kort tevore het Henry sterstatus bereik met sy optrede as koning Shaka in die geweldig populêre reeks *Shaka Zulu*.

Zoeloe en Xhosa is albei Nguni-tale en my vlotheid in Xhosa het my die selfvertroue gegee om die uitdaging te aanvaar. Maar om oortuigend in Zoeloe te klink het my talle en talle laatnagte gekos om die woorde te leer en my uitspraak perfek te kry. Om die dialoog te sê, het ek besef, was maar net die begin, want om in 'n taal soos Zoeloe te speel moet jy in jou hele wese 'n Zoeloe word. Watter handgebare moet jy byvoorbeeld maak en hoe moet jy jou kop hou as jy praat? Selfs al kry jy die dialoog reg, sal jy nie oortuigend wees as jy dié dinge nie reg doen nie.

As luitenant Koot Laurens sou ek 'n toneel in die tronk saam met Henry Cele in Zoeloe doen. Daarna het die lokaliteit na die administratiewe gebou verskuif, waar my karakter 'n toneel in die hoof se kantoor, gespeel deur Kerneels Koertzen, in Afrikaans moes doen. Later in die dag moes ek 'n toneel met die tronkkapelaan in Engels doen. Ek moes hard werk om die kontinuïteit van die karakter te behou terwyl hy deur al dié verskillende werklikhede beweeg. Daar is nie 'n universiteitsgraad of handboek op Google wat jou kan leer om dit te doen nie. Jy kry dit reg of nie.

Met die verloop van tyd het my uitbeelding van Xhosa- en Zoeloekarakters of wit karakters wat dié twee tale praat, geweldig populêr geword in die swart gemeenskappe. Ondanks my wit vel het swart kykers blykbaar elke keer my transformasie aanvaar. *Inkom' Edla Yodwa* was so gewild dat toe die finale, dertiende episode naderkom, die kykers erg ontsteld geraak het oor die gedagte dat die storie gaan eindig. Hulle het druk op die SAUK uitgeoefen om hulle meer te gee. Die nasionale uitsaaier het uiteindelik toegegee en die hele reeks weer uitgesaai.

My vermoë om Xhosa te praat, het tot nog 'n interessante rol gelei – dié keer in die langlopende Afrikaanse sepie *Egoli*, vervaardig deur Franz Marx. Ek word die onwaarskynlike rol van Don aangebied, 'n ryk Afrikaanse man wat in Louwna, die vroulike hoofrol en gespeel deur Brümilda van Rensburg, se lewe kom. Don kry 'n ernstige beroerte, maar oorleef en herstel stadig.

Aanvanklik kan Don nie praat nie, maar ná 'n ruk keer sy spraak terug. Hy kan egter net kommunikeer in die eerste taal wat hy as kind leer praat het: Xhosa. Soos ek het Don grootgeword op 'n plaas in die Oos-Kaap. 'n Deel van my navorsing vir die rol was om na te gaan hoe sommige beroerteslagoffers aan verlamming van die mond ly en sukkel om te praat. Die kans was groot dat ek 'n poephol van myself kon maak, maar die betaling was goed en ek het die uitdaging aanvaar.

Dit is nie 'n grap om 'n wit man in 'n rystoel te speel wat net Xhosa deur 'n beroertevertrekte mond kan praat nie. Op 'n dag doen ek 'n toneel saam met Nenna (gespeel deur Shaleen Surtie-Richards) en 'n jong blonde aktrise van Oos-Londen. Louis van Niekerk is die man op die ateljeevloer wat die boodsklappe van die "boks daarbo" (waar die regisseur en redigeerders sit) oordra. Die eerste opname gaan heeltemal goed, maar Louis sê ons moet nog een doen.

Dit is nie ongewoon op 'n sepie-stel nie en ons doen 'n tweede opname. Weer luister Louis na die stem in sy oorfone. Ons moet nog 'n opname doen, sê hy. Ek dink die twee wat ons reeds gedoen het, is in orde en 'n derde opname is oorbodig.

"Hoekom moet ons nou nog een doen?" vra Shaleen.

Louis hou sy kop skuins en luister klaarblyklik meer aandagtig na die stem op sy oorfone.

"Ian, jy speel 'n bietjie over the top," sê hy.

Vir die vierde opname trek ek my mond minder skeef en gee 'n bietjie minder senuweetrekkings. Ná daar "Cut!" geroep is, hou Louis nog steeds sy hande oor sy oorfone. Dan maak hy keelskoon.

"Julle moet nóg 'n take doen."

Ek en Shaleen kyk na mekaar. Waddehel?

"Hoekom dié keer?" vra ek.

"Meneer Roberts, jy speel nog steeds heeltemaal over the top," sê Louis.

Ek het genoeg gehad. "Wie sê so?"

"Meneer Marx," antwoord hy.

"Sê vir meneer Marx ek wil hom nóú sien," sê ek en staan op uit die rystoel. Louis neem my uit, verby die ander akteurs wat almal tot stilte geskok is. In die bykans twintigjarige bestaan van *Egoli* het niemand dit ooit gewaag om "meneer Marx" teë te gaan nie.

Ek stap by Franz se kantoor in, verby die sekretaresse wat beswaar maak. Franz sit agter sy groot lessenaar. Toe ek instap, begin hy dadelik op my skel. Ek luister in stilte, terwyl ek probeer verstaan wat sy aanval veroorsaak het. Ek kyk na Louis wat teen die muur leun, met 'n kop wat hang. Ek kan sweer hy het 'n glimlag op sy gesig.

Uiteindelik is Franz uitgewoed en hy sak terug in sy stoel. Hy haal hard asem en gluur my aan. Nou is dit my beurt om te praat.

"Nou ja, baie dankie, Franz, vir jou exposé oor hoe goed 'n akteur jy is en daarby hoe sleg 'n akteur ek is."

Franz het 'n selftevrede uitdrukking op sy gesig. Hy dink duidelik hy het die geveg gewen. Ek gaan voort: "Maar sê my net een ding, Franz. Het jy al ooit in jou groot ervaring as akteur 'n swart man gespeel? En nogal in Xhosa ook?"

Hy vou sy hande agter sy kop.

"En sê my, het jy ooit in jou groot ervaring al die kans gehad om 'n man te speel wat 'n beroerte gehad het?"

Op hierdie stadium begin Franz nogal bekaf lyk.

"Nou vra ek jou, Franz: Hoe op aarde kan jy vir my probeer sê hoe om die rol te speel?"

Franz begin weer uitvaar oor my arrogansie, maar ek maak hom stil deur my vinger voor my mond te hou. "Sjuut!" sê ek en draai om. Terwyl ons na die stel terugloop, fluister Louis vir my: "Jy't die man goed gesê, boetie."

Ons doen 'n vyfde opname en ek speel die karakter baie soos ek dit die eerste keer gedoen het. Maar hierdie keer is daar geen reaksie van bo nie.

In die vroeë 2000's kry ek die rol as Sir Henry Curtis in 'n Amerikaanse TV-verwerking van *King Solomon's Mines*, wat in 2004 uitgesaai is. My mede-akteurs is Patrick Swayze en Alison Doody. Dit word op verskillende plekke in Suid-Afrika geskiet: eers in die Oos-Kaap, dan op Prins Albert in die Groot-Karoo en later op Stellenbosch.

Ek kom baie goed klaar met Patrick en ons gesels soms tot diep in die nag oor die lewe, die liefde en ander dinge. Hy drink nooit iets sterker as Coke nie en vertel my hoe hy besluit het om sy lewe te verander nadat hy een keer in die straat opgetel is, buite weste dronk. Ek vertel hom van my verhouding met alkohol. Hy is in 'n hersteloord opgeneem. Ek het 'n jaar lank in 'n depressie verval, maar het uiteindelik daarin geslaag om myself te genees.

Op 'n dag in die Karoo naby Prins Albert word 'n toneel geskied waarin Patrick se karakter, Allan Quatermain, te perd teen 'n steil en, nodeloos om te sê, klipperige rant afry na 'n hutjie waar die blonde Alison gevange gehou word deur die slegte ouens. Hy is veronderstel om na die hut te galop terwyl daar op hom geskiet word, die meisie op die perd te tel en met haar weg te jaag. Suid-Afrika se beste perde-waaghals,

IS DIT JÝ?

Gavin Mey, wat my agterent talle kere gered het op produksies met perde-truuks, is gehuur om dié gevaarlike toneel te doen.

Maar die perd steek vierpoot vas toe hy die klipperige steilte sien en Gavin kan nie die toneel doen nie. Die regisseur, Steve Boyum, wat toevallig 'n waaghals was op die stel van Francis Ford Coppola se manjifieke *Apocalypse Now*, begin om die skoot veiliger en aanvaarbaarder te maak vir Gavin, toe Patrick sê: "I'll do that shot for you, Steve."

By Amerikaanse produksies oor die algemeen sal dit nie gebeur nie, want dit sal hopeloos te duur wees as die hoofrolspeler beseer word. Min mense het geweet dat Patrick, benewens 'n uitstekende danser, ook 'n vaardige ruiter was. Steve, verstom oor Patrick se waagmoed, stem in. Almal kyk, met hul harte wat in hul kele klop, hoe Patrick die doodsveragtende toneel in een opname doen. Om die een of ander rede speel die perd dié keer saam. "Patrick, that's the bravest thing I've ever seen a man do," is al wat ek kon sê.

Een van die rolverdelings was Gavin Hood, wat ook rolprente regisseer. Hy het die rol van Bruce McNabb gespeel, een van die slegte ouens. Op die stel vertel hy my hy werk aan 'n draaiboek gebaseer op 'n roman van Athol Fugard. En dikwels daarna kom ek hom en twee ander akteurs teë wat tot laat in die nag werk – die draaiboek van *Tsotsi* is daar op die stel van *King Solomon's Mines* geskep.

'n Paar maande later kry ek die rol van kaptein Smit, die lankmoedige polisieman wat uiteindelik die hoofkarakter Tsotsi, gespeel deur Presley Chweneyagae, arresteer. My vlotheid in Xhosa en (in 'n mindere mate) Zoeloe help baie, want Gavin beplan om die movie vir die Oscars in te skryf in die vreemdetaal-kategorie. 'n Groot persentasie van die film moet daarom in 'n ander taal as Engels wees. In hierdie geval is dit Zoeloe, Afrikaans, Xhosa, 'n bietjie Tswana, Pedi, Sotho, ensovoorts.

Toe ons aan die gang kom, besef ek gou dat sekere dinge nie maklik uit Engels in Xhosa vertaal nie. In die toneel waar Tsotsi gevang word, skree kaptein Smit op Tsotsi om te stop, terwyl hy sy 9 mm-pistool op hom rig. Die Engelse teks sê: "Put your hands on your head!" Ek besluit om dit regstreeks in Xhosa te vertaal as: "Bek' izandla zakho ngaphez' kwentloko!" Dit sou egter 'n hoogs onwaarskynlike ding vir 'n Suid-Afrikaanse polisieman wees om in 'n erg gespanne situasie te sê. "Stop, jou bliksem!" sou sekerlik meer gepas wees. Al is kaptein Smit se Afrikaans toegelaat om deur te glip, besluit ek, vreemd genoeg, dat hy Xhosa moet praat op daardie oomblik. Baie swart Suid-Afrikaners onthou my nog steeds vir daardie stukkie dialoog en ek word dikwels "Mr Bek' izandla zakho ngaphez' kwentloko" by vulstasies en in supermarkte genoem!

Tsotsi het die Oscar-toekenning vir die beste buitelandse film in 2006 gewen.

Ek herinner my nie veel van my akteursloopbaan in die laat 1980's en vroeë 1990's nie. Dit was die tyd toe die tweede en derde seisoene van *Arende* verfilm is. Daar is 'n pertinente rede voor. Ek en my gesin is blootgestel aan 'n angswekkende ervaring wat, glo ek, 'n klomp stres veroorsaak het en, as gevolg daarvan, 'n soort geheueverlies by my. Ek en Michelle was reeds 'n paar jaar by mekaar en Cara, ons blonde dogtertjie, was twee jaar oud toe drie mans in die middel van die nag by ons huurhuis op 'n plaas noord van Honeydew ingebreek het. Die leier was 'n skraal Zoeloesprekende man.

Ek onthou dat ek wakker geword het met die koue loop van 'n pompaksie-12-kaliber-haelgeweer tussen my oë. Ek kon die man in die ganglig agter hom uitmaak terwyl hy op my skree: "Jou fokken Boer! I will kill you! Where is your guns? Jou fokken Boer! Where is your money?!"

In situasies soos dié help dit nie om uit te wys dat jy eintlik Engelssprekend is en dat jy absoluut geen wapens het nie en dat jy, as 'n Suid-Afrikaanse akteur met 'n vrou en kind, geen geld het om van te praat nie. Vir ons aanvallers is ek net nog 'n wit man en daarom 'n "fokken Boer". Die volgende oomblik dwing hulle my vloer toe en maak my hande met telefoonkoorde vas. Toe skielik sê Clara, in haar onskuld, in Afrikaans: "Skiet hulle, Pappa!"

My dogter se woorde stuur die hoofaanvaller op 'n frenetiese soektog vir wapens, maar ek besit nie 'n enkele geweer nie. Maar hulle deursoek alles en klim selfs in die dak. Terwyl hulle getier al erger word, sê Michelle kalm: "As julle hom doodmaak, gaan julle geen wapens kry nie. As julle hom nie doodmaak nie, gaan julle nog steeds nie wapens kry nie."

Die oomblik toe sy dit sê, gryp die leier haar, pluk haar uit die bed en stamp haar teen die muur vas. Hy hou 'n mes teen haar keel.

"Fokof, injakazi!" (Fokof, teef!) skree hy.

Toe hy haar toelaat om op die bed te gaan sit, vra sy hom onverstoorbaar vir 'n sigaret, wat hy teësinnig in haar mond sit.

"En nou? Hoe moet ek dit rook?" vra sy toe hy wegloop.

Die skurk kom terug, maak haar hande los en steek die sigaret aan. Ek lê nog gesig ondertoe, met telefoonkabels aan die bed vasgemaak. Ons is in elk geval almal dood, dink ek. Op daardie moment besef ek dat ek kalm moet word en begin diep asemhaal. Die onaggressiefste van die aanvallers kom staar na my in die skemerlig: "Are you dying, heh? Fok jou, man! Why you breathe like that, heh?"

Die mal rooikop-Ier ontwaak in my en begin praat – nie Engels of Afrikaans nie, maar Zoeloe. In 'n diep stem sê hy: "Kepha nina ningazenzi kabi ... ngoba thina singabantu abaziwayo la eMzantsi." (Julle moet versigtig wees wat julle met ons doen, want ons is bekende mense in Suid-Afrika.)

Die hoofaanvaller met die geweer begin weer skree: "Voetsek, jou fokken Boer!"

Maar die Ier hou aan praat. In 'n stem wat nie myne is nie, praat hy uit 'n ruimte anderkant die vrees: "Ngiyanichazele kahle, musa ukusenzela kabi." (Ek vra jou mooi, moenie slegte dinge aan ons doen nie.)

"Fokof, jou fokken Boer! I will kill you!"

Terwyl die aanvaller probeer om my stil te skree, sien ek sy vinger op die sneller. 'n Knal sal my einde beteken, maar ek gee nie meer om nie. Ek is reeds emosioneel dood en ek gaan voort: "Ons is baie bekende akteurs in hierdie land. As julle ons seermaak, sal julle die gevolge dra wanneer die polisie julle vang. Dit is die risiko wat julle loop."

So gaan die vreeslose Ier aan totdat die aggressor doodgewoon opgee. Ek vermoed my dreunende stem het hom ontsenu. Hulle laat ons vir langer en langer tye alleen en, uiteindelik, gee hulle pad met die gesteelde goed. Hulle laai alles wat hulle kon vat in my Land Rover-stasiewa, maar hulle kom nie reg met die outydse "crash"-ratkas nie en los dit in die middel van die pad. Die aanvallers vlug in Michelle se Mini Minor. Daar is net plek vir hulle, ons trouringe, my Duitse verkyker, 'n TV en 'n ketel.

Die volgende oggend is die polisie verbaas dat ons relatief ongedeerd is. Hulle sê dat, statisties gesproke, ons 'n twintig-teen-een-kans gehad het om so 'n inbraak sonder beserings te oorleef. Dit was 'n ongelukkige aanname van ons aanvallers dat ek ryk is en vuurwapens besit. Maar as dit is hoe die wêreld my sien, is ek trots om 'n "fokken Boer" te wees.

16
"A can of the best"

IN DIE LAAT 1980'S WAS Johannesburg 'n wonderlike stad om in te woon as jy 'n akteur was, want die kunste het gedy. Benewens geleenthede in die televisie- en filmbedryf, het advertensies vir televisie ook goed betaal. Daar was ook 'n stelsel waarvolgens tantieme aan die akteurs betaal moes word indien die advertensie so suksesvol was dat dit vir 'n tweede seisoen uitgesaai word.

In 1988 besluit Castrol op 'n ruim begroting om 'n innoverende televisie-advertensie vir 'n nuwe motor-olie te maak. Destyds was daar 'n kreatiewe gees in die lug en ek kon dit byna voel terwyl ek op pad was na die oudisies in Rosebank.

Norman Anstey het 'n oudisie gedoen vir die karakter wat ek uiteindelik sou speel, en ek het die oudisie gedoen vir die rol wat hy sou speel – dié van die vulstasie-eienaar in die middel van die Kalahari. Ná die eerste opname het die regisseur egter besluit om die rolle om te ruil, want hy het gedink dit sal beter werk. En hy was reg.

Kort ná die oudisie vertrek ons toe na Bophuthatswana, een van die sogenaamde tuislande wat die apartheidsregering vir swart mense geskep het. Ons verfilmingsplek is noord van Hotazel. Daar, in die sanderige Kalahari, is 'n enorme tentekamp opgeslaan. Daar is 'n groot spysenierstent, met 'n goedbevoorrade kroeg. Die aand van ons aankoms is daar 'n moerse partytjie.

Daar is drank, dagga en baie kokaïen in die stikdonker nag. Mense wat meestal uit die voorstede kom, bevind hulle nou ver weg in die vreemde Kalahari-wêreld. Geen verkeer, geen niks – net doringbome en vars lug. Niemand by die huis sal weet wat gebeur rondom die vure tussen die kameeldoringbome nie, want die naaste telefoon is 80 kilometer weg.

Gedurende dié nag van wilde uitbundigheid word ek talle lyne kokaïen aangebied, maar ek wys almal van die hand. Die idee om enigiets anders as die vars lug in te snuif lyk vir my onnodig. Talle blink-oog, hiperenergieke mense vertel my hoeveel ek mis, maar ek voel gelukkig en vry.

Ons het die luukse van drie volle dae om die advertensie te skiet. Die eerste dag is daar 'n repetisie vir die volgende dag se opnames. Die meeste mense is babelas toe ons in die sandpad voor die stel bymekaarkom. Dit is 'n verbeeldingryke vulstasie langs die pad, met die vernuftige naam die Horingboom Oase, geskep deur die stelontwerper Marlene Ming. Die vulstasie staan in die skaduwee van 'n reusekameeldoring. Die Horingboom Oase is 'n vulstasie plus winkel plus kroeg waar 'n reisiger diesel, petrol, menslike geselskap en – die belangrikste – olie kan kry. Die doel van die advertensie is om Castrol se nuwe GTX2-motor-olie bekend te stel.

Die regisseur is Jonathan Taylor, 'n cool ou met blou oë, blonde hare en 'n goeie humorsin. "Goeiemôre, mense. Môre begin skiet ons aan dié baby. Mooi stel, nè?"

Ek en Norman knik instemmend. Jonathan kry 'n broodnodige koffie voordat hy ons vra wat ons van die draaiboek dink. Ek het 'n paar dae lank op die teks gebroei. "Ek dink die script is goed," sê ek. "Daar is net een ding wat my pla."

"O? Wat is dit?"

"In al die Engelse advertensies wat ek die afgelope jare gesien het en wat te doen het met plattelandse mense, praat die akteurs altyd op 'n dom, Engelse manier, met 'n swaar Afrikaanse aksent."

Om dit te demonstreer sê ek 'n paar sinne in dié aksent.

"Ja, ek verstaan. En?" vra Jonathan.

"Ek kom self van die platteland. Ek het grootgeword op 'n plaas en my pa is 'n sitrusboer. En ek kan jou vertel niemand op die platteland, Afrikaans of Engels, is dom nie. Inteendeel."

Jonathan lyk oorbluf. "En?" vra hy weer.

"Ek dink ons moet in hierdie advertensie die Engelse lokaliseer."

"Lokaliseer? Hoe?"

"Waar ek vandaan kom in die Oos-Kaap word Engels op 'n manier gepraat wat die Lower Albany-aksent genoem word. Ek dink ons moet dit probeer."

"Laat ons hoor," knip Norman my kort. "Gee ons 'n voorbeeld."

"Jaaaa, Swaer, y'knauw, this bletty drowt is so bed, y'knauw, it's so damn draaai, I saw the black bass in the little pool of water below mah weir and you won't believe what they was doing …" – "Ja? What's thet, Boet?" – "Them fishes were giving each other myouwth to myouwth resussita-a-a-yshun. Swaer, 's true, the Virgin Mary!"

Ek spreek die woorde natuurlik uit, teen die vinnige tempo wat ek dikwels gehoor het in plekke soos die manskroeg van die Two Trees Hotel in Kenton-on-Sea of die Pig and Whistle in Bathurst. Dit skep die indruk dat, selfs al verkrag die spreker die Engelse taal, hy tog vlug van begrip is.

"Dit klink regtig cool," sê Jonathan entoesiasties. "Wat dink jy, Norman?"

Ek het al oorklanking saam met Norman gedoen en myns insiens is hy briljant met die wonderbaarlike wyse waarop hy sy stem en uitspraak kan aanpas om selfs die domste regisseur tevrede te stel – en van hulle is daar baie. Ek weet dat die Lower Albany-aksent vir Norman maklik sal wees om te doen.

"Ek dink dis great. Kom ons probeer dit. Hoekom nie?"

Op daardie oomblik, in die skroeiende son op 'n sandpad ver in die Kalahari, is die taalgebruik van die Castrol-karakters gebore. Norman se karakter word Swaer en my karakter Boet. Ons bring 'n paar veranderings in die dialoog aan om dit meer Lower Albany te maak.

Toe ons die volgende dag begin skiet, kom ek agter dat ek Boet 'n haastige, bemoeisieke energie gee – in die manier waarop ek loop én praat. Ek ry ook vinnig in my bakkie op die rowwe sandpad.

Norman speel Swaer, die eienaar van die Horingboom Oase, met sy eie soort energie. Sy karakter is 'n rustiger man wat kyk hoe die wêreld verbykom, gelate oor die swakhede van die mensdom. Dit vorm 'n perfekte teenwig vir my spel. Omdat ek en Norman tonne ervaring in teaterproduksies het, weet ons hoe om nie mekaar se energie te absorbeer nie.

Al wat Jonathan Taylor hoef te doen is om die skote reg te kry. Hy is 'n kalm, selfversekerde regisseur.

Die basiese storielyn van die advertensie is dat Boet by Horingboom Oase aankom en vir motor-olie vra. Hy dring aan op Castrol GTX2 ("a can of the best") vir sy bakkie wat hy Sarie noem, maar Swaer sê die voorraad is op. "Wanneer kom die olie-lorrie?" vra Boet. Swaer vertel

Tydens die verfilming van die gewilde Castrol-advertensies saam met
Fats Bookholane (Mogae) en Norman Anstey (Swaer).

hom dit kom eers oor 'n maand. Boet besluit om te bly en te wag vir die olie. Intussen maak hy homself gemaklik.

Die volgende toneel wys dit is 'n maand later. 'n Pragtige blondine, gespeel deur Claudia Turgas, kom op die sandpad aangery in haar spoggerige Range Rover.

"Hello, Hennie [Swaer se regte naam], hot today ... isn't it?" sê sy.

Op daardie oomblik is Boet besig om in 'n buitelugstort langs die vulstasie te stort met sy pyp in sy mond (wat volgens my wys dat hy 'n bietjie kens geraak het tydens die lang wag vir die "olie-lorrie"). Hy sien hoe Swaer gretig "a can of the best" uit 'n voorraad haal wat in 'n houer by die petrolpomp weggesteek is. Hy is so geskok dat sy pyp uit sy mond val.

"Hey, Swaer, what's going on here? I've been waiting a whole month!" sê Boet terwyl hy 'n handdoek om sy onderlyf draai en haastig na die pomp loop. Waarop Swaer laggend antwoord: "All right, all right, man, I just wanted a bit of company, Boet!"

Boet jaag Swaer in die sandpad af, tussen die donkergroen van die kameeldoringbome weerskante en met net die handdoek om sy kroonjuwele te bedek.

Dit is 'n klassieke, diggekonstrueerde kortverhaal en dié eerste advertensie is 'n absolute treffer. Kort daarna bestel manne in kroeë regoor die land "a can of the best". En die res is, soos hulle sê, geskiedenis. Castrol se advertensieveldtog het sewentien jaar geduur. Elke advertensie is 'n kort vinjet van dinge wat gebeur in en om die Horingboom Oase.

Dit verseker ook vir my 'n gereelde inkomste. Met die geld koop ek 'n tweedehandse turbo-diesel-Land Rover (1989-model) en besluit om dit Cecil te noem, na my oupa Cecil McWilliams. Dit nader nou die miljoen-kilometer-merk, maar loop nog. Cecil was al in afgeleë plekke waar heel moontlik nog geen ander voertuig was nie – plekke waarheen slegs hommeltuie deesdae sal gaan. Ek het 'n hele klomp Toyotas uit die modder getrek en het een keer in Mosambiek 'n rivier in vloed oorgesteek, terwyl ander gestrande 4X4-bestuurders angstig toekyk. Hulle het daar gesit in hul spoggerige Land Cruisers, V8-Range Rovers en Mitsubishi Dakar-tydrenwenners.

En tydens al daardie duisende kilometers, op die pad en in die veld, het Cecil die Land Rover net een soort olie gebruik – Castrol.

In my geliefde Land Rover.

Oor die loop van die veldtog het ons met verskillende regisseurs gewerk. Jonathan Taylor het na Los Angeles verhuis en verskeie ander regisseurs het die leisels oorgeneem. Sommige was goed, ander minder goed. Daar was altyd die verwagting om iets te maak wat ewe goed of beter as die eerste advertensie was. Die druk op die regisseur was enorm.

Op 'n stadium skiet ons twee advertensies op een slag. Die een gaan oor die begrafnis van Skattie – die enjin wat sulke lang en getroue diens gelewer het dat Boet en Swaer dink sy verdien 'n "staatsbegrafnis". Hulle gooi "a can of the best" in Skattie se graf vir die lewe hierna. Dié advertensie word in Engels én Afrikaans geskiet – die enigste Castrol-advertensie wat ons in Afrikaans gedoen het.

Die ander advertensie is die storie van Swaer se nuwe 4X4, wat hy beweer nie "a can of the best" nodig het nie. En, vertel hy vir die ongelowige Boet, hy kom as jy hom roep. Martha, die nuwe 4X4, is inderwaarheid 'n volbloed Kalahari-donkie. Terwyl ons besig is met die verfilming beskou sy geduldig al die mense, met 'n kyk vol ouwêreldse wysheid en meerderwaardigheid in haar oë.

Gedurende al die jare het ons net een storielyn uitgegooi. Ek het beswaar gemaak omdat Boet met sy bakkie vasval. In my ervaring val Kalahari-boere nooit vas in die sand nie. Hulle sal vasval in die kroeg, in die bank of selfs die kerk, maar nooit in die sand nie.

Castrol het die voorstel dadelik teruggetrek.

Tydens die sewentien jaar wat ons aan die veldtog gewerk het, was daar vir ons, die akteurs, steeds een beginsel: "Ons mag nie self dink ons is snaaks nie – die kykers moet besluit of ons snaaks is of nie." Ons moes ons weer en weer aan dié goue reël herinner.

Daar word beweer dis die kunstenaar se verantwoordelikheid om 'n spieël aan die gemeenskap voor te hou. Die bedoeling is dan dat dit mense sal laat nadink oor hulself. Of dié verantwoordelikheid ook van toepassing is op akteurs en draaiboekskrywers in die advertensiebedryf, bly 'n ope vraag. Ek glo dis wel so.

Met die verloop van jare het die Castrol-advertensies begin om die politieke veranderinge in Suid-Afrika te weerspieël. Toe die eerste advertensie in 1988 uitgesaai is, was die Nasionale Party nog aan bewind, maar met die laaste advertensie in 2005 was die ANC, ná die eerste demokratiese verkiesing van 1994, in beheer. Êrens in die 1990's het die swart akteur Fats Bookholane by ons op die stoep van Horingboom Oase aangesluit. Sover ek kan onthou, het die draaiboekskrywers sy karakter nooit 'n naam gegee nie, maar toe ek draaiboeke vir korporasies en die latere M-Net-reeks *Kalahari Oasis* geskryf het, het ek hom Mogae genoem, die Tswana-naam van Botswana se hoofregter.

Die opvallendste wyse waarop die nuwe politieke bedeling in die Castrol-advertensies neerslag gevind het, was in die kwynende begrotings. Ons het die eerste drie of vier advertensies in die Kalahari geskiet, maar ná 1994 het die produksiespan probeer om verfilmingsplekke te vind wat goedkoper was om te bereik. Ons het begin verfilm op 'n uitgestrekte kalkmyn naby die dorpie Pienaarsrivier, omtrent 100 kilometer noord van Pretoria. 'n Natuurreservaat het die myn omring. Daar was 'n paar kameeldoringbome, maar hulle was nie so groot soos die oorspronklike een by die eerste Horingboom Oase nie. Ons het die volgende advertensies daar geskiet: "French rally driver", "They all look the same to me" en "I suppose not everybody's parts need oiling". Ons het by die nabygeleë Carousel Casino tuisgegaan, maar dit was glad nie dieselfde as om in 'n tentekamp in die Kalahari te bly nie.

In die "French rally driver"-advertensie kom 'n radelose tydrenjaer in 'n rooi renjaerspak in die sandpad afgestap na die Horingboom Oase, met sy helm in sy hand. Hy kan net Frans praat en sukkel om vir Boet en Swaer te verduidelik dat hy 'n groot kan Castrol GTX2 nodig het.

Gedurende die verfilming bied die nasionale tydrenkampioen Serge Damseaux my 'n rit aan in sy renmotor. Hy is vir die dag gehuur vir in geval die produksie die renjaer se motor in aksie moet wys. Ons jaag teen 'n ongelooflike spoed in die sandpad af, terwyl my hart 'n paar slae mis. Ek was baie verlig om lewend uit die motor te klim en dié ervaring het my volledig van my nuuskierigheid omtrent tydrenne genees.

Teen die einde van die veldtog moes ons die voorkoms en atmosfeer van die Kalahari in 'n filmateljee herskep. Dit was vir die twee advertensies "My China" en "Tokolosh". Dié twee is uitstekend deur die advertensiemaatskappy uitgedink en geskryf en hulle het goed gewerk. Maar ek dink steeds hulle sou baie daarby gebaat het as ons die kans gegun is om hulle in die Kalahari te skiet.

Met die oorweldigende sukses van die Castrol-advertensieveldtog en die gewildheid van die karakters is ons dikwels genader om ander werk in die gedaante van dié karakters te doen. 'n Paar jaar ná die eerste advertensies uitgesaai is, doen ek, Fats en Claudia 'n korporatiewe verfilming by 'n luukse gastehuis in die Laeveld. Die gastehuis is kort tevore op 'n skurwe rant gebou en ons skiet 'n advertensie-video daarvoor. Die stoepe kyk uit oor die bosveld van die Kruger-wildtuin. Teen laatoggend, tussen opnames, staan 'n groepie van ons by die spysenieringstafel agter die hoofgebou waar daar nog 'n bietjie skaduwee is.

Claudia trap per ongeluk in 'n onbedekte dreingat, haar voet gly tot in die U-buiging van die pyp en sit daar vas. Gedagtig daaraan dat dit duur sou wees om die verfilming te herskeduleer, probeer lede van die filmspan haar voet loskry. Maar dis verniet, selfs al trek hulle so hard dat sy gil van die pyn. Ek probeer die beton stukkend slaan met hamers en ander gereedskap, maar dit is nog vars en baie hard.

Uiteindelik, en baie desperaat, spoor hulle 'n maatskappy in Nelspruit op wat 'n lugdrukboor sal bring. Maar dit sal hulle drie ure neem om by die gastehuis uit te kom. Dit is die enigste oplossing. Claudia word so gemaklik as moontlik gemaak, want die son brand nou kwaai. Iemand slaan 'n sambreel oor haar op, maar dit bly 'n haglike situasie.

Soos wat gebeur wanneer niks aan 'n slegte situasie gedoen kan word nie, begin mense wegbeweeg. Ek besluit om haar nie alleen te los nie en gaan sit eenkant in die skraal skadu van 'n doringboom. Claudia is 'n onskuldige siel wat onder geen omstandighede iemand kwaad sal aandoen nie. Ek sit en broei oor die wrede ironieë van die lewe en die feit dat so 'n verskriklike ding met haar kon gebeur. Stadigaan raak ek woedend.

Soos wat so dikwels in uitdagende situasies gebeur het, maak die mal rooikop-Ier sy verskyning en begin praat: "Moenie bekommerd wees nie, Claudia. Ek gaan jou nie vir drie ure laat bak in hierdie donnerse son met jou voet in daai bleddie dreinpyp nie!"

Claudia kyk met trane in haar groot oë na my. "Ag, Ian, daar's niks wat jy kan doen nie. Ons het alles probeer!" sê sy en begin saggies huil.

"Ek gaan jou voet daar uitkry. Ek belowe!"

Die mal donder het gepraat.

Ek loop by die gastehuis in en sien toevallig 'n bottel groen opwasseep langs 'n groot wasbak. Ek tel dit op en die klokke van genialiteit begin lui in my kop. 'n Kennis uit die Transkei het my op 'n keer vertel dat as jou trouring vassit omdat jou vinger geswel is of te vet geword het, moet jy net opwasseep op jou hand gooi en die ring sal loskom.

Ek gaan buitentoe en sien iemand is besig om Claudia se voorkop met 'n nat lap af te vee.

"Claudia, luister nou na my. Ek gaan dié goed op jou been gooi. Sê my wanneer jy dit op jou tone voel."

"Ek weet nie of ek nog my tone kan voel nie," sê Claudia moedeloos.

Ek spuit die opwasseep in die gat af. Dit syfer stadig weg. Mense kom kyk en loop weer weg, terwyl hulle hul koppe skud.

Uiteindelik sê Claudia: "Ek kan dit voel! Dis by my tone."

Nou weet ek die vloeistof is in die U-buiging van die pyp, wat beteken dat haar hele voet daarmee bedek is.

"Ons het net een kans, Claudia. Ek gaan my arms onder jou armholtes sit en jou optrek. Oukei?"

"Reg," sê Claudia, maar sy klink nie oortuig nie.

Ek sit my arms om haar en vat my linkerpols met my regterhand vas. Die greep van my regterhand was nog altyd buitengewoon kragtig. In die Oos-Kaapse kroeë van my jeug is ek nooit in armdrukkompetisies verslaan nie. Ek maak my rug reguit en plant my bene stewig. Toe tel ek: "Een … twee … drie!"

Ek ruk haar op, met my arms bokant Claudia se perfekte borste. Ek voel die weerstand van haar voet wat nog vassit in die drein, maar toe met 'n harde plopgeluid kom dit los. Claudia is bevry! Sy draai om en sak inmekaar in my omhelsing, terwyl sy huil van verligting en blydskap.

In 2000 word Castrol deur BP gekoop en dit duur nie lank nie voor BP se advertensie-agentskap hulle afraai om voort te gaan met die "A can of the best"-veldtog. Ons word ingelig dat Swaer, Boet en Mogae gewilder geword het as die produk.

Op 'n dag in 2005 word ons uitgenooi na 'n deftige restaurant noord van Johannesburg waar ons getrakteer word op 'n afskeidsete – dieselfde soort afskeid wat langdienspersoneel van 'n maatskappy kry. Ons het mekaar oor die jare heen goed leer ken en ek het die Castrol-hoofkwartier dikwels besoek. Dit is 'n wonderlike gebaar deur Castrol en het weer, en moontlik vir die laaste keer, die waaghalsige houding van "ons doen dinge op ons manier" gewys van die maatskappy onder die inspirerende leiding van die hoof-uitvoerende beampte, Derek Spence. Uit 'n streng sake-oogpunt is die ete gepas, want die advertensies het Castrol se landswye verkope van olie van 17 persent tot ongeveer 34 persent laat styg gedurende die sewentien jaar van die veldtog. So ver ek weet, was dit (en is dit moontlik steeds) die langslopende advertensie-veldtog ooit in Suid-Afrika.

Die veldtog is beëindig, maar dit was nie die einde van Swaer, Boet en Mogae nie. Aangesien Castrol nie kopiereg gehad het op die karakters nie, was ons vry om hulle kommersieel uit te buit. Teen daardie tyd het ek goeie ervaring opgedoen deur drie TV-reekse te regisseer, en ek het ook toneelstukke geskryf. Dit was dus 'n natuurlike vervolg om korporatiewe stukke te skryf vir die drie "A can of the best"-outjies.

Dit is hoe ek 'n teaterstuk geregisseer het vir 'n maatskappy genaamd Mr Video. Dit was vir 'n grootse toekenningseremonie by Sun City, hoewel dit nie so groots betaal het nie. (As ek reg onthou, moes ek uiteindelik self na hul kantore in Kaapstad gaan om ons finale betaling te gaan eis.) Ek, Norman Anstey en Fats Bookholane was hard aan die repeteer vir die opvoering by Sun City, maar liewe Fats het gesukkel om sy woorde te onthou. Ná drie dae en nagte (dialoog sink in terwyl jy slaap) kon hy egter steeds nie meer as drie sinne in 'n ry onthou nie. Dit het beteken dat die repetisies nie vinnig genoeg gevorder het nie.

'n Akteur het altyd 'n duidelike spertyd: Die opvoering gaan om 7 nm op 'n sekere dag begin en wanneer die gordyn lig of die ligte aankom, is dit dít. Norman, die goeie mens wat hy is, is baie vriendelik teenoor Fats. Hy help hom met allerlei truuks en universiteitstegnieke om sy woorde te onthou. Ek is veel minder bedagsaam en op 'n stadium berispe ek Fats op 'n luide en onbeskofte manier.

Wat toe gebeur, skok my. Fats stort ineen. Trane verskyn in sy oë en met 'n sagte stem sê hy hy moet met my praat. Fats is 'n Sotho, maar sy pa het hul gesin in die laat 1940's na Port Elizabeth laat verhuis en daarom kan hy vlot Xhosa praat. Hy slaan toe oor in Xhosa: "Hey, Mfondini, mamela, kukho izintho kufuneka uzazi." (My vriend, daar is dinge wat jy moet weet.)

Ek luister aandagtig na wat hy my vertel. Dit is wat hy sê: "Kyk, my vriend, jy moet sagkens met my werk. Ek is deur die veiligheidspolisie gekonfronteer omdat ek 'n swart rebel was en daarna, toe ek in Italië was, het hulle polisie my beledig en my in die gevangenis aangerand, daarom kan ek dit nie verduur wanneer mense hul stemme verhef of op my skree nie. Ek verloor dan my verstand en die laaste ding wat ek sal kan doen as dit gebeur, is om my woorde te onthou."

Fats vertel my sy lewensverhaal. Hy is Malefatse gedoop en dit is hoe hy sy bynaam gekry het. Hy vertel my van slegte ervarings met die polisie in sy jeug en die keer toe 'n kwaai Vrystaatse boer hom valslik van diefstal beskuldig het. Nadat hy in 'n protesteaterstuk in Port Elizabeth opgetree het saam met Athol Fugard en Winston Ntshona, het die veiligheidspolisie hom agtervolg. Hy het toe besluit dit sal beter wees om die land te verlaat en by die handelsvloot aan te sluit. Hy het in 'n Italiaanse hawe aangeland waar hy, opstoker wat hy was, in hegtenis geneem is. Die (wit) Italiaanse polisiemanne het hom ook hardhandig behandel.

Ek het sleg gevoel dat ek so rof met hom was. Ek het kalmeer en die repetisies het daarna veel gladder verloop. Met intense konsentrasie en harde werk kry ons die stuk gereed en ons vertrek na Sun City.

Die reëlings vir die seremonie was nogal chaoties. Repetisies vir die toekennings loop laat, terwyl ons drie desperaat probeer om minstens een repetisie op die verhoog ingepas te kry. Tussendeur moet ek sorg dat 'n oprit gebou word. Fats is veronderstel om op 'n kritieke punt in die stuk die saal met 'n kruiwa binne te kom, dit tussen die gehoor deur te stoot en dan teen die oprit op, tot op die verhoog. Op die ou end kry ons dit reg om 'n enkele repetisie te doen van wat eintlik 'n ingewikkelde stuk teater is. Ons maak 'n paar sekondes voor die opening klaar.

Benewens my optrede in die toneelstuk is ek ook die seremoniemeester. Ek verdwyn haastig agter die gordyn en trek my pikkewynpak aan en kry die seremonie aan die gang. Gedurende die verrigtinge gaan kyk ek dikwels hoe dit met my mede-akteurs gaan. Norman is in stilte besig om te repeteeer en Fats het hom in 'n donker hoek op 'n stoel teruggetrek.

Soos wat so dikwels gebeur, loop dinge laat. Die organiseerders het hopeloos onderskat hoe lank al die toekennings en toesprake sou neem. Elke keer wanneer ek agter die skerms na Norman en Fats geen kyk, lyk dinge erger. Meneer Bookholane gaan slaap gewoonlik teen agtuur en dit was reeds gevaarlik lank daarna. Fats het begin insluimer op sy stoel, en dit is nie goed nie. Ek laat hom toe opstaan en neem hom en sy kruiwa na die kombuis, wat langs 'n breë diensgang halfpad na die ouditorium is.

Ek vra die jong kokke om Fats te probeer wakker hou en hom dan saam met sy kruiwa na die saal te neem wanneer hulle geweerskote op die verhoog hoor. Die vriendelike ouens is baie besig, maar sien ek is desperaat en belowe om te help.

Uiteindelik is dit tyd vir ons opvoering. Ek gaan verklee haastig in Boet se Castrol-uitrusting: kortbroek, gholfhemp, velskoene en 'n slap hoed. Ek en Norman kry die vertoning aan die gang en lok heelwat gelag uit, maar die hele tyd wonder ek hoe dinge in die kombuis verloop.

Volgens die teks begin Swaer beheer verloor omdat hy te veel brandewyn drink. Hy sien skielik olifante in die bosse en trek skote in die lug af. (Ek het hiervoor 'n afsetterspistool in die hande gekry.) Dit is die oomblik waarop Fats veronderstel is om op te daag, en ek sien hoe die ouens van die kombuis hom deur die deur stoot. Bra Fats, met piepende kruiwa en al, strompel onverbiddelik voorwaarts. Die gehoor is mal daaroor – Fats is altyd 'n groot treffer.

"Wow! Hy is regtig op pad en in die regte rigting!" sê Norman uit die hoek van sy mond.

Fats stoot die kruiwa teen die oprit op. Toe hy bo kom, moet Norman nog 'n skoot aftrek – wat hy doen. Wanneer hy die skoot hoor, moet die niksvermoedende Mogae só skrik dat hy omval. Die res van die stuk hang volledig hiervan af.

Maar wat gebeur nadat die skoot afgevuur is? Niks!

Fats staan gevries soos 'n antieke klipstandbeeld by die orakel van

IS DIT JY?

Delphi. Ek kyk verstom na Norman; hy lig sy wenkbroue en trek sy skouers op. Die gehoor kyk vol verwagting na ons, onwetend of dit deel van die storie is of nie. Norman trek die volgende skoot af, al is dit eintlik eers bietjie later nodig. Nog steeds niks. Fats staan net daar; hy vertrek nie 'n spier nie. Dalk is hy dood, flits dit deur my kop. Nuuskierig loop ek nader om ondersoek in te stel. Hy haal nog asem, maar sy oë is toe.

Toe tref dit my: Fats Bookholane is vas aan die slaap op sy voete. Danksy die opwaartse helling van die oprit (wat soos die meeste haastig saamgeflansde teateropritte geen relings het nie) en die feit dat hy vooroor leun om die kruiwa te stoot, is Fats perfek gebalanseer. Met sy bene wat teen die agterkant van die kruiwa druk, het hy genoeg ontspan om in 'n wonderbaarlike diep slaap te val.

Ek klap my hande reg langs Mogae se oor en roep hard. Fats is professioneel en reageer dadelik – van egte skrik vlieg sy oë wawyd oop, voor hy net daar op die grond neerval. Ek kan die man sommer 'n soen gee, want dit is presies wat ons nodig het. Nou kan ons sowaar voortgaan met die opvoering.

Dit is 'n belangrike reël: Jy mag nooit jou mede-akteurs in die steek laat nie. Op die verhoog moet daar die gevoel van onaantasbare solidariteit wees. Die vertoning moet voortgaan, ongeag enige verhoogkrisisse, persoonlike gevoelens of ander probleme. Ek, Norman en bra Fats het die produksie deurgesien en agterna het niemand iets gesê omtrent die vreemde insluimering nie.

'n Paar jaar ná die Castrol-advertensies ten einde geloop het, begin ek en vervaardiger-regisseur FC Hamman praat oor 'n TV-reeks gebaseer op die komiese gebeure by die Horingboom Oase. Met baie geluk en hulp van die bestuurspan van Mabalingwe, 'n natuurreservaat buite Bela-Bela, bereik ons uiteindelik die punt waar ons aan die dertien episodes kan begin skiet.

Ons probeer in alle eerlikheid om Castrol se goedkeuring te kry, maar word deur die middelbestuur van Pontius na Pilates gestuur. Dus gaan ons doodgewoon voort en begin verfilm. BP, wat Castrol gekoop het, dreig egter om 'n stokkie daarvoor te steek. FC Hamman se prokureur stel vas dat, volgens mediawetgewing, karakters aan die akteurs behoort wat hulle geskep het. Sake begin sleg lyk toe M-Net van ons stryd met BP hoor en dreig om hul aanbod terug te trek om die reeks uit te saai. FC nooi die hoof-uitvoerende beampte van BP en sy hoof van korporatiewe kommunikasie en reklame uit om na die eerste episode, wat reeds geredigeer is, te kom kyk. Hulle hou soveel daarvan dat hulle ons nie net toestemming gee nie, maar ook 'n groot bedrag geld in die produksie belê.

Suid-Afrikaanse akteurs is so gewoond om in enige onderonsie met vervaardigers aan die agterste speen te suig dat dié nuus 'n rukkie neem om in te sink. Ons gaan voort om te skiet en uiteindelik word dit wekliks op M-Net uitgesaai.

Ongelukkig was dit nie 'n groot sukses nie. Ek dink die hoofoorsaak daarvoor was dat die uitsaaier ons gevra het om die episodes van die oorspronklike 25 minute tot 22 minute te sny. Dit was die *coup de grâce* vir alle goedbeplande tydsberekening van die komiese oomblikke. In die Kalahari gebeur dinge oor die algemeen tydsaam en daarom verloor die aanloop tot 'n komiese moment sy egtheid wanneer dit ingekort moet word sodat die uitsaaier 'n kans kan kry om nóg 'n advertensie tydens die reklamebreuk in te druk.

Dit is 'n hartseer ironie dat 'n komiese reeks wat die neweproduk van 'n advertensieveldtog was, erg gekompromitteer is – opgedonner inderwaarheid – om meer tyd vir advertensies te skep. Dit is die spandraad waarop kreatiewe mense moet balanseer as hulle met uitsaaiers onderhandel. Ons het die sirkel voltooi van "A can of the best" tot "A can of worms".

17
Die Radio Kalahari Orkes

IN 1991 VERHUIS EK EN Michelle vanaf die plaas by Honeydew, noord van Johannesburg, na 'n huis wat ons in Sesde Laan, Melville, gekoop het. Dis 'n voorstad waar baie ander akteurs en kunstenaars woon. Ons kan dit net doen weens die besondere vrygewigheid van my pa. Ons is gelukkig in Melville, en dit is daar wat my seun Daniel gebore word.

Cara se geboorte was vreemd, met Camel Filters in plaas van 'n epiduraal, maar Daniel s'n is nog vreemder. Twee weke voor sy geboorte sê Michelle sy wil gaan body surf. Ek bel my pa om raad te vra: "Body surfing. Wel, Ian, ek weet nie wat om te sê nie." Ek ook nie, maar gelukkige vrou, gelukkige ou …

Dit is waarom ons ons in 'n houthuisie in die kampeerterrein van Cape Vidal aan die KwaZulu-Natalse noordkus bevind toe Michelle se water om elfuur op 'n Saterdagaand breek. Ek laai haar en die vierjarige Cara in die Kombi en draai die sleutel, maar niks gebeur nie. Ek probeer weer en weer, maar die battery is pap. Ek gaan klop by ander huisies aan en tref wonder bo wonder 'n ou kennis van die Rhodes Universiteit in een van hulle aan.

Ek verduidelik ek moet dringend by die Johannesburgse Algemene Hospitaal uitkom. Hy help sleep die Kombi al om die parkeerterrein tot ongeveer twee-uur in die oggend, toe die enjin uiteindelik vat. Ons eerste stop was Richardsbaai, maar die R4 000 deposito wat die plaaslike hospitaal vra, is buite ons bereik. Gelukkig ondersoek 'n suster Michelle eenkant en sê die serviks het nog nie ontsluit nie; ons het dus nog 'n bietjie tyd. Dit is nou Johannesburg of …

Ons bereik Ermelo teen halfsewe die oggend, en ek begin vaak word. Dapper Michelle plaas doodkalm 'n handdoek op die bestuurder se sitplek vir die lekkende vrugwater en neem die stuur oor. Om vyfuur daardie Sondagmiddag sien Daniel die eerste lig in die watergeboorte-

Saam met Michelle en ons kinders Cara en Daniel.

Op pad om Cara en Daniel op 'n uitstappie te neem.

eenheid van die Johannesburgse Algemene Hospitaal. Toe hy in die water geplaas word, lig hy sy handjie triomfantelik. Hy word 'n stil en sensitiewe kind, en ek lig my hand nooit teen hom nie, net soos my pa dit nooit met my gedoen het nie.

Op 'n dag in 1995 sit ons om die ontbyttafel in ons Melville-huis kort nadat ons besef het dat ons die huis sal moet verkoop. Ons kan nie meer die verband bekostig nie. Baie Suid-Afrikaanse akteurs het destyds bankrotskap in die gesig gestaar en ons het baie bedrewe geraak in oorlewing. Op daardie stadium het ons eintlik nie meer 'n keuse gehad nie en ek sê vir Michelle ek gaan 'n eiendomsagent soek.

Toe lui die voordeurklokkie. Michelle kyk op en frons. "Wie kan dit wees?"

Ek maak die deur oop en 'n goedgeboude jong man in 'n donker pak kyk glimlaggend na my. "Meneer Ian Roberts – is dit jy?"

Is dit die bank wat een van hul mense gestuur het om ons uit te gooi? wonder ek.

"Ja, dis ek, hoe kan ek jou help?"

"Ek is Willem Moerdyk van *Rapport* en ek het goeie nuus. Jy is in *Rapport* se groot kompetisie aangewys as die mees gewilde kunstenaar in Afrikaanse advertensies. Daar's binnekort 'n funksie en die prysgeld is R10 000 – baie geluk, meneer Roberts!"

In daardie dae was R10 000 'n groot klomp geld. Ons Melville-huis is gered.

In 1999 kry ek die skokkende nuus dat Michelle van my wil skei. Dit is 'n onverwagte vuishou wat my laat steier ... Die woorde van die Portugese handelsreisiger die nag van my ramparty in Fort Beaufort tien jaar gelede eggo in my kop: "En onthou net, daar is vroue en daar is moeders." Ek het altyd gesê as 'n vrou my nie meer wil hê nie, sal ek haar nie probeer bekoor met 'n groter diamantring nie. Ek sal padgee. Ek sê vir Michelle as sy die dokumentasie regkry, sal ek teken.

Sterrewiggelaars beweer dat Krewe soos ek versorgers is en gesinskeppers. Egskeiding steek my dus dwars in die krop. Ek weet my kinders hou nie daarvan nie. Michelle hou waarskynlik ook nie daarvan nie. Ja, mense beweeg uitmekaar, maar ek glo hulle kan mekaar weer vind. Vir 'n lang tyd is ek baie ongelukkig. Bob Dylan se woorde oor die verlore seuntjie wat homself so ernstig opneem, spook by my. Maar ek moet aanhou werk om die gesin te onderhou, al is dit 'n gebroke een.

Die maande ná my en Michelle se egskeiding, bly ek alleen in 'n huisie op 'n plaas ongeveer vyf kilometer noord van Lanseria-lughawe. Ek kry die hoofrol in die Afrikaanse TV-reeks *Arsenaal*, geskryf en geregisseer deur die talentvolle Jan Scholtz. Op 'n stadium het ek net een nag om 'n lang monoloog in hoogdrawende Afrikaans te leer – die soort taal wat my karakter, Jack Degenaar, praat. Dit is in die middel van die winter en bitter koud. Ou Eensaam klim in die stomende water van die huisie se jacuzzi-agtige bad en begin sy woorde leer.

Teen vieruur in die oggend het ek uiteindelik die lang toespraak onder die knie. Ek slaap vir twee ure en ry na die stel op die rugbyveld van 'n skool in Weltevreden Park. Die roeptyd is om sewe. Toe ek daar kom, is die filmspan besig om 'n hyskraan op spore op te rig. Uit ervaring weet ek dat die hyskraan beteken Jan Scholtz wil die toneel in een opname skiet en ek dank my sterre dat ek my monoloog so goed ken.

Jan kom na my net toe ek my grimering klaar het. Hy groet my hartlik en sê: "Luister, ek het na daardie monoloog gekyk. Ek weet regtig nie wat my besiel het nie, maar dis gans te lank. Kom ons sny vinnig daaraan."

Hy lyk verbaas toe hy die moord in my oë sien.

"Wat nou? Die snywerk sal nie lank neem nie. Ons kry 'n koppie kof ..."

"Jan! Luister, ek het die hele nag aan die teks gewerk. As jy een donnerse woord van daardie monoloog verander, vermoor ek jou!"

Jan is 'n baie diplomatiese man en vra om verskoning. Ons skiet die hele monoloog in een opname – kamera op die hyskraan met spore en al – en Jan is gelukkig. Dit is soms nodig vir 'n akteur om te fokus en goed voor te berei vir 'n lang monoloog. As ek nie my huis moes verlaat het nie, sou ek dalk nie in staat gewees het om te konsentreer en in die mate voor te berei soos wat ek gedoen het nie. Terugskouend kan ek sê dat 'n gevoel van verwerping en 'n gebroke hart 'n kreatiewe uitwerking kan hê. Ek kan nou byvoeg: Dit *moet* in dié lig beskou word. Die digter Rilke het gesê "die weerlose hart wen vanweë lyding". Ek is daarvan oortuig dat akteurs met 'n gebroke hart die naaste aan daardie spesiale kwaliteit kom.

Toe ek besef my huwelik is op die rotse, het ek onthou dat ek 'n akteur geword het omdat my eerste liefde my jare tevore verwerp het. Terugskouend kan ek sê dat my egskeiding gelei het tot my grootste daad van selfbehoud: Ek het ophou drink. Ek het verveeld begin raak met die kringloop van partytjie hou en babelas wees; ek het geweet ek moet na iets nuuts begin soek. Daar was 'n goeie gesondheidswinkel by Fourways waar ek altyd gestop het op pad terug plaas toe nadat ek my kinders besoek het. Op 'n dag koop ek toe 'n stel van tien CD's wat deur 'n Suid-Afrikaner gemaak is. Hy het as 'n jong man na Indië gereis en 'n ghoeroe gevind wat hom talle maniere van meditasie geleer het. Ek het die CD's gespeel en die meditasies gedoen.

Soos toe ek as student aan die Rhodes Universiteit aan ernstige depressie gely het, het ek al hoe meer bewus begin geraak van die klein dingetjies om my. Alkohol was die katalisator vir talle lekker tye, maar dié gewoonte het my verhoed om die wêreld in sy fynste besonderhede te ervaar. Ek het begin om byna elke middag al langer wandelinge op die plaas in die heuwels noord van Lanseria-lughawe te onderneem. Soms het ek eers ná donker teruggekom. Ek het nog altyd in die veld verdwyn wanneer ek in kloustrofobiese voorstedelike situasies vasgekeer voel.

Tot vandag is ek dankbaar dat ek kon voorkom dat ek een van daardie misrabele mans word wat teen sluitingstyd in kroeë rondhang en hoop dat nóg 'n loopdop hul hartseer sal verlig. Ek het vir 'n hele ruk ophou drink. Deesdae gebruik ek alkohol wanneer ek lus het daarvoor – wat nie dikwels gebeur nie – en beslis nie uit gewoonte nie.

In die 1960's en 1970's was daar in die Oos-Kaap 'n vinnige toename van musiekgroepe, selfs in ons klein boerderygemeenskap van Fort Beaufort, waar daar vier orkeste was. Elke Vrydagaand was daar 'n sessie in die kerksaal waar orkeste gespeel het en die jongmense vir 'n klein fooi kon inkom. Die meisies het op stoele en banke teen die een muur gesit en die seuns het teen die ander muur gestaan wanneer die orkes op die verhoog verskyn. Elke vlerksleper moes oor die dansvloer loop en 'n meisie vir die dans vra. As sy jou weggewys het, het dit gevoel of jou gesig met appelkooskonfyt gesmeer is soos jy terugloop oor die dansvloer.

Ek het soms die verhoog bestyg en 'n song gesing, maar net as ek op pad dorp toe by die bruin township aangedoen en 'n halfbottel brandewyn by die sjebien gekoop het. Nadat ek dit afgesluk het, het ek die moed gehad om van die verhoog af te sing.

In die vroeë 2000's het ek, my neef Dan, die skrywer en musikant Rian Malan, beeldende kunstenaar (en vriend van Rhodes Universiteit) Carl Becker en gewese Fotografie-lektor van PE, Ian Difford, 'n orkes in Johannesburg gestig. Ons het egter gesukkel om 'n naam te vind. Ons het alles oorweeg – van The Tepid Toppies tot The Crying Shames. Vier van ons was geskei en die vyfde een nooit getroud nie. Elkeen het sy eie musikale styl tot die groep bygedra. Rian het diensplig ontduik deur oorsee te gaan, en talle beroemde bands gesien, insluitende die Rolling Stones, wat hy persoonlik ontmoet het. Dan het sy eie rock 'n roll band by St Andrew's College gehad wat wilde underground-nommers deur kunstenaars soos Jimi Hendrix en Frank Zappa gespeel het.

Vir ons was dit 'n besonder kreatiewe tyd. Op 'n dag sien Irving Schlosberg – die baas van die platemaatskappy EMI – ons Dan se song "The Crying Shame" uitvoer. Hy was só geboei dat hy gevra het of hy 'n video daarvan kan maak. Die gewilde Castrol-advertensieveldtog is kort tevore gestaak en neef Dan, die ewige sakeman, het gedink ek, Norman en Fats sal 'n perfekte rolverdeling vir die video wees. Norman is nie net 'n goeie akteur nie, maar het ook 'n musiek-agtergrond en is 'n uitstekende sanger. Ek en Norman word toe die sangers, terwyl Fats 'n vlieëslaner, wat van 'n beesstert gemaak is, bespeel en die refrein sing wanneer dit hom pas.

Toe Eric Gallo in 1934 die eerste klankateljee in die suidelike halfrond in Johannesburg geopen het, het dit net een mikrofoon gehad. Die video's van ons liedjies "Suikerbos" en "Skeeloog Daisy" is geskiet met dit in gedagte. Dié styl het sy oorsprong in die feit dat ek, Dan en Rian 'n nostalgiese belangstelling het in hoe dinge in die musiekomgewing in Suid-Afrika – en in die res van die wêreld – vanuit 'n produksie-oogpunt was in daardie vroeë opname-ateljees. In ons video's het ons byvoorbeeld die metode gebruik dat die musikante direk in die mikrofoon speel as dit hulle beurt is en dan terugstaan wanneer die sangers oorneem.

Kort daarna het 'n hele album gevolg, getitel *Stoom Radio*, wat songs bevat deur my, Rian en Dan, en uitgevoer deur my, Norman en Fats.

Mense vra my dikwels hoe ons op die naam Die Radio Kalahari Orkes gekom het. Terwyl ons die video vir EMI opgeneem het, het ons ook 'n

TV-show aan plaaslike uitsaaiers voorgelê. Ons idee was om 'n komiese show te skep wat draai om die gebeure in 'n bouvallige plaaswinkel by 'n oase genaamd Slangfontein, diep in die Kalahari. Geen uitsaaier het tot op daardie stadium belanggestel nie en toe EMI aan die hand doen dat ons onsself Die Kalahari Boys noem, stel ek voor dat ons die plek verander van 'n plaaswinkel na 'n radiostasie sodat, as die uitsaaier besluit om met die show voort te gaan, ons band die amptelike orkes van die Slangfontein-radiostasie sal wees.

Wanneer ek ook al Die Radio Kalahari Orkes in gedagte het, dink ek in Afrikaans. In 2005 het ons 'n klompie konserte gespeel by Kaktus op die Vlaktes, 'n musiekkonsert by die Klein Karoo Nasionale Kunstefees, destyds die grootste Afrikaanse kunstefees in die land. Dit was daar in Oudtshoorn wat Die Radio Kalahari Orkes momentum begin kry het. Vandag, twintig jaar later, is ek die enigste persoon in die band wat vir elke vertoning op die verhoog was.

Daar was tye dat ek wou ophou om saam met die orkes op te tree.

My ergste ervaring was op Ladybrand in die Oos-Vrystaat. Ons was bespreek om op 'n weeksaand by die plaaslike rugbyklub te speel. 'n Yskoue wind het vanaf die sneeubedekte pieke van die nabygeleë Malutiberge gewaai. Ons moes op 'n smal verhoog op die rugbyveld optree. Weens idiotiese agterlosigheid is die vertoning geskeduleer om op dieselfde oomblik te begin wat die Cheetahs afskop teen die Blou Bulle – almal was dus in die klubhuis!

Boonop het ons nuwe liedjies gehad wat moeilik was om onder die knie te kry. Soos gewoonlik was daar die 37 lojale andersdenkende ondersteuners wat nie 'n moer omgee vir rugby of die ysige wind nie, en ek was hulle diep dankbaar. Op daardie stadium was ek gatvol om 'n verskeidenheid redes.

Norman het reeds die orkes verlaat en ek het huiwerig die hoofsanger geword. Ek hou baie van die rondreis, maar is ek regtig 'n sanger? Is ek 'n musikant? Of is ek 'n sjarlatan? Ek kon nie help om my laerskool-musiekonderwyser te onthou wat my uit die koor geskop het omdat ek die note "trek" nie. Maar die violis, Wynand Davel, het my verseker: "Sing jy maar net, Oom, en fok hulle almal!"

Ná die optrede op Ladybrand, terwyl ek in die nag terugry, dink ek hoe baie werk dit is vir so 'n klein opbrengs. En om vir so 'n klein gehoor

Ek speel al kitaar sedert ek 'n jong seun was.

In die vroeë 2000's was ek die medestigter van die musiekgroep Die Radio Kalahari Orkes.

te speel is erg ontmoedigend. Anders as die ander orkeslede, het ek nie dronk geword om die werklikheid draagbaar te maak nie: Ek was tog 'n akteur wat daaraan gewoond geraak het om goed betaal te word.

Ek het die saak met 'n goeie vriend bespreek en het uiteindelik besef dis nie regtig so sleg nie. Die belangrikste was dat die orkes my dikwels weggeneem het uit die groot stad – en dit was baie waardevol vir my. Ek dink ook my stem het verbeter met die verloop van jare. Ek het dus vasgebyt en Die Radio Kalahari Orkes saai nog steeds uit – van Durbanville in die Wes-Kaap tot Kaapschehoop in Mpumalanga en Louis Trichardt in die noorde.

Een jaar moet ons by die Aardklop-Kunstefees in Potchefstroom optree. Daar gebeur toe iets wat 'n belangrike waarheid omtrent die uitvoerende kunste duidelik maak: perfeksie is nie noodwendig 'n goeie ding nie. Eintlik is dit onbereikbaar. Dit maak nie saak watter soort "ster" jy geword het nie of hoeveel maande jy gerepeteer het nie, jy is steeds 'n emosioneel veranderlike wese onderhewig aan glipse. Soos ek voorheen gesê het: renperde is senuweeagtig.

Tydens die fees het ek 'n ongelooflike swaar werkslading. Ek speel die hoofrol in Rian Malan se *Die Nagloper*, 'n nuwe stuk oor Dawie "Dave" de Lange, die eerste rebel in die Afrikaanse musiekwêreld. Die repetisies was buitengewoon uitdagend en ek het gesukkel om die karakter oortuigend uit te beeld. Rian is op die openingsaand in die gehoor en, verneem ek later, nie baie beïndruk nie.

Ná die openingsaand speel Die Radio Kalahari Orkes op die hoofverhoog, met 'n klomp nuwe liedjies waarvoor ek nie genoeg tyd gehad het om behoorlik voor te berei nie. Die orkes lewer 'n gemiddelde vertoning dié aand; daar is niks spesiaals nie en ons maak 'n klompie foute.

Om my eerste afdag in vier weke te geniet, ry ek die volgende oggend na 'n groot dam buite Potchefstroom. Ek parkeer my Land Rover op die damwal en raak in die warm sonnetjie aan die slaap, op die enjinkap met my rug teen die voorruit. 'n Klompie heuningbye zoem daar rond toe my foon skielik lui. Dit is die sameroeper van die orkes en hy sê Rian is ongelukkig met ons optrede die vorige aand en hy het 'n repetisie geskeduleer vir elfuur.

My swaarverdiende vrede is verrinneweer en ek ry terug Potchefstroom toe na die repetisielokaal, 'n tuinwoonstel waar sommige van die orkeslede tuisgaan. Toe ek by die deur met my kitaar instap, staan Rian in die middel van die eetkamer en oefen 'n paar kitaar-licks. Sy oë traan van die rook van 'n sigaret wat tussen sy lippe hang. Die manjifieke konsertinaspeler Manie Bodenstein en banjo-speler Frans "Wille Hond" Steinhobel staan en grappies maak in die verste hoek.

Ek sit my kitaar neer en gaan groet Rian.

"Hallo, Rian," sê ek.

"Howzit," mompel hy verby die sigaretstompie, maar sonder om op te hou speel. Ek kan hom skaars hoor. Die mal rooikop-Ier in my word onmiddellik bemoerd.

"Rian, jy beter goed na my luister, want ek gaan dit nie weer sê nie."

Iets aan my stemtoon laat hom ophou speel. Vir die eerste keer kyk hy reguit na my.

"Ja?"

Wat die man duidelik nie weet nie, is dat in die teaterwêreld die dag ná die openingsaand heilig is vir akteurs. Dit is 'n wegkomkans van die intense aktiwiteit van repetisies, wat nie gou genoeg kan aanbreek nie. Dit is die akteurs se swaarverdiende vryheid om ontslae te wees van mekaar. Boonop is akteurs dikwels babelas ná die openingsaandpartytjie. Hulle weet dit is beter om nie slapende honde wakker te maak nie en dat dinge wat nie reg verloop het op die openingsaand nie, in die volgende opvoerings uitgestryk sal word. Dit is dié dinge wat aanleiding gee tot my harde woorde.

"Ek sal jou paranoia oor onvolmaaktheid nog een keer in my lewe verduur en dit is vandag. As jy my weer daarmee opsaal, gaan ek jou opdonner, oukei?"

Rian se oë vernou terwyl hy na my tirade luister. Hy is sensitief, hoogs intelligent en baie talentvol. Ek het dikwels al so ver gegaan om hom geniaal te noem, maar ek voel hy het nou 'n grens met my en my lang jare van intensiewe werk in die wêreld van die uitvoerende kunste oorgesteek. Hy reageer glad nie.

Ons repeteer, en daardie aand is ek terug op die verhoog vir die opvoering van *Die Nagloper*. Dit gaan nie baie goed nie; dit is wat akteurs die "tweede-aand-blues" noem. Die konsert daarna is 'n sukses, moontlik as gevolg van Rian se repetisie. Die volgende dag bel neef Dan uit Johannesburg.

"Rian was nou net hier by my. Hy is erg ontsteld. Sê jy het hom met fisieke geweld gedreig."

"Ja, ek het. Wat het jy gesê?"

"Ek het gesê: As Ian jou met geweld gedreig het, moes hy 'n baie goeie rede gehad het om dit te doen. Ek het hom aangeraai om versigtig te wees."

Wat ek deur die jare geleer het en wat ek aan Rian daardie dag wou oordra, is dat daar nie iets soos 'n perfekte vertoning kan wees nie. As dit wel sou gebeur, sal dit waarskynlik voorspelbaar en selfs futloos wees. Die ware kuns van toneelspeel is om genoeg ruimte te skep vir iets onbeskryfbaars – 'n onverklaarbare magic – om tot uiting te kom. Dit is iets anderkant woorde, 'n sekere *je ne sais quoi*. Ek het nog altyd gehou van die interaksie tussen mense op 'n verhoog – in toneelstukke, musiekopvoerings en op movie-stelle. Ek het al wel solo-optredes aangedurf, maar het dit nooit werklik geniet nie. Om die waarheid te sê het ek hulle so ver moontlik probeer vermy.

Om daardie betowering te bereik was altyd my doel, vanaf die dae toe ek saam met die Jagter-Versamelaars in die veld rondgedwaal het tot die uitbeelding van karakters op die verhoog of skerm, sestig jaar of wat later. En dit is wat my doel sal bly.

18
'n Ongewone jeug

EK HET GEEN IDEE WAAROM ek as kind so graag veld toe gegaan het nie, maar dit het seker baie te doen gehad met my vriendskap met die ander Jagter-Versamelaars: Djonni Kieghlaar, Pieter Trompetter en Pese en Kununu Piet. Die waarheid is dat ons daarvan gehou het om aan die normale gang van sake te ontsnap. In die veld het niemand ons voorgesê wat om te doen nie en niemand het ons berispe as ons iets verkeerds doen nie, want niemand het geweet wat ons aanvang nie. Ons het ons eie wette gemaak.

Ek neem aan daar moes 'n paar onderonsies gewees het, maar in die geheel beskou, het ons nooit onder mekaar baklei nie. Toe ek op skool William Golding se klassieke roman *Lord of the Flies* gelees het, kon ek nie verstaan waarom die seuns op die eiland teen mekaar gedraai en verskillende stamme gevorm het nie. By die Rhodes Universiteit het ek in Sosiale Antropologie geleer dat studies van Monica Wilson in die Kalahari bevind het dat die Masarwa (die Tswana-naam vir die San, oftewel Boesmans) nooit onder mekaar geveg het nie, om die eenvoudige rede dat hulle nie kon bekostig om dit te doen nie. Om 'n bestaan in 'n halfwoestyn te maak was elkeen se bydrae nodig om die groep te help oorleef.

In my ander lewe by St Andrew's College was kompetisie aan die orde van die dag. Jou status het daarop berus of jy vir die eerste, die tweede of die derde span speel. Alles het gedraai om die uitslae van die interkoshuiskompetisies, van verhoogproduksies tot boksgevegte. Ek het 'n toegewyde deelnemer ook aan daardie wêreld geword. Ek was selfs die kaptein van sommige sportspanne.

Tog wou ek nooit werklik deel wees van groot, georganiseerde groepe nie. Selfs al is ek versot op my Land Rover, sal ek dit byvoorbeeld nooit oorweeg om by 'n 4X4-klub aan te sluit nie. Ek sal eerder op my eie in die woestyn of berge verdwyn. Waarom is ek so onwillig om deel van die kudde te word? Ek's nie seker nie. Ek dink die rooikop-Ier het die antwoord, maar ek is te bang om hom te vra.

As ek aan my ongewone jeug dink, besef ek dat dit die begin was van 'n leeftyd se wegskram van die norm. 'n Voorval by die Rhodes Universiteit het my andersheid uitgelig. Ek het saam met drie ander studente in 'n huis gebly en tydens middagetes sou ons bymekaarkom en 'n pot veerpyltjies speel met geld op die spel. Een Vrydag begin die drie huismaats om my verbaal te teister. Hulle vertel my van irriterende dinge wat ek doen en dat ek 'n agterbakse persoonlikheid het. Dit het vir my gelyk na 'n voorafbeplande aanval.

Ek was verpletter. Ek het die huis verlaat en na Fort Beaufort begin loop, my tuisdorp, 80 kilometer verder. Dit was 'n koue wintersdag en op die ou end het ek 'n geleentheid na my ouers se plaas gekry. Hulle was besig met middagete toe ek onverwags instap en ek het 'n hartlike verwelkoming gekry. Ek was terug tussen my eie mense. Ek het in die berge van my Jagter-Versamelaarsdae gaan loop en probeer agterkom wat die aanval op my veroorsaak het, maar kon by geen antwoord uitkom nie.

Terug in Grahamstad gaan besoek ek 'n vriend, die Beeldende Kunsstudent David Newman – 'n stil, ongewone jong man wat baie sag praat hoewel hy verskriklike dinge in die Rhodesiese bosoorlog beleef het. Ek vertel hom wat gebeur het en hoe ek sukkel om te verstaan wat ek verkeerd gedoen het. Ek het nog nie ver met my storie gevorder nie toe hy sy hand in die lug hou en my stop.

"Jy hoef nie verder te vertel nie, Ian. Ek weet wat dit is: jaloesie. Hulle kan jou nie kleinkry nie, daarom val hulle jou aan."

Met die verloop van jare het ek begin besef dat ek nog altyd 'n buitestander was en ek sal een bly. Ek soek daarom gelykgesinde mense op. Daar was tye dat dié aspek van my persoonlikheid die lewe vir my moeilik gemaak het, maar meestal, en beslis in my akteursloopbaan, was dit vir my tot groot voordeel.

Êrens in 2003, ná meer as 25 jaar op die verhoog en die skerm, ontvang ek 'n vreemde versoek van my ouers. Sal ek hulle asseblief kom besoek by hul aftreehuis in Greyton: Hulle wil met my praat. In 48 jaar het dit

Die Roberts-familie.

nog nooit gebeur nie en ek is nuuskierig wat dan so belangrik kan wees dat ek hulle in persoon moet sien. Ek ry dus die duisend kilometer na die Kaap.

Ná die gewone gegroet ek geklets skink my ma vir ons Ceylon-tee en neem dan die leiding in die gesprek.

"Ek en jou pa dink dat ons jou om verskoning moet vra."

"Verskoning vra? Waarvoor?"

"Omdat ons voel dat ons nooit behoorlik na jou omgesien het terwyl jy grootgeword het nie."

Ek staar verras na dié twee buitengewone, lieflike mense, my ouers. Getrou aan hul emosioneel terughoudende Engelsheid sukkel hulle om uitdrukking te gee aan 'n hoogs emosionele kwessie. Hulle het my as ouers gefaal, voel hulle. Natuurlik weet ek dat die waarheid presies die teenoorgestelde is: Hulle het my grootgemaak op die enigste manier wat hulle kon.

Nou is dit my pa se beurt.

"Ek en jou ma dink ons het jou nooit genoeg liefde gegee nie."

Die word "liefde" klink vreemd in sy mond. Dit was nooit in ons gesin maklik om uitdrukking aan gevoelens te gee nie en dié woord is slegs gebruik in stellings soos: "Ek is lief vir die reën/die see."

"Ja, ons voel ons het jou nooit as kind genoeg liefde gegee nie," sê my ma noudat die ys gebreek is. Ek glimlag vir hulle. Ek is verstom dat hulle gedink het dit is belangrik genoeg om my die hele ent te laat kom sodat hulle my persoonlik om verskoning kan vra vir wat hulle as 'n ernstige tekortkoming beskou in hul plig as ouers.

"En wat dink jy, Ian?"

"Ek? Ek bedank julle daarvoor!" sê ek nadruklik. Hulle is nie seker wat om van my reaksie te maak nie en kyk na mekaar. Toe kyk hulle albei verbaas na my.

"Gotta, Ian. Jy bedank ons?" vra my ma.

"Ja! As julle so dink, kan ek julle net bedank dat julle my nie genoeg liefde gegee het nie, want julle het my absoluut perfek grootgemaak. Ek sou dit nie anders wou hê nie en ek sal julle ewig dankbaar wees."

Ons staan nie op om mekaar te omhels nie. Ons gaan net voort om rustig ons tee te drink. Dit voel vir my of die ewigheid deur die kamer ruis soos 'n sagte, warm wind. Ek is in die geselskap van twee baie spesiale mense. Ek is 'n gelukkige man.

Epiloog

DIT IS DIE JAAR 1992 en in die dorpie Warden in die Vrystaat vind die begrafnis van 'n oupa plaas. Die kleinkinders is almal in 'n kamer bymekaar om nie die hartseer grootmense te pla nie. Daar is 'n TV-stel, maar net een meisie kyk na 'n episode van *Arende*. Dié agtjarige meisie lê op haar rug, met haar kop oor die kant van die bed sodat sy onderstebo na die program kyk. Sy roep na haar ma in die kamer langsaan en sê sy moet kom kyk.

"Mamma, wie is hierdie man?"

Sy wys na die karakter Sloet Steenkamp. Haar ma verduidelik dat hy in die werklike lewe 'n akteur is.

"Hoekom vra jy, my kind?"

"Ek hou van hom. Ek wil eendag met hom trou."

"Genade, kind! Trou?"

In 2013 gaan ek saam met Die Radio Kalahari Orkes na die kunstefees op Lydenburg wat deur 'n hotel, De Ark, georganiseer word. Dit is die eerste keer dat ek Francoinette le Roux sien. Sy is die dogter van die vrou in beheer van die kunstefees en ek word getref deur haar unieke voorkoms en houding.

Toe ek die volgende oggend die dorp uitry op pad terug na Johannesburg, sien ek 'n wapperende papiertjie onder die ruitveër. Ek hou stil en haal dit uit. Die nota is geskryf in lieflike lopende skrif (en ek moet sê, dit lyk baie soos my ma s'n): "Ek hou van jou kar. Ek hoop ons kan eendag saam in hom op 'n road trip gaan."

Dit is onderteken deur Francoinette. Ek besef toe dat ek nie bedagsaam genoeg was om vir haar totsiens te sê nie. Ek ry terug en gaan doen presies dit. Destyds was ek in 'n tienjaar oue verhouding en ek sit haar uit my gedagtes.

'n Jaar later, in 2014, ry ek weer na Lydenburg vir dieselfde fees. Ek het vrye tyd en klim tot by die bopunt van die Trout Falls en gaan swem in die poele daar. Terwyl ek in 'n poel dryf met die son in my oë, onthou ek skielik Lydenburg is die plek waar daardie lieflike, uitsonderlike vrou woon …

Toe ons daardie middag ontmoet, aan die bopunt van die trap wat na die daklokaal van die hotel lei, is die betowering weer daar. Toe ons handgee, hou ek haar hand buitengewoon lank vas, inderwaarheid die hele tyd wat dit neem om die onderpunt van die lang trap te bereik.

Die meisie wat meer as 25 jaar gelede so geboei was deur Sloet Steenkamp is nou een-en-dertig, en ek anderkant sestig. Sy vertel my later dat toe sy as kind 'n nabyskoot van Sloet Steenkamp gesien het, was dit asof hy in haar siel kyk.

"Maar toe het ek van hom vergeet."

Francoinette het haar eie haarsalon by die hotel en oor 'n tydperk van maande raak ons al meer geheg aan mekaar. Ten slotte vat ek haar inderdaad in my Land Rover en ons gaan kampeer in die Tsitsikamma op 'n vriend se plaas. Daar is geen geriewe nie. Vir my is dit 'n terugkeer na my Jagter-Versamelaardae en Francoinette kry dit selfs reg om dit te geniet. Enige verfynde vrou wat dié soort kampeerdery op 'n grasieuse wyse kan deurstaan, kan enigiets oorleef.

Dalk is dit so eenvoudig soos dit: My lang en soms moeilike reis om 'n akteur te word, wat my die geleentheid gebied het om Sloet Steenkamp te speel, kon ook die bedoeling gehad het dat ek ware liefde moet vind.

In 2019, toe ek 67 is, kry ek en Francoinette 'n tweeling, Ian-Keith en Lynn-Sophie, wat ons elke dag op ons tone hou. Ek het geleer, gedurende die jare dat ek 'n ouer was, dat die mense wat jou die meeste raad gee oor hoe om kinders groot te maak gewoonlik nie self kinders het nie. Jy kan net die vermetelheid hê om kommentaar op die onbegryplike te lewer as jy geen ervaring daarvan het nie. Al wat ek kan sê, is dat ek nou nuutgevonde respek het vir my grootouers Scotty and Daniel Roberts wat my pa en oom – 'n identiese tweeling – gehad het.

Om die tweeling groot te maak het beteken dat ons vier jaar van ons lewens moes inboet. Maar die belonging is onbeskryflik groot. Dit is soos daardie gevoel toe ek baie jare gelede Cara en Daniel by Michelle se huis gaan oplaai het en haar nuwe kêrel se kar in die oprit, wat voorheen myne was, sien staan. Al my hartseer het verdwyn toe ek die groot

Saam met Francoinette, ons tweeling Ian-Keith en Lynn-Sophie, en my stiefdogter Ava.

blydskap sien waarmee my twee kinders met hul vakansietassies na my aangehardloop kom en uitbundig uitroep: "Daddy! Daddy! Daddyyyy!" My hangende mondhoeke het dadelik in 'n glimlag verander.

As 'n ouer man met 'n vierjarige tweeling keer daardie glimlag telkens terug as ek die interaksie tussen hulle en hul buitengewone ma dophou. Te midde van al die nonsens wat in die lewe en in 'n verhouding kan gebeur, het ek met die ouderdom dankbaar bewus geword van watter spesiale voorreg dit is.

Vandat ek my eerste toneelstuk op tienjarige ouderdom in die St Andrew's Preparatory School geskryf het, was skryf 'n vaste deel van my lewe. Dit voel of ek nog altyd geskryf het en ek sal daarmee voortgaan. Ek het baie gedigte geskryf, waarvan die meeste op 'n flenter papier êrens deur die wind rondgewaai word. Sommige het ek bewaar.

Die grootste uitdaging nou is om bedrewe – of selfs goed – te raak met draaiboekskryf. Ek doen dit al 20 jaar lank en hoop dat ek al beter word. As ek daarin kan slaag om finansiering vir 'n draaiboek te kry, wil ek dit regisseer. Ek dink dit is die beste manier waarop ek iets kan teruggee aan 'n bedryf wat my soveel deur die jare heen gebied het.

Dinge het drasties verander sedert die hoogty van die uitvoerende kunste in die 1980's en 1990's. Die strukture wat die vorige regering geskep het om die kunste te ondersteun, bestaan in 'n groot mate nie meer nie. Deesdae het jy baie geluk as 'n akteur nodig om te kan volhou. Maar soos ek altyd sê: Geluk hou van harde werk.

Die heerlikheid van Die Radio Kalahari Orkes is dat ons aan niemand behoort nie en aan niemand rekenskap hoef te gee nie. Ons hoef nie polities korrek te wees nie en kan net onsself wees, en dit is 'n goeie gevoel. Mense kom dikwels ná vertonings na ons, met optimisme wat in hul oë blink, en bedank ons vir wat ons doen. Hulle vra ook dat ons nooit sal ophou om musiek te maak nie. As hulle my grys hare sien, laat glip sommige: "Haai jinne, hoe lank kan julle nog aanhou?"

My antwoord is dan dieselfde as Michelangelo s'n toe die pous hom vra hoe lank dit gaan neem om die plafon van die Sikstynse Kapel klaar te skilder. "Dit sal klaar wees wanneer dit klaar is," het hy gesê.

Aftrede was nog altyd 'n vreemde begrip vir my. Jy moet beslis aanhou werk aan dit waarmee jy besig is om dit al hoe beter te kan doen. Of soos ons in Die Radio Kalahari Orkes sê: "Hoe kan jy dit ooit opneuk as jy dit nooit eers in die eerste plek reggekry het nie?"

www.ingramcontent.com/pod-product-compliance
Lightning Source LLC
Chambersburg PA
CBHW062056080426
42734CB00012B/2664